谨以此书向吉林交通广播
成立18周年献礼

汽车鉴定评估与交易实务教程

主　编　朱　凯　付铁军
副主编　王彦辉　朱　霖　大　勇　房　涛
参　编　张福录　李振春　张雪傲　邢　曦
　　　　丁　亮　张世博　刘江敏
主　审　黄云鹤　包长清　翟剑峰

北京理工大学出版社
BEIJING INSTITUTE OF TECHNOLOGY PRESS

内 容 简 介

汽车栏目资深媒体人、二手车行业评估行职业经理人联合吉林大学汽车学院专业教授共同编写，内容包括与评估相关的汽车基本知识以及二手车鉴定与评估的基本方法、车辆损耗指标及其计算方法、二手车技术状况鉴定等，采用独创的数学计算模型对事故二手车估损进行贬值评估；新标准规范解读，二手车技术鉴定与评估都采用国家新颁布的标准，规范鉴定评估工作；手把手讲解二手车电子商务操作步骤。本书适合作为普通高校、高职高专院校开设二手车相关专业的主讲教材，并可作为二手车鉴定评估师培训教材，同时也是为二手车经营公司、经纪公司、评估机构、拍卖公司、4S店、金融机构、政府部门有关人员、广大车主量身定做的二手车专业工具书。

版权专有　侵权必究

图书在版编目（CIP）数据

汽车鉴定评估与交易实务教程/朱凯，付铁军主编.—北京：北京理工大学出版社，2014.8（2020.1重印）
　ISBN 978 - 7 - 5640 - 9456 - 0

Ⅰ.①汽… Ⅱ.①朱…②付… Ⅲ.①汽车 - 鉴定 - 教材②汽车 - 价格评估 - 教材 Ⅳ.①U472.9②F766

中国版本图书馆 CIP 数据核字（2014）第 179112 号

出版发行 /	北京理工大学出版社有限责任公司
社　　址 /	北京市海淀区中关村南大街5号
邮　　编 /	100081
电　　话 /	（010）68914775（总编室）
	82562903（教材售后服务热线）
	68948351（其他图书服务热线）
网　　址 /	http://www.bitpress.com.cn
经　　销 /	全国各地新华书店
印　　刷 /	北京虎彩文化传播有限公司
开　　本 /	710 毫米×1000 毫米　1/16
印　　张 /	22.75
字　　数 /	379 千字
版　　次 /	2014年8月第1版　2020年1月第2次印刷
定　　价 /	49.00元

责任编辑 / 梁铜华
文案编辑 / 梁铜华
责任校对 / 周瑞红
责任印制 / 王美丽

图书出现印装质量问题，请拨打售后服务热线，本社负责调换

东北行 1038 车友联盟

联盟简介

"东北行 1038 车友联盟"成立于 2011 年 12 月 12 日,隶属于吉林人民广播电台,是吉林省最大的车友联盟协会;于 2013 年 7 月 16 日"东北行"在国家商标总局成功注册并授予批复。"东北行 1038 车友联盟"依托吉林人民广播电台吉林交通广播,针对车友群体各项服务、本地旅游的推广、社会公益活动的组织、时代竞技潮流的引领进行开展。"东北行 1038 车友联盟"本着整合吉林最具实力的服务资源,联合不同领域的知名商户围绕汽车消费和娱乐生活的各个环节为车友提供细致、周到、高品质和全方位的服务。通过组织活动,沐浴自然,尽情放松工作压力;通过车友会大家庭,开拓我们车友的交友渠道,并以健康的休闲方式,搭建车友与车友、家庭与家庭、车友与商家之间的桥梁为宗旨,实现一个平等互助,关怀有爱的温馨家园。

"东北行 1038 车友联盟"紧扣时代热点与联盟特色,进一步明确以信息服务、信息共享、需求满足为目的。联盟通过丰富精彩的线上、线下活动,提升车友们对联盟的关注度,提升联盟在车友中的影响力,精心打造兼具服务性与参与性的车友联盟新理念。

前　言

http://www.bitpress.com.cn/video/2014071504c.php

随着我国汽车工业高速发展，汽车大量进入寻常百姓家庭，汽车保有量大幅度提高，使得汽车及相关产业的经济活动越来越活跃，其中二手车交易呈现出旺盛的增长趋势，本书主题即二手车鉴定评估与交易实务。我国的二手车市场还处于发育期，根据世界汽车发达国家的经验，二手车的销量一般为新车的1.5~3倍，二手车交易量还远远未达到。从数据对比可以看出，我国二手车市场仍处于起步阶段，市场空间和前景都非常可观。处于这样一个快速发展的时期，二手车鉴定评估是二手车交易过程中十分重要的一个环节，二手车市场急需二手车鉴定交易评估的专业人员，他们能够直接面向客户，从事二手车鉴定评估、购买、销售、拍卖等活动并提供相关服务。目前，人力资源和社会保障部职业技能鉴定中心权威颁发了全国通用的OSTA职业资格证书，二手车鉴定评估师不仅能上岗就业，还可从事具备法律效力的评估，签署和开具评估报告，承担评估法律责任，且满足注册公司的需要，已经成为我国六大资产评估职业之一。二手车鉴定评估师成为未来朝阳职业。

2014年6月1日起，《二手车鉴定评估技术规范国家标准》正式实施，为实时跟踪二手车鉴定评估政策法规与市场形势的最新变化，吉林省广播电视汽车栏目资深媒体人、二手车行业评估行职业经理人联合吉林大学汽车学院专业教授共同编写了本教材。在充分参考借鉴国内以往优秀二手车评估教材的基础上，本教材突出以下特点：

一、理论系统：内容包括与评估相关的汽车基本知识以及二手车鉴定与评估的基本方法、车辆损耗指标及其计算方法、二手车技术状况鉴定等。所涵盖内容既有一定的理论深度，又有很强的实践性，是从事二手车交易的工作人员及鉴定评估人员学习和参考的实用教程和资料。

二、内容新颖：教材包括采用独创的数学计算模型对事故二手车估损进行贬值评估；新标准规范解读，二手车技术鉴定与评估都采用国家新颁布的标准，规范鉴定评估工作；手把手讲解二手车电子商务操作步骤。

三、实用性强：客观地反映出目前国内二手车市场运作的实际状况和具体方法，内容全面，提供技能演示，重点章节均设置二维码学习方式。

总之，本教材瞄准二手车市场对高素质二手车鉴定与评估人才岗位知识和技能的要求，以二手车鉴定与评估师国家职业标准为依据，以职业能力培养为核心进行课程内容的科学整合，科学地确定教材的知识目标和能力目标，合理安排教材的知识结构和能力结构。特别是本教材主编朱凯老师长期从事二手车实际评估交易业务，编写中辅以大量真实的评估案例；汽车学院付铁军教授为汽车行业国家级知名专家，理论功底深厚；教材其他参编者皆为广播电视传媒汽车栏目资深媒体人，题材与案例很多都是主持栏目中广大车主迫切需要解答的实际问题，教材内容新颖丰富，图文并茂，实用性强。

本书适合作为普通高校、高职高专院校开设二手车相关专业的主讲教材，并可作为二手车鉴定评估师培训教材，同时也是为二手车经营公司、经纪公司、评估机构、拍卖公司、4S店、金融机构、政府部门有关人员、广大车主量身定做的二手车专业工具书。

在此特别感谢：本教材成稿后，黄云鹤、包长清、翟剑峰三位领导给予了大力支持，他们对教材的审定做了许多辛勤工作；杜德清、杨思航、顾立佳、张慧杰、葛佳佳和"东北行1038车友联盟"在教材编排素材收集中也做了不少宝贵工作。由于时间仓促，不足之处在所难免，欢迎读者提出宝贵意见和建议。

编　者

2014年6月

目录

第一章　绪　论 / 1
　第一节　二手车及二手车鉴定评估 / 1
　第二节　二手车行业现状与发展趋势 / 2
　第三节　二手车鉴定评估师考评规范 / 5
　第四节　二手车鉴定评估师执业特点与要求 / 9

第二章　二手车鉴定评估理论基础 / 11
　第一节　资产评估理论基础 / 11
　第二节　二手车鉴定评估概述 / 15
　第三节　二手车鉴定评估的主体和客体 / 17
　第四节　二手车鉴定评估的目的及原则 / 20
　第五节　二手车鉴定评估的程序 / 23

第三章　鉴定评估必备实用技术 / 30
　第一节　新国标 GB/T 3730.1－2001 采用的汽车分类方法 / 30
　第二节　新国标 GB/T 15089－2001 采用的车辆分类方法 / 39
　第三节　公安管理机关采用的汽车分类方法 / 43
　第四节　旧国标 GB/T 3730.1－1988 采用的汽车分类方法及编号规则 / 44
　第五节　详解车辆识别代号（VIN码）/ 49
　第六节　汽车的主要技术参数与基本性能指标 / 54
　第七节　汽车的使用寿命 / 58
　第八节　二手车成新率的计算 / 60

第四章　汽车结构与新技术综述 / 71
　第一节　汽车发动机的构造与新技术 / 72
　第二节　汽车底盘的构造与新技术 / 92
　第三节　汽车车身的构造及新技术 / 117
　第四节　汽车电气设备新技术及安全配置 / 122

第五章　二手车鉴定评估准备工作 / 127
　第一节　接受委托 / 127
　第二节　核查证件 / 130
　第三节　核查税费 / 136
　第四节　车辆拍照 / 139

目录

第六章　二手车技术状况的鉴定 / 141
　　第一节　静态检查 / 141
　　第二节　动态检查 / 166
　　第三节　仪器检查 / 173

第七章　二手车鉴定评估价值计算方法 / 185
　　第一节　重置成本法 / 185
　　第二节　收益现值法 / 193
　　第三节　现行市价法 / 198
　　第四节　清算价格法 / 203
　　第五节　二手车鉴定评估方法的对比分析 / 206

第八章　事故车辆的损伤评估 / 209
　　第一节　事故车辆损伤机理 / 209
　　第二节　碰撞损伤的检验与测量 / 214
　　第三节　主要零部件的损伤评估 / 218
　　第四节　车辆损伤评估报告的撰写 / 224
　　第五节　事故车碰撞贬值损失 / 226

第九章　二手车鉴定评估报告的撰写 / 234
　　第一节　二手车鉴定评估报告的基本制度 / 234
　　第二节　二手车鉴定评估报告书的作用和类型 / 237
　　第三节　二手车鉴定评估报告撰写规范 / 239

第十章　二手车交易实务 / 253
　　第一节　二手车交易制度与流程 / 253
　　第二节　二手车置换业务 / 264
　　第三节　二手车收购业务的开展 / 273
　　第四节　二手车销售业务介绍 / 276

第十一章　二手车电子商务 / 279
　　第一节　二手车电子商务交易模式 / 279
　　第二节　国内二手车交易网站电商化发展 / 283
　　第三节　国内二手车网站信息发布方法 / 286

第十二章　二手车鉴定评估经典案例分析 / 295

附录一　高级二手车鉴定评估师试题与参考答案 / 320
附录二　高级二手车鉴定评估师论文撰写规范 / 349
附录三　高级二手车鉴定评估师论文编排标准 / 351
参考文献 / 353

第一章

绪 论

第一节　二手车及二手车鉴定评估

一、二手车的含义

二手车是指在公安交通管理机关登记注册，在达到国家规定的报废标准之前或在经济实用寿命期内服役，并仍可继续使用的机动车辆。

二手车，英文译为"Second Hand Vehicle"或"Used Car"，意为"第二手的汽车"或"使用过的汽车"，在中国也被称为"旧机动车"。"中古车"是日本的叫法。北美是二手车最发达的市场，在北美二手车有一种很通俗的叫法，即"用过的汽车"。

二手车的定义直接关系到所涉及车辆的范围，在某种程度上也关系到二手车鉴定评估体系的科学性和市场交易的规范性，所以有必要给出明确的定义。

2005年10月1日，由商务部、公安部、工商总局和税务总局联合发布的《二手车流通管理法》正式实施。此办法总则的第二条，对二手车定义为：二手车是指办理完注册登记手续，到达国家制度报废标准之前进行交易，并转移所有权的汽车（包括三轮汽车、低速载货车，即原农用车）、挂车和摩托车。

二手车有狭义和广义之分：狭义是指经公安部门注册登记并在报废期内服役，通过二手车市场流通转让，发生产权变动的车辆；广义是指经汽车经销商开具发票，到报废拆解之前，发生产权变动的以及没有发生产权变动的一切车辆，包括汽车厂商库存积压商品车辆、司法机关涉案的车辆、海关罚没的车辆等，都属于二手车鉴定评估师的执业范围。

二、二手车鉴定评估

我国《二手车流通管理办法》中的第 5 条明确规定：二手车经营行为是指二手车经销、拍卖、经纪、鉴定评估等。

（1）二手车经销是指二手车经销企业收购、销售二手车的经营活动。

（2）二手车拍卖是指二手车拍卖企业以公开竞价的形式将二手车转让给最高应价者的经营活动。

（3）二手车经纪是指二手车经纪机构以收取佣金为目的，为促成他人交易二手车而从事居间、行纪或者代理等经营活动。

（4）二手车鉴定评估是指二手车鉴定评估机构对二手车技术状况及其价值进行鉴定评估的经营活动。

随着我国汽车保有量的增加，市场经济的不断完善，以及国民经济的发展，每年需要鉴定估价的二手车辆越来越多，涉及面也越来越广。通过二手车鉴定评估，可让消费者了解二手车的技术状况、价格、行驶里程、修复经历等信息。很多时候，二手车鉴定评估师需要对二手车的价格进行鉴定评估，从而提高用户对二手车的信任度，以利于二手车流通市场发展。据统计，我国每年要对约 100 万辆旧机动车进行鉴定估价。在这个背景下，二手车鉴定评估师成了时代催生的新职业之一。

第二节　二手车行业现状与发展趋势

一、国外二手车市场发展现状

在发达国家，如美国、英国、德国、瑞士和日本，车主基本每 3~5 年换一辆车。如此高的换车频率，促进了二手车市场的繁荣，同时成熟的二手车市场，也使车主在换车时有了更丰富的选择，在享受不同品牌车驾驶乐趣的同时，又可以不增加过多的开销（见图 1-1）。

（1）美国，是世界上最大的汽车市场，在过去 10 年，美国新车的年平均销量为 1 600 万辆，而二手车的年销量却高达 4 000 万辆以上，基本上是新车

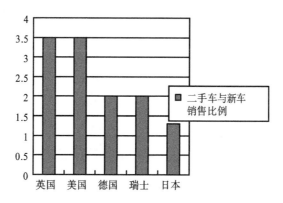

图1-1 汽车发达国家二手车与新车销售比例

的2~3倍。二手车的热销,除了与美国大众对二手车的热情有很大关系以外,还有一个主要原因是美国二手车市场经过数十年的发展已经相当成熟,形成了一套行之有效的市场规则,从价格、质量、服务等多个汽车消费的关键领域给消费者提供了保证。它不但建立起了一套很完善的旧车认证、置换、拍卖、收购和销售体制,而且这项制度已经推广到几乎所有品牌的汽车生产商。所谓二手车质量的认证制度,就是由汽车生产商或者大型经销商对二手车进行全方位的质量检测,以确保汽车的品质达到一定的出售标准;同时,经过认证的二手车还可以在一定时期内享受与新车同样的售后保障。消费者可以放心购买经由汽车生产企业或大型经销商认证的二手车。

此外,美国的二手车商还很注重售后服务。在一些州,如果消费者对已经购买的旧车表示不满意,那么在确保旧车未遭损坏并且行车未满300英里[①]或者购车不足3天的情况下,可将购车款全额退还给消费者。

美国有专业的二手车鉴定估价网站和杂志。该杂志是由Kelly Blue Book(凯利蓝本,简称KBB)的专业评估师团队统一发行的,在美国50个州和一个直辖特区都能买到,而且各州的二手车指导价格都不相同。可在KBB网站输入年份、车型、里程数等条件来查询每台二手车的价格。价格分为3种:①二手车市场、车行买车价格(二手车市场价);②卖给个人车主的价格;③车主去置换或卖给二手车经销商的价格。

在美国,二手车利润可占汽车行业总利润的45%,非常丰厚。通常一辆新车的利润率不会超过5%,而一辆二手车的利润率可能普遍超过20%。

(2)日本的二手车市场已经实现全国信息互联,来自不同区域的人们可

---

① 1英里≈1.609千米。

以不受地域限制地交易二手车辆。RSS 是日本最大的二手车交易公司，拥有总资产 156 亿日元，平均每 20 秒就能成交一辆二手车，每年的成交量接近 300 万辆。RSS 凭借自己的卫星系统将各个二手车市场连接起来，并在每个市场设置 2~4 个大屏幕，把待交易的二手车信息反映在大屏幕上，完成整个交易只需短短几秒钟。有了卫星系统，在不同的市场进行交易就像在同一个市场中一样便捷。

日本汽车评估协会每月发行一本《价格指导手册》，在书中刊登各地区的车辆零售价格。此外，在东京横滨地区还发行一本黄皮书，刊登零售价和批发价。根据规定，旧车的一切修复历史都要如实告知买主。同时，日本每辆二手车都可以在全国享受 1 年或 2.5 万 km 的售后维修服务；买车人如果不满意，可以在车辆售出的 10 天或 500km 以内退车。

（3）在澳大利亚，二手车市场非常成熟。买二手车非常平常，理由也很简单：经济实用。二手车信息非常丰富，比起国内功能单一、缺乏现代营销手段的二手车交易模式，澳大利亚的二手车交易渠道广泛，现有经销商、二手车连锁店、二手车出售点、私人和报废汽车厂 5 种渠道可供选择。

（4）英国每年的二手车销量达 600 多万辆，占整车销量的 70%。消费者同样不用为车辆估价问题而担忧。英国二手车的价格很透明。专门从事汽车价格调查的信息公司每月会发布一期《二手车价格手册》。这种手册被称为英国车市"圣经"。用户购买二手车，车主可以得到一张保修单，享受 2 年的保修服务。这种承诺在全欧洲通行。

二手车的经营在国外已经形成了品牌专卖、大型超市、连锁经营、旧车专营、旧车拍卖等多元化经营体制，且其交易方式已呈现多样化。

二、我国二手车市场现状（图 1-2）

据中国汽车流通协会统计：2000—2009 年的 10 年间，我国二手车交易量由 25.17 万辆上升到 333.86 万辆，增长了 13 倍。2011 年，堪称我国二手车市场元年。这年累计交易量达 433 万辆，同比增长 12.47%；累计交易额达到 2 108.8 亿元，同比增长 18.56%。2012 年中国二手车市场实际总交易量为 479.14 万辆，2013 年国内的二手车交易量达到 520.33 万辆。

随着我国经济的高速发展，汽车消费水平的提高，二手车流通行业得到迅猛发展，不论从交易数量，还是从交易金额看，都正以两位数的速度迅速成长。我国二手车流通行业进入一个高速度、可持续发展的黄金时代，发展前景广阔。尽管发展迅速，我国二手车现阶段还处于起步阶段，每年二手车的交易量仅是新车交易量的 25%。虽然近年来二手车交易量与新车销量的比例已由

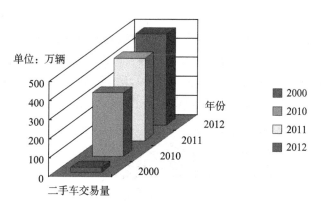

图1-2 我国近年二手车交易量

1∶6上升到1∶4,但是对比国外成熟的二手车市场二手车与新车销售比例2∶1,甚至3∶1,还是有一定差距的。制约二手车发展的主要原因是人们消费观念、市场需求结构以及二手车市场的规模普及和规范经营等方面还存在问题,对二手车市场的持续健康发展造成了一定的影响,比如诚信的问题、没有准入的问题、税收的问题、信息不透明的问题等。只有解决了这些问题,中国二手车市场才会真正迎来"井喷"元年。

按照现在1.2亿辆的汽车保有量,二手车平均交易价格5万元,每辆车平均交易3次,现阶段中国二手车市场的整体规模为15万亿元。在未来10年当中,全国汽车保有量有可能达到3亿辆,二手车平均交易价格会下降到4万元左右,每辆车的交易次数变成5次,二手车交易总规模会达到60万亿元。由此可见,二手车市场和新车市场一样,未来有着非常好的前景。

第三节 二手车鉴定评估师考评规范

每年需要鉴定估价的二手车辆越来越多,涉及面也越来越广。通过二手车鉴定评估,可让消费者了解二手车的技术状况、价格、行驶里程、修复经历等信息。很多时候,二手车鉴定评估师需要对二手车的手续进行鉴定,从而提高用户对二手车的信任度,以利于二手车流通市场发展。据统计,我国每年要对约100万辆旧机动车进行鉴定估价。在这个背景下,二手车鉴定评估师成了时代催生的新职业之一。

要想成为一名优秀的二手车鉴定评估师,以下4点是不可或缺的:①接受专业的培训是开展二手车业务的第一要素;②热爱汽车,对二手车行业感兴趣;③要掌握专业的理论知识及技术能力;④还要有良好的沟通和学习能力。

接受专业的培训是开展二手车业务的首要条件。为满足汽车行业对二手车鉴定评估人才的迫切需求，国家人力资源和社会保障部教育培训中心通过授权对全国各地二手车鉴定评估师实行统一培训，经国家统一理论考试、技能考核均合格者，由国家人力资源和社会保障部颁发二手车鉴定评估师证书（中级）和二手车鉴定评估师（高级）国家职业资格认证证书（图1-3）。

(a)

(b)   (c)

图1-3　国家注册二手车鉴定评估师证书样本

一、二手车鉴定评估师考评标准

（一）二手车鉴定评估师职业定义

二手车鉴定评估师是指运用目测和路试，借助相关的仪器设备对二手车的技术状况进行综合检验和检测，结合车辆相关文件资料，对二手车的技术状况进行鉴定；并根据评估的特定目的，选择适用的评估标准和方法，进行二手车价格评估工作的专业汽车评估人员和管理人员。

二手车鉴定评估师是从事二手车辆技术鉴定及价格评估的一种职业资格，是国务院规范国家资产评估行业后设置的6类评估专业之一。二手车鉴定评估师是一种职业称谓，指专业从事二手机动车辆的鉴定与估价工作的专业汽车评估人员。其所从事的工作范围是围绕二手车的车况鉴定与价格评估。其工作模式类似于律师、会计师一类的职业。其属于6类资产评估人员之一，是一个社会地位很高的职业。

持有二手车鉴定评估师职业资格证书是合法从事二手车鉴定与估价工作的前提。经营范围包含二手车鉴定与估价的机构也需要符合国家有关部门关于二手车鉴定估价的特定条件才能合法开展业务。今后，随着二手车市场的进一步发展和规范，二手车鉴定评估师职业资格证书将成为进入二手车经营领域的入场券和通行证。

（二）二手车鉴定评估师等级划分

二手车鉴定评估师按国家职业标准共分为以下两个等级：

1. 中级/国家四级

中级二手车鉴定评估师，能通过简单的仪器和目测手段了解车况并定价，需要掌握汽车商品知识，如汽车分类、车辆识别代号编码、主要技术参数和性能指标、汽车构造，运用电子商务收集各类汽车信息等，如掌握乘用车主要部件和整车技术状况；能评定与估算汽车价格。具有以上能力的二手车评估师，可定为四级二手车鉴定评估师。

2. 高级/国家三级

高级二手车鉴定评估师，需要掌握当前的汽车新技术，能操作、调用MITCHELL软件；能洽谈业务，做好前期准备和现场手续检查；掌握汽车主要部件和整车技术状况；能估算价格。此外，还需要掌握汽车相关英语知识。高级二手车评估师有更强的分析评估能力，可定为三级二手车鉴定评估师。

（三）申报条件

1. 申报二手车鉴定评估师（四级）需要同时具备的条件

（1）文化程度需符合以下条件之一：①具有高中毕业文化程度，在本职业工作经历累计5年及以上者，可直接申报四级职业资格鉴定（须提供用工单位劳资部门的有效证明或加盖公章的单位证明，下同）。②持有中等职业学校（含中专、职校和技校）毕业证者，非汽车类专业，须有2年及以上从事本职业工作经历，方可申报本职业的四级职业资格鉴定；汽车类专业，可直接申报本职业的四级职业资格鉴定并可在取得毕业证书之日起3年内，免考其理论知识部分。③持有高等学校（含大学、大专和高职）毕业证者，非汽车类专业，须有1年及以上从事本职业工作经历，方可申报本职业的四级职业资格鉴定；汽车类专业，可直接申报本职业的四级职业资格鉴定并可在取得毕业证书之日起3年内，免考其理论知识部分。

（2）持有有效的机动车驾驶执照，驾龄在2年以上。

2. 申报二手车鉴定评估师（三级）需要同时具备的条件

（1）文化程度符合以下条件之一：①持有中等职业学校（含中专、职校和技校）毕业证者，持有四级（汽车类）职业资格证书2年及以上者，方可申报本职业的三级职业资格鉴定。②持有高等学校（含大学、大专和高职）毕业证者，汽车类专业，可直接申报本职业的三级职业资格鉴定。③持有高等学校（含大学、大专和高职）毕业证者，非汽车类专业，在本职业工作2年及以上者，可直接申报本职业的三级职业资格鉴定。④持有中等职业学校（含中专、职校和技校）及以上文化程度毕业证者，二手车鉴定评估师（四级）职业资格评定成绩为"良好"及以上者可直接申报参加三级职业资格鉴定。

（2）持有有效的机动车驾驶执照，驾龄在3年以上。

（四）二手车鉴定评估师考评方式

二手车鉴定评估师（中级）（岗位资格培训）采用非一体化鉴定方式，分为理论知识考试和技能操作考核两部分。理论知识考试采用闭卷笔试/机考方式，而技能操作考核采用现场实际操作和实践课题方式。理论知识考试和技能操作考核均实行百分制，成绩皆达60分以上者为合格。

二手车鉴定评估师（高级）采用一体化鉴定方式，将理论知识考试融合在技能操作考核中，分模块进行鉴定。实行百分制，每个模块鉴定成绩皆达60分以上者为合格。此外，还须进行综合评审，采用论文撰写/答辩方式。

（五）二手车鉴定评估师职业资格证书的用途

（1）可满足就业上岗的需要——4S店二手车部门、二手车经营公司、二手车经纪公司等经营机构，从事二手车相关业务及简单的车价评估工作。

（2）可满足评估执业的需要——可作为评估机构的执业鉴定评估师，从事具备法律效力的评估，签署和开具评估报告，并承担评估法律责任。

（3）可满足注册公司的需要——注册二手车鉴定评估机构或二手车交易市场，需提交1张高级资格证书和3张中级资格证书，才予以审批发照。

从业方向：二手车鉴定评估机构，资产评估、价格公估、审计机构，物价、司法机构；汽车4S店、二手车交易中心（市场），以及开展以旧换新业务的品牌汽车经销单位；其他从事机动车租赁、拍卖、典当、报废回收和置换业务的企事业单位等。

第四节 二手车鉴定评估师执业特点与要求

一、二手车鉴定评估师执业特点

二手车鉴定评估师属于未来朝阳职业，作为国家注册高级鉴定评估师，从事汽车评估与交易工作，涉及评估汽车碰撞损失、落水损失、火灾损失、涉案汽车司法、旧车交易、抵押等。目前，对于二手车公司来说，想招聘一个比较成熟的二手车鉴定评估师确实相当困难。这是因为二手车鉴定评估师是一个比较有难度的"工种"。二手车鉴定评估是所有汽车产业"工种"中难度较大的一项工作。二手车鉴定评估师除了要掌握汽车结构、汽车新技术等专业知识以外，还要了解汽车销售、维修、服务等相关知识，类似于上知天文，下知地理般，比单纯的汽车维修人员、销售人员的工作难度大，要求的综合能力也要强许多。二手车鉴定评估是所有汽车销售相关业务中难度最大的一项工作。

二、二手车从业人员的资质要求

国内二手车市场在未来三五年内将出现爆发式增长。据公平价二手车网统计，其增长潜力可达当前规模的20~30倍，且二手车经营相对于新车经营来说，利润十分可观。各主要汽车厂家、经销商、服务商都纷纷上马二手车业务，越来越多的汽车行业人员选择从业于二手车领域。然而二手车交易中最重要的一环是价格评估。二手车价格构成有一定特殊性，需要有一套科学、统一的鉴定估价标准和方法来客观反映二手车的现时价格。按照国家相关部委规定，为提高二手车鉴定估价人员的素质，统一鉴定估价职业标准，规范二手车鉴定估价行为，将对二手车鉴定估价人员进行职业技能鉴定，实行职业资格证书制度。

根据国家劳动法，从事资产价值鉴定职业的，必须持有国家劳动部门颁发的职业资格证书。二手车鉴定评估师实行资格认定，就是在这样的时代背景下，依据国家劳动法律法规、相关管理条例和政策而推出的，旨在建立推动二手车市场规范经营、健康发展的职业资格考评体系。国内二手车鉴定评估交易专业人才缺口在逐年扩大，而当前人才缺口已达30万人。二手车鉴定评估师是国务院批准的 6 类资产评估职业之一，是资产评估的重要组成部分。随着换车时代的到来，二手车鉴定评估师将成为未来最具发展潜力的朝阳职业。

三、本教材教学内容安排

二手车鉴定评估师是一个技术性比较强的工种。从事二手车鉴定与估价工作，不仅需要很扎实的理论基础，还需要多年的经验积累，更需要了解市场。考取二手车鉴定评估师资格的人员，多半是从事二手车置换、收购、拍卖、经纪等业务的人员，而非纯粹从事二手车鉴定估价业务的人员。实际上，前者的业务范畴与市场容量更大。

为此，本教材共分 12 章。本章介绍了二手车的基本概念、行业现状及发展趋势，鉴定评估师的考评规范、执业特点与要求；第二~四章重点讲解评估的基础理论与汽车结构、工作原理与新技术知识；第五~七章着重学习评估前的准备工作、车辆的技术状况鉴定以及二手车价值的评估计算方法；第八~九章为事故车辆碰撞损伤评估与二手车鉴定评估报告的撰写；第十~十一章讲解二手车的交易实务；第十二章为二手车鉴定评估经典案例。附录中包括二手车鉴定评估师考试题库与毕业论文的撰写规范，以便为学员自行练习研修之用。

第二章

二手车鉴定评估理论基础

第一节 资产评估理论基础

二手车作为一种特定的资产,对其进行鉴定估价从本质上讲应当属于资产评估的范畴。因此,在学习二手车鉴定估价的具体方法前,先了解资产评估的基本理论,对于我们灵活应用有关方法并处理相关现实问题,具有重要意义。

一、资产评估的产生和发展

资产评估是商品经济发展到一定阶段,随着资产交易的产生和发展,而逐渐发展起来的,特别是在市场经济条件下,资产交易不断得到发展和扩大,为保证交易的公平性和合理性,对资产评估的需要在不断增加,对其要求也在随之大大提高。总体来看,资产评估大体经历了3个发展阶段,即原始评估阶段、经验评估阶段和科学评估阶段。

二、资产评估的有关概念

(一)资产评估的内涵

资产评估是商品经济发展到一定阶段的必然产物。其业务涉及产权转让、企业重组、破产清算、资产抵押、资产纳税等经济行为。准确把握资产评估定义和与之相关的若干概念和术语是对资产评估从业人员的基本要求。

1. 资产

在资产评估中，对于资产这个术语的定义不尽相同。国际评估准则委员会制定的《国际评估准则》认为："在会计术语中，资产是指投资者所拥有或控制的，可以从中合理预计未来获取经济利益的资源。某项资产的所有权本身是无形资产，但所拥有的资产既可能是有形的，也可能是无形的。"

由美国评估者协会制定的《美国评估工作准则与职业道德准则》的序认为："资产一词现在指的不仅是实体上存在的物品，而且包括由于拥有有形或无形客体所带来的法定权力。"

2. 资产的分类

作为资产评估客体的资产，存在形式是多种多样的，而为了科学地进行资产评估，可对资产进行适当的分类：

（1）按资产存在形态分类，可以分为有形资产和无形资产。有形资产是指那些具有实体形态的资产，包括机器设备、房屋建筑物和流动资产等。由于这类资产具有不同的功能和特性，故在评估时应分别进行。无形资产是指那些没有实物形态，但在很大程度上制约着企业物质产品生产能力和生产质量，直接影响企业经济效益的资产，主要包括专利权、商标权、非专利技术、土地使用权和商誉等。

（2）按资产是否具有综合获利能力分类，可以分为单项资产和整体资产。单项资产是指单台或单件的资产。整体资产是指由一组单项资产组成的具有整体获利能力的资产综合体。

（3）按资产能否独立存在分类，可以分为可确指的资产和不可确指的资产。可确指的资产是指能独立存在的资产。前面所列的有形资产和无形资产，除商誉以外都是可确指的资产。不可确指的资产是指不能脱离企业有形资产而单独存在的资产，如商誉。商誉是指企业基于地理位置优越、信誉卓著、生产经营富有特色、劳动效率高、历史悠久、经验丰富和技术先进等原因，所获得的投资收益率是正常投资收益率所形成的超额收益资本化的结果。

（4）按资产在生产经营过程中的作用分类，可以分为经营性资产和非经营性资产。经营性资产是指处于生产经营过程中的资产，如企业中的机器设备、厂房和交通工具等。经营性资产又可按是否对盈利产生贡献分为有效资产和无效资产。非经营性资产是指处于生产经营过程以外的资产，如政府机关用房和办公设备等。

3. 价格和价值

资产评估理论中所说的价格是指在特定的交易行为中，特定的买方或卖方对商品或服务的交换价值的认可,是一个历史数据或事实,是特定的交易行为中特定买方和卖方对商品或服务实际支付或收到的货币数额。价值在资产评估理论中属于交换价值范畴。它反映了可供交易的商品、服务与其买方、卖方之间的货币数量关系。它不是一个历史数据或事实,而是专业人士根据特定的价值定义在特定时间内对商品和服务价值的估计。

4. 资产评估

资产评估是由专业评估机构(部门)或专业人员接受有关方面的委托,按照国家法律法规和资产评估准则,根据特定的评估目的要求,判定资产业务性质,确定适当的资产价格类型,选择评估方法,搜集经济技术参数,完成资产评估操作,得出现实资产的实际价值(等同于"内在价值")的一个过程。

(二)资产评估的分类

由于资产种类的多样化和资产业务的多样性,资产评估也相应具有多种类型。

1. 按资产评估服务的对象及其对评估服务的要求分类

可具体分为评估、评估复核和评估咨询。也有人将此种分类称为3种评估服务。

(1)评估是指正常情况下或一般意义的资产评估,即按正常评估程序评估并主要以书面报告的形式提供资产评估服务。

(2)评估复核是指受托评估机构及其评估师对其他评估机构及其评估师出具的评估报告进行评判鉴定的行为和过程,即对他人的评估过程和结果的再评估。

(3)评估咨询是一个较为宽泛的术语。评估咨询可以是对评估标的物价值的估计和判断,也可以是对评估标的物的利用价值、利用方式和利用效果的分析,以及与此相关的市场分析和可行性研究等。评估咨询的表现形式既可以采用书面形式,也可以采用口头方式。

2. 按资产评估是否受限以及是否运用了评估准则中的背离条款分类

可具体分为完整性评估和有限性评估。完整性评估一般是指完全按照评估准则及其规定的程序和要求进行的资产评估,在资产评估中没有受到限制或没有限制性条件。有限性评估是指在资产评估准则或规定允许的前提下,由于某些条件的限制不能完全按照评估准则及其规定的程序和要求进行的资产评估。其评估结论是在受限制的条件下得出的。完整性评估和有限性评估在评估精度和评估结论的适用范围方面均有区别。

3. 按资产评估对象及适用原则分类

资产评估具体可分为单项资产评估和整体资产评估。对以单项可确指的资产为对象的评估，称其为单项资产评估。单项资产评估的范围大致包括机器设备评估、土地使用权评估、建筑物评估和可确指无形资产评估等。单项资产评估可普遍适用预期原则、供求原则和替代原则等。对若干单项资产组成的资产综合体所具有的整体生产能力或获利能力的评估称为整体资产评估。最为典型的整体资产评估就是企业价值评估。整体资产评估主要适用于预期原则及贡献原则等。

4. 按资产评估时点分类

资产评估可分为现实性评估、追溯性评估和前瞻性评估。现实性评估是以满足和服务于评估资产现实价值的评估活动。追溯性评估是以满足和服务于评估资产过去某一时点价值的评估活动。前瞻性评估是以满足和服务于评估资产预期价值的一种评估活动。

（三）资产评估的特点

理解和把握资产评估的特点，有利于进一步认识资产评估的实质，对于搞好资产评估工作，提高资产评估质量具有重要意义。一般来说，资产评估具有以下特点：

（1）市场性。资产评估是适应市场经济要求的专业中介服务活动。其基本目标就是根据资产业务的不同性质，通过模拟市场条件对资产价值做出经得起市场检验的评定估算和报告。

（2）公正性。它是指资产评估行为服务于资产业务的需要，而不是服务于资产业务当事人的任何一方的需要。公正性的表现有两点：第一，资产评估按公允、法定的准则和规程进行。公允的行为规范和业务规范是公正性的技术基础。第二，作为资产评估客体的资产，存在形式是多种多样的，而为了科学地进行资产评估，可对资产进行适当的分类。

（3）咨询性。它是指资产评估结论是为资产业务提供专业化估价意见。该意见本身并无强制执行的效力。评估师只对结论本身合乎职业规范要求负责，而不对资产业务定价决策负责。

（4）专业性。资产评估是一种专业人员的活动。从事资产评估业务的机构应由一定数量和不同类型的专家及专业人士组成。资产评估机构和人员需对资产评估结论的专业水准负责。

(四) 资产评估的功能

一般认为，资产评估主要具有评价、评值、管理、公证和咨询的功能。

(1) 评价功能。它主要是指对企业资产的经营效果进行评价，反映不同时间、地域和经济背景条件下的资产价值和运营绩效的差异性，以此检查、考核和评价企业的经营状况。

(2) 评值功能。它主要是指对被评估资产的可能价格进行评定和估算，为资产业务提供基础依据。在现实中，资产的历史价格是没有意义的，只有现时价格才是资产交易双方的利益所在。评值功能是对资产可能价格的估算，是资产评估的核心功能。

(3) 管理功能。资产评估的管理功能是指在我国目前的社会经济条件下，国家赋予资产评估管理的特殊功能。但是，资产评估的管理职能并不是生来就有的，而是国有资产评估在特定历史时期的特定职能。它会随着国家在国有资产评估管理体制方面的变化而加强或弱化。

(4) 公证功能。它是指资产业务、评估对象和评估报告的使用者的特殊性要求资产评估发挥的公证作用的职能。随着抵押贷款和财产担保等经济活动的日益频繁，资产评估经常被用来证明资产的存在以及资产的价值量，以满足银行及有关部门发放贷款以及其他形式融资的需要。资产评估结果的真实性、公平性和合法性在法律上具有公证效力，可以避免一些不必要的法律纠纷。从某种意义上说，公证功能是评价功能和评值功能派生出来的辅助功能。

(5) 咨询功能。资产评估是服务于生产要素和产权交易的中介服务活动。资产评估通过评定估算，可以对资产业务提供专业化估价意见，对当事人的资产交易价格提供参考意见，而其本身并无强制执行的效力。

第二节 二手车鉴定评估概述

随着汽车与经济社会活动联系的日益紧密和功能的不断拓展，车辆鉴定评估行为也逐步渗透到社会的各个领域，成为资产评估的重要组成部分。

一、二手车鉴定评估的定义与实质

二手车的鉴定评估，是指依法设立，具有执业资质的二手车鉴定评估机构和二手车鉴定评估人员，接受国家机关和各类市场主体的委托，按照特定的目的，遵循法定或公允的标准和程序，运用科学的方法，对经济和社会活动中涉及的二手车所进行技术鉴定，并根据鉴定结果对二手车在鉴定评估基准日的价值进行的评定估算。

二手车鉴定评估是市场经济的产物,是适应生产资料市场流转的需要,由鉴定评估人员所掌握的市场资料,并在对市场进行预测的基础上,对二手车的现时价格做出预测估算。

二、二手车鉴定评估的依据及特点

1. 二手车鉴定评估的依据

二手车鉴定评估工作和其他工作一样,在评估时必须有正确科学的依据,这样才能得出较正确的结论。二手车鉴定评估的依据是指评估工作所遵循的法律、法规、经济行为文件以及其他参考资料,一般包括行为依据、法律依据、产权依据和取价依据4部分。

(1) 行为依据。

行为依据是指实施二手车鉴定评估行为的依据,一般包括经济行为成立的有关决议文件以及评估当事方的评估业务委托书。

(2) 法律依据。

法律依据是指二手车鉴定评估所遵循的法律、法规,主要包括《国家资产评估管理办法》《国有资产评估管理实施细则》《汽车报废标准》《中华人民共和国机动车登记规定》《关于规范二手车鉴定评估工作的通知》《汽车报废管理办法》《汽车产业发展政策》《二手车流通管理方法》《机动车运行安全技术条件》《二手车交易规范》《二手车鉴定评估规范》以及其他方面的政策法规。

(3) 产权依据。

产权依据是指表明机动车权属证明的文件,主要包括机动车登记证书、机动车行驶证、出租车营运证、线路营运证等。

(4) 取价依据。

取价依据是指实施二手车鉴定评估的机构或人员,在评估工作中直接或间接取得或使用对二手车鉴定评估有借鉴或佐证作用的资料,主要包括价格资料和技术资料。

2. 二手车鉴定评估的特点

(1) 要以全数据化的评估报告的形式给予客户最客观的评估结果,直接明了,杜绝臆断,有数可依。

(2) 制定统一的车辆检测标准和流程,向客户提供最为客观、公平、透明的评估,并实行标准化的二手车整修方案和质量认证标准。

(3) 能够对所出具的评估报告结果提供质量保证,对于买卖二手车的用户来讲更具实际意义。此外,二手车鉴定评估还具有客观性和准确性。

三、二手车鉴定评估的三大假设

二手车鉴定评估假设是与二手车鉴定评估标准有着密切联系的概念。二手车鉴定评估过程中所采用的理论和方法，都是建立在一定的假设条件上的。如果其假设前提不同，所适用的评估标准也就不同，评估结果也会大相径庭。二手车鉴定评估的假设有继续使用假设、公开市场假设和清偿假设3种。

1. 继续使用假设

继续使用假设是指二手车将按现行用途继续使用，或将转换用途继续使用。这一假设的核心是强调二手车对未来的有效性。

对于可继续使用的二手车的评估与不能继续使用的二手车的评估，所采用的价值类型是不同的。例如，对一辆可继续使用的处于在用状态的二手车进行评估时，一般采用重置成本法评估其处于在用状态的价值。其评估值包括车辆的购买价及运输费用等。但如果二手车无法继续使用，就只能将其拆零出售，以现行市价法评估其零件的变现值，并且还需扣除拆零费用。两者的评估值显然不同。

2. 公开市场假设

公开市场假设是指被评估的车辆可以在完全竞争的交易市场上，按市场原则进行交易，而其价格的高低取决于该二手车在公开市场上的行情。在二手车鉴定评估时，对于具备在公开市场上进行交易条件的车辆，做公开市场假设，并根据车辆所在的地区、环境条件及市场的供求关系等因素确定其最佳用途。按车辆的最佳用途进行评估，有助于实现车辆的最佳效用。

3. 清偿假设

清偿假设是指车辆所有者由于种种原因，以拍卖的方式出售车辆。这种情况下的二手车交易，与公开市场下的交易具有两点显著区别：一是交易双方的地位不平等，卖方是非自愿地被迫出售；二是交易被限制在较短的时间内完成。因此，二手车的价格往往明显低于继续使用或公开市场假设下的价格。例如，一辆正在营运的二手车，以收益现值法评估其价值，设为10万元，但如果该二手车所属的企业因破产被强制清算拍卖，就只能以清算价格法评估其价值，而其价格一定会大大低于10万元。

第三节 二手车鉴定评估的主体和客体

在二手车鉴定评估过程中，涉及了8个基本要素，包括鉴定评估主体、鉴定评估客体、鉴定评估依据、鉴定评估目的、鉴定评估原则、鉴定评估程序、鉴定评估价值和鉴定评估方法。

一、二手车鉴定评估的主体

二手车鉴定评估主体指二手车鉴定评估业务的承担者，即从事二手车鉴定评估的机构及专业评估人员。由于二手车鉴定评估直接涉及当事人双方的权益，是一项政策性和专业性都很强的工作，所以无论是对专业评估机构，还是对专业评估人员，都有较高的要求。

（一）二手车鉴定评估人员

二手车鉴定评估人员的素质，对评估工作水平和评估结果的质量有至关重要的影响。合格的鉴定评估人员应具有3方面的素质：

1. 政策理论素质

（1）掌握马克思主义的基本理论，能运用马克思主义的立场、观点和方法分析和解决问题。

（2）有一定的资产评估业务理论知识，熟悉并掌握资产评估的基本原则和基本方法。

（3）有一定的政策水平，熟悉并掌握国家颁布的与二手车交易有关的政策、法规、行业管理制度及有关的技术标准。

2. 业务素质

（1）具有一定的汽车专业知识，熟悉汽车构造、汽车理论、汽车运用、汽车维修、汽车英语、汽车故障诊断、微机操作等知识。

（2）具有实际的汽车检测技能，能够借助必要的检测工具，对二手车的技术状况进行准确的判断和鉴定，具有较高的收集、分析和运用信息资料的能力及一定的评估技巧。

（3）具备经济预测、财务会计、市场金融、物价、法律等多方面的知识。

3. 思想品德素质

思想品德素质主要有热爱祖国，拥护改革开放的方针政策，遵纪守法，公正廉洁。鉴定评估人员只有具备较高的思想品德素质，才能在工作中自觉履行自己的义务和职责，全心全意地为客户服务。

除了保证二手车鉴定评估质量外，二手车鉴定评估的从业人员还需经过严格的考试和考核，必须具有价格鉴证师、二手车鉴定评估师等证书。

（二）二手车鉴定评估机构

按照我国政府1991年11月颁布的《国有资产评估管理办法》第九条规

定，资产评估公司、会计事务所、审计事务所和财务咨询公司，只有配备了一定数量的具有省级以上国有资产评估资格证书的从业人员，才能从事资产评估业务。对其他所有制的资产评估，也要对照《国有资产评估管理办法》的规定执行。对于机构的管理，按照国务院第412号令的要求，价格评估与二手车鉴定评估机构分别由省级以上价格主管部门和商务部审批。

根据《二手车流通管理办法》的规定，二手车鉴定评估机构应当具备以下条件：

（1）是独立的中介机构。

（2）有固定的经营场所和从事经营活动的必要设施。

（3）有3名以上从事二手车鉴定评估的专业人员（其中至少一名具有高级二手车鉴定评估资质）。

（4）有规范的规章制度。也可以根据《价格评估机构资质认定管理办法》的要求，进行价格评估机构的申报。

二、二手车鉴定评估的客体

二手车鉴定评估的客体是指被评估的车辆。二手车鉴定评估的一个主要目的就是在二手车的交易过程中准确地确定二手车价格，并以此作为买卖成交的参考底价。根据《二手车流通管理办法》的规定，以下9种车辆不允许进行交易：

（1）已报废或达到国家二手车报废标准的车辆。

（2）在抵押期间或未经海关批准的海关监管的车辆。

（3）被人民法院、人民检察院和行政执法部门依法查封和扣押的车辆，以及通过盗窃、抢劫、抢夺和诈骗等违法手段获得的车辆。

（4）发动机号码和车辆识别代码（IN码）与登记号码不相符，或有更改迹象的车辆。

（6）走私和非法拼（组）装的车辆。

（7）没有办理必备证件，未缴纳税费，未上交强险，无有效机动车安全技术检验合格标志的车辆，或手续不齐全的车辆。

（8）在本行政辖区以外的公安机关交通管理部门注册登记的车辆。

（9）国家法律和行政法规禁止经营的车辆。

此外，车辆上市交易前，必须先到公安交通管理机关申请临时检验，经检验合格，在其行驶证上签注检验合格记录后，方可进行交易。检验被交易车辆的车架号码和发动机号码的符号、数字及各种外文字母的全部拓印，发现不一致或有改动、凿痕、锉痕、重新打刻等人为改变或毁坏的，对车辆一律扣留审查。上述车辆是不能进行交易的，但并不是不允许对其评估。对上述车辆的评估应当严格区分法律责任。在评估时，往往委托方是司法部门或行政执法部门。

第四节 二手车鉴定评估的目的及原则

一、二手车鉴定评估的目的

鉴定评估的目的是为了正确反映二手车的价值量及其变动，为将要发生的经济行为提供公平的价格尺度。一般而言，二手车鉴定评估的主要目的是通过市场交易或拍卖实现所有权转让，或为清产核资、抵押贷款、法律诉讼提供咨询服务等。二手车鉴定的主要目的可分为两大类：一类为变动汽车产权；另一类为不变动汽车产权。

（一）变动二手车产权

变动二手车产权是指车辆所有权发生转移的经济行为。它包括二手车的交易、置换、转让、并购、拍卖、投资、抵债、捐赠等。

1. 车辆的交易转让

二手车在交易市场上进行买卖时，买卖双方对二手车交易价格的期望是不同的，甚至相差甚远。因此，需要鉴定评估人员对被交易的二手车进行鉴定评估，并将评估价格作为买卖双方成交的参考底价。

2. 车辆置换

置换的概念源于海外。它强调的是旧物品（或次等的、较差的）与新物品（较好的）进行交换。这种交换是不等价性的，由置换方给予差额补贴。置换业务有两种情况：一种是以旧换新业务；另一种是以旧换旧业务。两种情况都会涉及对置换车辆的鉴定评估。二手车鉴定评估水平，直接关系到置换双方的利益。车辆的置换业务，尤其是以旧换新业务，在我国的二手车市场是一个崭新的业务，有着广阔的市场前景。

3. 车辆拍卖

拍卖是指以公开竞价的形式，将特定物品或者财产权利转让给最高应价者的买卖方式。对于公务车、执法机关罚没车辆、抵押车辆、企业清算车辆，以及海关获得的抵税、放弃车辆和私家车等，都需要进行鉴定评估，为拍卖车辆活动提供拍卖底价。此外，还有与拍卖方式基本类似的招标底价。

4. 其他

其他经济行为，如在企业发生联营、兼并、出售、股份经营或破产清算，也需要对企业所拥有的二手车进行鉴定评估，以充分保证企业的资产权益。

（二）不变动二手车产权

不变动二手车产权是指车辆所有权未发生转移的经济行为。它包括二手车的车辆保险、抵押贷款、担保、典当、纳税评估、司法鉴定（海关罚没、盗抢、财产纠纷等）等。

1. 车辆保险

在对车辆进行投保时，所缴纳的保险费高低直接与车辆成本的价值大小有关。同样，当被保险车辆发生保险事故时，保险公司需要对事故进行理赔。为了保障双方的利益，也需要对核保理赔的车辆进行公平的鉴定评估。除一般的车损评估外，还包括火烧车和浸水车的鉴定评估。

2. 抵押贷款

银行为了确保放贷安全，要求贷款人以机动车作为贷款抵押。银行为了确保贷款的安全性，要对二手车进行鉴定评估，而这种贷款安全性的高低在一定程度上取决于对抵押车辆评估的准确性。一般情况下，要比市价略低。

3. 担保

担保是指车辆所有单位或所有人，以其拥有的二手车为其他单位或个人的经济行为提供担保，并承担连带责任的行为。

4. 典当

当典当双方当物车辆的价值有较大的悬殊时，为了保障典当业务的正常进行，可以委托二手车鉴定评估人员对当物车辆的价值进行评估，而典当行以此可以作为放款的依据。当当物车辆发生绝当时，对绝当车辆的处理，同样也需要委托二手车鉴定评估人员为其提供鉴定评估服务。

5. 纳税评估

纳税评估是指政府为纳税赋税，由评估人员估定的作为机动车纳税基础的价格。具体纳税价格如何视纳税政策而定。

6. 司法鉴定

经由司法鉴定的车辆按性质的不同可分为涉刑事案件的车辆和涉民事案件的车辆：

（1）涉刑事案件的车辆一般是指盗抢车辆、走私车辆、受贿车辆等。其委托方一般是指国家司法机关和行政机关，而其委托目的是为取证需要。

（2）涉民事案件的车辆是指法院执行阶段的各种车辆。其委托方一般是人民法院，而委托目的是案件执行需要进行抵债变现。

上述两种情况都要求鉴定评估人员对车辆进行评估，有助于把握事实的真相，确保司法公正，因此要求极高。

在接受车辆评估委托时，明确车辆的评估目的，十分重要。对车辆的鉴定评估是一种市场价格的评估，所以对客户提出不同的委托目的，有不同的评估方法。对于同一辆车，由于不同的评估目的，可以使其评估出来的结果有所不同。

二、二手车鉴定评估的原则

二手车鉴定评估的基本原则是对汽车鉴定评估行为的规范。分为两大类：工作原则和经济原则。

1. 工作原则

二手车鉴定评估的工作原则是评估机构与评估工作人员在评估工作中应遵循的基本原则，主要包括公平性原则、独立性原则、客观性原则、科学性原则、专业性原则等。

（1）公平性原则。

公平、公正是从事鉴定评估的人员应遵守的一项最基本的道德规范，特别在利益的驱动下，极易偏离公正客观的立场，应特别注意结论的公正，更不能有意欺瞒客户，否则也就失去了鉴定评估的真正意义。

（2）独立性原则。

独立性原则是要求鉴定评估人员不应受外界干扰和影响，依据国家的有关法规制度及可靠的资料数据，对被评估对象的价格独立地做出评定。坚持独立性原则，是保证评估结果具有客观性的基础。

（3）客观性原则。

客观性原则是指评估结果应以充分的事实为依据。它要求对被评估车辆的技术状况做出科学、严谨、客观、全面、实事求是的技术鉴定，评估计算中所依据的数据资料必须真实。

（4）科学性原则。

科学性原则是指在评估过程中，必须根据评估的特定目的，选择适用的评估标准和方法，使评估结果准确合理。

（5）专业性原则。

专业性原则要求二手车鉴定评估工作尽量由专业的鉴定机构来承担，并且还要求汽车鉴定评估行业内部存在专业技术竞争，便于为委托方提供更多的选择余地，要求鉴定评估人员接受国家专门的职业培训，由国家统一颁发执业证书。

2. 经济原则

二手车鉴定评估的经济原则指的是在汽车鉴定评估过程中，进行具体技术处理的原则。它是在总结汽车鉴定评估经验的基础上形成的，是二手车鉴定评估的具体表现，主要包括替代原则、预期收益原则和最佳效用原则。

（1）替代原则。

替代原则是商品交换的普遍规律，即价格最低的同质商品对其他同质商品具有替代性。据此原理，二手车鉴定评估的替代原则是指在评估中，面对几个相同或相似车辆的不同价格时，应取较低者为评估值，或者说评估值不应高于替代物的价格。这一原则要求评估人员从购买者角度进行二手车鉴定评估，因为评估值应是车辆潜在的购买者愿意支付的价格。

（2）预期收益原则。

预期收益原则是指在对营运性车辆评估时，车辆的价值可以不按照其过去形成的成本或购置价格决定，但必须充分考虑它在未来可能为投资者带来的经济效益。车辆的市场价格，主要取决于其未来的有用性或获利能力。未来效用越大，评估值越高。

预期收益原则要求在进行评估时，必须合理预测车辆的未来获利能力及取得获利能力的有效期限。

（3）最佳效用原则。

最佳效用原则是指若一辆二手车同时具有多种用途，在公开市场条件下进行评估时，应按照其最佳用途来评估车辆价值。这样既可保证车辆出售方的利益，又有利于车辆的合理使用。

第五节 二手车鉴定评估的程序

二手车鉴定评估的操作程序是指对具体的评估车辆，从接受立项、受理委托，到完成评估任务、出具评估报告的全过程的具体步骤和工作环节。二手车交易市场发生的二手车鉴定评估业务通常有：①单个二手车交易业务。②多辆或批量的二手车鉴定评估业务。这类业务特点是数量比较集中，车辆少则5辆、10辆，多则几十辆。

二手车鉴定评估作为一个重要的专业领域，情况复杂，作业量大。在进行二手车鉴定评估时，应分步骤、分阶段地实施相应的工作。

二手车鉴定评估机构开展二手车鉴定评估经营活动按图2-1和图2-2所示流程和步骤作业，并填写二手车鉴定评估作业表。二手车经销、拍卖、经纪

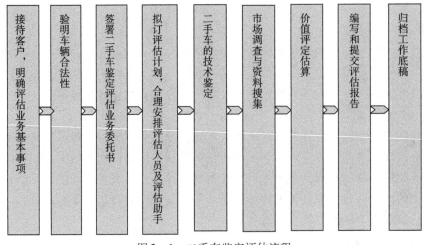

图2-1 二手车鉴定评估流程

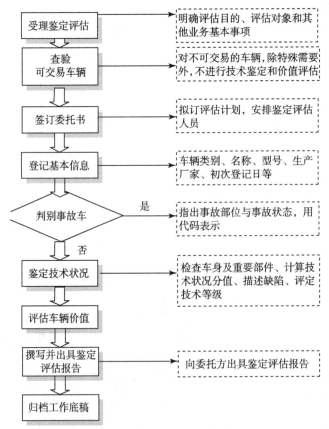

图2-2 二手车鉴定评估步骤

第二章 二手车鉴定评估理论基础

等企业开展业务涉及二手车鉴定评估活动的,参照图2-2有关内容和顺序作业,即查验可交易车辆——登记基本信息——判别事故车——鉴定技术状况,并填写二手车技术状况表。

一、接待客户,明确评估业务基本事项

接待客户具体应该了解的内容包括:
(1) 客户基本情况,包括车辆权属和权属性质。
(2) 客户要求,如客户要求评估的目的,期望使用者和完成评估的时间。
(3) 车辆使用性质,如了解车辆是生产营运车辆,还是生活消费车辆。
(4) 车辆基本情况,包括车辆类别、名称、型号、生产厂家、初次登记日期、行驶里程数、所有权变动或流通次数、落籍地、技术状态等。

二、验明车辆合法性

查验机动车登记证书、行驶证、有效机动车安全技术检验合格标志、车辆购置完税证明、车船使用税缴付凭证、车辆保险单等法定证明、凭证是否齐全,并按照表2-1检查所列项目是否全部判定为"Y"。

如发现上述法定证明、凭证不全,或表2-1检查项目任何一项判别为"N"的车辆,应告知委托方,不需继续进行技术鉴定和价值评估(司法机关委托等特殊要求的除外)。发现法定证明、凭证不全,或者表2-1中第1项及第4~8项中任意一项判断为"N"的车辆应及时报告公安机关等执法部门。

表2-1 可交易车辆判别表

序号	检查项目	判别
1	是否达到国家强制报废标准	Y 否　N 是
2	是否处于抵押期间或海关监管期间	Y 否　N 是
3	是否为人民法院、检察院、行政执法等部门依法查封、扣押的车辆	Y 否　N 是
4	是否为通过盗窃、抢劫、诈骗等违法犯罪手段获得的车辆	Y 否　N 是
5	发动机号与机动车登记证书登记号码是否一致,且无凿改痕迹	Y 是　N 否
6	车辆识别代号或车架号码与机动车登记证书登记号码是否一致,且无凿改痕迹	Y 是　N 否
7	是否为走私、非法拼装车辆	Y 否　N 是
8	是否为法律法规禁止经营的车辆	Y 否　N 是

验明车辆合法性主要应该核查：
(1) 来历和处置的合法性。查看机动车登记证或产权证明。
(2) 使用和行驶的合法性。检查手续是否齐全、真实、有效，是否年检；检查机动车行驶证登记的事项与行驶牌照和实物是否相符。

三、签署二手车鉴定评估业务委托书

对相关证照齐全，表2-1检查项目全部判别为"Y"，或者司法机关委托鉴定等有特殊要求的车辆，应签署二手车鉴定评估委托书。

了解委托方及其车辆的基本情况，明确委托方要求，主要包括委托方要求的评估目的、评估基准日、期望完成评估的时间等。《二手车鉴定评估业务委托书》是鉴定评估机构与委托方对各自权力、责任和义务的约定，是一种经济合同性质的契约。

(1) 二手车鉴定评估委托书应写明：委托方和评估机构的名称、住所、工商登记注册号、上级单位名称、鉴定评估资格类型及证书编号、评估目的、评估范围、被评估车辆的类型和数量、评估工作起止时间、评估机构的其他具体工作任务，委托方须做好的基础工作和配合工作，评估收费方式和金额，反映评估业务委托方和评估机构各自的责任、权利、义务以及违约责任的其他具体内容。

(2) 二手车鉴定评估委托书必须符合国家法律法规和二手车鉴定评估行业管理规定，并做到内容全面、具体，含义清晰准确。

(3) 涉及国有资产占有单位的二手车鉴定评估项目，应由委托方按规定办妥有关手续后再进行评估业务委托。

四、拟订评估计划，合理安排评估人员及评估助手

二手车鉴定评估机构要根据评估项目的规模大小、复杂程度、评估目的做出评估计划。

(1) 二手车鉴定评估人员应该按照鉴定评估机构编制的评估计划开展鉴定评估业务，以便对工作做出合理安排并保证在预计时间内完成评估项目。

(2) 二手车鉴定评估人员应当重点考虑以下因素：①被评估车辆和评估目的；②评估风险，评估业务的规模，以及复杂程度；③相关法律、法规及宏观经济近期发展变化对评估对象的影响；④被评估车辆的结构、类别、数量和分布；⑤与评估有关资料的齐备情况及变更的难易程度；⑥评估小组成员的业务能力、评估经验及其优化组合；⑦对专家及其他评估人员的合理使用。

五、二手车的技术鉴定

1. 技术鉴定要达到的基本目的

（1）为车辆的价值估算提供科学的评估证据；

（2）为期望使用者提供车辆技术状况的质量公证；

（3）为车辆发生的经济行为提供法律依据。

2. 技术鉴定要达到的基本事项

（1）识别伪造、拼装、组装、盗抢、走私车辆；

（2）鉴别手续牌证的真伪；

（3）鉴别由事故造成的严重损伤；

（4）鉴别由自然灾害（水淹、火烧）造成的严重损伤；

（5）鉴别车辆内部和外部技术状况。

3. 技术鉴定应检查的部位和检查的项目

（1）静态检查；

（2）动态检查；

（3）仪器检查。

六、市场调查与资料搜集

进行市场调查与资料搜集的目的是：确定被评估车辆的现行市场价格。进行市场询价时，应重点做好以下工作：

（1）确定被评估车辆的基本情况（车辆类型、厂牌型号、生产厂家、主要技术参数等）。

（2）确定询价参照对象及询价单位（询价单位名称、询价单位地址、询价方式、联系电话或传真号码、询价单位接待人员姓名等），并将询价参照对象情况与被评估车辆基本情况进行比较。只有在两者相一致的情况下，询到的市场价格才是可比的、可行的。

（3）确定询价结果。市场调查和询证资料经过整理，就可以编制成车辆询价表。车辆询价表亦是二手车鉴定评估主要的工作底稿之一。

七、价值评定估算

1. 确定估算方法

（1）根据车辆有关情况，确立估值方法，并对车辆价值进行估算。

（2）估值方法选用原则：一般情况下，推荐选用现行市价法；在无参照物，无法使用现行市价法的情况下，选用重置成本法。

（3）现行市价法的运用方法：评估价值为相同车型、配置和相同技术状况鉴定检测分值的车辆近期的交易价格；如无参照，可从本区域本月内的交易记录中调取相同车型、相近分值，或从相邻区域的成交记录中调取相同车型、相近分值的成交价格，并结合车辆技术状况鉴定分值加以修正。

（4）当无任何参照体时，使用重置成本法计算车辆价值。

$$车辆评估价值 = 更新重置成本 \times 综合成新率$$

1）更新重置成本为相同型号、配置的新车在评估基准日的市场零售价格；

2）综合成新率由技术鉴定成新率与年限成新率组成，即：

$$综合成新率 = 年限成新率 \times \alpha + 技术鉴定成新率 \times \beta$$

其中，年限成新率 = 预计车辆剩余使用年限/车辆使用年限；技术鉴定成新率 = 车辆技术状况分值/100；α、β 分别为技术鉴定成新率与年限成新率系数，由评估人员根据市场行情等因素确定，且 $\alpha + \beta = 1$。

技术鉴定成新率 $\times \beta$，相当于实体性陈旧贬值与功能性陈旧贬值后，车辆剩余的价值率；年限成新率 $\times \alpha$，相当于经济性陈旧贬值后，车辆剩余的价值率。

2. 注意事项

（1）二手车鉴定评估应熟知、理解并正确运用市价法、收益法、成本法、清算价格法以及这些评估方法的综合运用。

（2）对同一被评估车辆宜选用两种以上的评估方法进行评估。

（3）有条件选用市价法进行评估的，应以市价法为主要的评估方法。

（4）营运车辆的评估在评估资料可查并齐全的情况下，可选用收益法为其中的一种评估方法。

（5）二手车鉴定评估一般适宜采用市价法和成本法进行评估。

3. 评价评估结果

（1）对不同评估方法估算出的结果，应进行比较分析。当这些结果差异较大时，应寻找并排除出现的原因。

（2）对不同评估方法估算出的结果应做下列检查：①计算过程是否有误；②基础数据是否准确；③参数选择是否合理；④是否符合评估原则；⑤公式选用是否恰当；⑥选用的评估方法是否适宜评估对象和评估目的。

（3）在确认所选用的评估方法估算出的结果无误之后，应根据具体情况计算求出一个综合结果。

（4）在计算求出一个综合结果的基础上，应考虑一些不可量化的价格影响因素，对结果进行适当的调整，或取用，或认定该结果作为最终的评估结果。

（5）当有调整时，应在评估报告中明确阐述理由。

八、编写和提交评估报告

根据车辆技术状况鉴定等级和价值评估结果等情况，按照附录二要求撰写二手车鉴定评估报告，做到内容完整、客观、准确，书写工整。

按委托书要求及时向客户出具《二手车鉴定评估报告》，并由鉴定评估人与复核人签章，鉴定评估机构加盖公章。

1. 编写二手车鉴定评估报告

编写二手车鉴定评估报告书可分为以下两个步骤：

第一步，在完成二手车鉴定评估数据分析和讨论的基础上，对有关部分的数据进行调整。由具体参加评估的二手车鉴定评估人员草拟出二手车鉴定评估报告书。

第二步，在鉴定评估的基本情况和评估报告书初稿的初步结论与委托方交换意见，听取委托方的反馈意见后，在坚持独立、客观、公正的前提下，认真分析委托方提出的问题和建议，考虑是否应该修改评估报告书，对报告书中存在的疏忽、遗漏和错误之处进行修正，待修改完毕即可撰写出正式的二手车鉴定评估报告书。

2. 提交二手车鉴定评估报告

二手车鉴定评估机构撰写出正式的鉴定评估报告书以后，经过审核无误，按以下程序进行签名盖章：先由负责该项目的二手车鉴定评估人员签章，再送复核人审核签章，最后送评估机构负责人审定签章并加盖机构公章。

二手车鉴定评估报告书签发盖章后即可连同作业表等送交委托方。

九、归档工作底稿

将《二手车鉴定评估报告》及其附件与工作底稿独立汇编成册，存档备查。档案保存期限一般不低于5年；鉴定评估目的涉及财产纠纷的，其档案至少应当保存10年；法律法规另有规定的，从其规定。

第三章

鉴定评估必备实用技术

第一节 新国标 GB/T 3730.1－2001 采用的汽车分类方法

目前,我国汽车分类标准主要有以下 3 类:①《汽车和挂车类型的术语和定义》(GB/T 3730.1－2001);②《机动车辆及挂车分类》(GB/T 15089－2001);③公安管理机关的车辆分类。

2001 年,我国对外发布了汽车分类国家标准,也就是目前的现行标准。现行标准于 2002 年正式实施。现行新标准 GB/T 3730.1－2001 代替了旧标准 GB/T 3730.1－1988,而现行新标准 GB/T 15089－2001 代替了旧标准 GB/T 15089－1994。

在按用途划分的基础上,这两个新国标建立了乘用车和商用车概念。另外,在旧的废止标准中有轿车的分类,而现行标准中取消了轿车的术语。但考虑到轿车这个术语在我国使用很广泛,在现行分类时,将过去人们认为属于轿车的车型,基本归在基本乘用车的类别中。其目的是不和过去人们的概念有很大的出入,以免造成混乱。过去将一些切诺基车型列入了轿车类别,而将另一些切诺基车型和低价的 SUV,如长城赛弗列入了轻型客车中,显然是不合理的。现在这些车型都被归于一类中。

《汽车和挂车类型的术语和定义》GB/T 3730.1－2001 是通用性的分类,适用于一般概念、统计、牌照、保险、政府政策和管理的依据。

一、乘用车(PASSENGER CAR)(见表3-1)

在其设计和技术特性上主要用于载运乘客及其随身行李和/或临时物品的汽车,包括驾驶员座位在内最多不超过9个座位。它也可牵引一辆挂车。

注:表3-1中1.1~1.6给出的乘用车也可俗称轿车。

表3-1 乘用车的分类

序号	术 语	定 义
1.1	普通乘用车 [saloon(sedan)]	车身:封闭式,侧窗中柱有或无。 车顶(顶盖):固定式,硬顶。有的顶盖一部分可以开启。 座位:4个或4个以上座位,至少两排。后座椅可折叠或移动,以形成装载空间。 车门:2个或4个侧门,可有一后开启门
1.2	活顶乘用车 (convertible saloon)	车身:具有固定侧围框架的可开启式车身。 车顶(顶盖):车顶为硬顶或软顶,至少有两个位置:封闭,开启或拆除。 可开启式车身可以通过使用一个或数个硬顶部件和/或合拢软顶将开启的车身关闭。 座位:4个或4个以上座位,至少两排。 车门:2个或4个侧门 车窗:4个或4个以上侧窗
1.3	高级乘用车[pullman saloon (pullman sedan)(executive limousine)]	车身:封闭式。前后座之间可以设有隔板。 车顶(顶盖):固定式,硬顶。有的顶盖一部分可以开启。 座位:4个或4个以上座位,至少两排。后排座椅前可安装折叠式座椅。 车门:4个或6个侧门,也可有一个后开启门。 车窗:6个或6个以上侧窗
1.4	小型乘用车(coupe)	车身:封闭式,通常后部空间较小。 车顶(顶盖):固定式,硬顶。有的顶盖一部分可以开启。 座位:2个或2个以上的座位,至少一排。 车门:2个侧门,也可有一个后开启门。 车窗:2个或2个以上侧窗

续表

序号	术语	定义
1.5	敞篷车 [convertible (open tourer)(roadster)(spider)]	车身：可开启式。 车顶（顶盖）：车顶可为软顶或硬顶，至少有两个位置：第一个位置遮覆车身，第二个位置车顶卷收或可拆除。 座位：2个或2个以上的座位，至少一排。 车门：2个或4个侧门。 车窗：2个或2个以上侧窗
1.6	舱背乘用车（hatchback）	车身：封闭式，侧窗中柱可有可无。 车顶（顶盖）：固定式，硬顶。有的顶盖一部分可以开启。 座位：4个或4个以上座位，至少两排。后座椅可折叠或可移动，以形成一个装载空间。 车门：2个或4个侧门，车身后部有一仓门。
1.7	旅行车（station wagon）	车身：封闭式。车尾外形按可提供较大的内部空间设计。 车顶（顶盖）：固定式，硬顶。有的顶盖一部分可以开启。 座位：4个或4个以上座位，至少两排。座椅的一排或多排可拆除，或装有向前翻倒的座椅靠背，以提供装载平台。 车门：2个或4个侧门，并有一后开启门。 车窗：4个或4个以上侧窗
1.8	多用途乘用车 (multipurpose passenger car)	上述1.1~1.7车辆以外的，只有单一车室载运乘客及其行李或物品的乘用车。但是，如果这种车辆同时具有下列两个条件，则不属于乘用车： 除驾驶员以外的座位数不超过6个，而且只要车辆具有可使用的座椅安装点，就应算"座位"存在。 $$p-(M+N\times68)>N\times68$$ 式中：p——最大设计总质量。 M——整车整备质量与1位驾驶员体重之和。 N——除驾驶员以外的座位数

续表

序号	术语	定义
1.9	短头乘用车（forward control passenger car）	该种乘用车一半以上的发动机长度位于车辆前风窗玻璃最前点以后，并且方向盘的中心位于车辆总长的前1/4部分内
1.10	越野乘用车（off-road passenger car）	在其设计上所有车轮同时驱动（包括一个驱动轴可以脱开的车辆），或其几何特性（接近角、离去角、纵向通过角，以及最小离地间隙）、技术特性（驱动轴数、差速锁止机构或其他型式机构）和它的性能（爬坡度）允许在非道路上行驶的一种乘用车
1.11	专用乘用车（special purpose passenger car）	运载乘员或物品并完成特定功能的乘用车，具备完成特定功能所需的特殊车身和/或装备，例如旅居车、防弹车、救护车、殡仪车等
1.11.1	旅居车（motor caravan）	旅居车是一种至少具有下列生活设施结构的乘用车。 ——座椅和桌子； ——睡具，可由座椅转换而来； ——炊事设施； ——储藏设施
1.11.2	防弹车（armoured passenger car）	用于保护所运送的乘员和/或物品并符合装甲防弹要求的乘用车
1.11.3	救护车（ambulance）	用于运送病人或伤员并为此目的配有专用设备的乘用车
1.11.4	殡仪车（hearse）	用于运送死者并为此目的而配有专用设备的乘用车

注：定义中的车窗指一个玻璃窗口。它可由一块或几块玻璃组成（例如通风窗为车窗的一个组成部分）。

二、商用车辆（COMMERCIAL VEHICLE）（见表3-2）

在设计和技术特性上用于运送人员和货物的汽车，并且可以牵引挂车。乘用车不包括在内。

表3-2 商用车辆分类

序号	术语	定义
2.1	客车（bus）	在设计和技术特性上用于载运乘客及其随身行李的商用车辆，包括驾驶员座位在内座位数超过9座。 客车有单层的或双层的，也可牵引一挂车
2.1.1	小型客车（minibus）	用于载运乘客，除驾驶员座位外，座位数不超过16座的客车
2.1.2	城市客车（city-bus）	一种为城市内运输而设计和装备的客车。这种车辆设有座椅及站立乘客的位置，并有足够的空间供频繁停站时乘客上下车走动用
2.1.3	长途客车（interurban coach）	一种为城市间运输而设计和装备的客车。这种车辆没有专供乘客站立的位置，但在其通道内可载运短途站立的乘客
2.1.4	旅游客车（touring coach）	一种为旅游而设计和装备的客车。这种车辆的布置要确保乘客的舒适性，不载运站立的乘客
2.1.5	铰接客车（articulated bus）	一种由两节刚性车厢铰接组成的客车。在这种车辆上，两节车厢是相通的，乘客可通过铰接部分在两节车厢之间自由走动。两节刚性车厢永久联结，只有在工厂车间使用专用的设施才能将其拆开

续表

序号	术 语	定 义
2.1.6	无轨电车 (trolley bus)	一种经架线由电力驱动的客车。 这种电车有多种用途
2.1.7	越野客车 (off-road bus)	在其设计上所有车轮同时驱动（包括一个驱动轴可以脱开的车辆）或其几何特性（接近角、离去角、纵向通过角，以及最小离地间隙）、技术特性（驱动轴数、差速锁止机构或其他型式机构）和它的性能（爬坡度）允许在非道路上行驶的一种车辆
2.1.8	专用客车（special bus）	在其设计和技术特性上只适用于需经特殊布置安排后才能载运人员的车辆
2.2	半挂牵引车 (semi-trailer towing vehicle)	装备有特殊装置，用于牵引半挂车的商用车辆
2.3	货车（goods vehicle）	一种主要为载运货物而设计和装备的商用车辆。根据设计它可用于牵引一挂车
2.3.1	普通货车（general purpose goods vehicle）	一种在敞开（平板式）或封闭（厢式）载货空间内载运货物的货车
2.3.2	多用途货车（multipurpose goods vehicle）	在其设计和结构上主要用于载运货物，但在驾驶员座椅后带有固定或折叠式座椅，可运载3个以上乘客的货车

续表

序号	术语	定义
2.3.3	全挂牵引车（trailer towing vehicle）	一种牵引杆式挂车的货车，它本身可在附属的载运平台上运载货物
2.3.4	越野货车（off-road goods vehicle）	在其设计上所有车轮同时驱动（包括一个驱动轴可以脱开的车辆）或其几何特性（接近角、离去角、纵向通过角，以及最小离地间隙）、技术特性（驱动轴数、差速锁止机构或其他型式的机构）和它的性能（爬坡度）允许在坏路上行驶的一种车辆
2.3.5	专用作业车（special goods vehicle）	在其设计和技术特性上用于特殊工作的货车，例如消防车、救险车、垃圾车、应急车、街道清洗车、扫雪车、清洁车等
2.3.6	专用货车（specialized goods vehicle）	在其设计和技术特性上用于运输特殊物品的货车，例如罐式车、乘用车运输车、集装箱运输车等

三、挂车（TRAILER）

就其设计和技术特性需汽车牵引才能正常使用的一种无动力的道路车辆，用于载运人员和（或）货物，以及特殊用途。

1. 牵引杆挂车（DRAW-BAR TRAILER）（见表3-3）

该型车是至少有两根轴的挂车，具有：

——一轴可转向；

——通过角向移动的牵引杆与牵引车联结；

——牵引杆可垂直移动，联结到底盘上，因此不能承受任何垂直力。

具有隐藏支地架的半挂车也作为牵引杆挂车。

第三章 鉴定评估必备实用技术

表 3-3 牵引杆挂车分类

序号	术语	定义
3.1.1	客车挂车（bus trailer）	在其设计和技术特性上，用于载运人员及其随身行李的牵引杆挂车
3.1.2	牵引杆货车挂车（goods draw-bar trailer）	在其设计和技术特性上用于载运货物的牵引杆挂车
3.1.3	通用牵引杆挂车（general purpose draw-bar trailer）	一种在敞开（平板式）或封闭（厢式）载货空间内载运货物的牵引杆挂车
3.1.4	专用牵引杆挂车（special draw-bar trailer）	一种牵引杆挂车，按其设计和技术特性用于：需经特殊布置后，才能载运人员和（或）货物；只执行某种规定的运输任务，例如乘用车运输挂车、消防挂车、低地板挂车、空气压缩机挂车等

2. 半挂车（SEMI-TRAILER）（见表 3-4）

车轴置于车辆重心（当车辆均匀受载时）后面，并且装有可将水平或垂直力传递到牵引车的联结装置的挂车。

表 3-4 半挂车分类

序号	术语	定义
3.2.1	客车半挂车（bus semi-trailer）	在其设计和技术特性上用于载运乘客及其随身行李的半挂车
3.2.2	通用货车半挂车（general purpose goods semi-trailer）	一种在敞开（平板式）或封闭（厢式）载货空间内载运货物的半挂车

续表

序号	术语	定义
3.2.3	专用半挂车（special semi-trailer）	一种半挂车，按其设计和技术特性用于：需经特殊布置后，才能载运人员和（或）货物；只执行某种规定的运输任务，例如原木半挂车、消防半挂车、低地板半挂车、空气压缩机半挂车等
3.2.4	旅居半挂车（caravan semi-trailer）	能够提供活动睡具的半挂车

3. 中置轴挂车（ENTRE AZLE TRAILER）（见表3-5）

中置轴挂车是牵引装置不能垂直移动（相对于挂车），车轴位于紧靠挂车的重心（当均匀载荷时）的挂车。这种车辆只有较小的垂直静载荷作用于牵引车，不超过相当于挂车最大质量的10%或1 000N的载荷（两者取较小者）。其中一轴或多轴可由牵引车来驱动。

表3-5 中置轴挂车分类

序号	术语	定义
4.1.1	旅居挂车（caravan）	能够提供活动睡具的中置轴挂车

四、汽车列车（COMBINATION VEHICLES）（见表3-6）

表3-6 汽车列车分类

序号	术语	定义
5.1	乘用车列车（passenger/car trailer combination）	乘用车和中置轴挂车的组合
5.2	客车列车（bus road train）	一辆客车与一辆或多辆挂车的组合；各节乘客车厢不相通，有时可设服务走廊

续表

序号	术 语	定 义
5.3	货车列车（goods road train）	一辆货车与一辆或多辆挂车的组合
5.4	牵引杆挂车列车（draw-bar tractor combination）	一辆全挂牵引车与一辆或多辆挂车的组合
5.5	铰接列车（articulated vehicle）	一辆半挂牵引车与具有角向移动联结的半挂车组成的车辆
5.6	双挂列车（double road train）	一辆铰接式列车与一辆牵引杆挂车的组合
5.7	双半挂列车（double semi-trailer road train）	一辆铰接式列车与一辆半挂车的组合；两辆车的联结是通过第二个半挂车的联结装置来实现的
5.8	平板列车（platform road train）	一辆货车和一辆牵引杆货车挂车的组合；在可角向移动的货物承载平板的整个长度上载荷都是不可分地置于牵引车和挂车上。为了支撑这个载荷，可以使用辅助装置。这个载荷和（或）它的支撑装置构成了这两个车辆的联结装置，因此不允许挂车再有转向联结

第二节 新国标 GB/T 15089－2001 采用的车辆分类方法

GB/T 15089－2001 代替了旧标准 GB/T 15089－1994，将机动车辆和挂车分为 L，M，N，O，G 等 5 类。这份标准主要用于型式认证。

一、L 类

L 类是指两轮或三轮机动车辆。

1. L1 类

使用热力发动机，气缸排量不超过 50mL，且无论采用何种驱动方式，最高设计车速都不超过 50km/h 的两轮车辆。

2. L2 类

若使用热力发动机，气缸排量不超过 50mL，且无论采用何种驱动方式，最高设计车速都不超过 50km/h，具有任何车轮布置型式的三轮车辆。

3. L3 类

使用热力发动机，气缸排量超过 50mL，或无论采用何种驱动方式，最高设计车速都超过 50km/h 的两轮车辆。

4. L4 类

使用热力发动机，气缸排量超过 50mL，或无论采用何种驱动方式，最高设计车速都超过 50km/h，且 3 个车轮相对于车辆的纵向中心平面为非对称布置的车辆（带边斗的摩托车）。

5. L5 类

使用热力发动机，气缸排量超过 50mL，或无论采用何种驱动方式，最高设计车速都超过 50km/h，且 3 个车轮相对于车辆的纵向中心平面为对称布置的车辆。

二、M 类

M 类是指至少有 4 个车轮并且用于载客的机动车辆。

1. M1 类

M1 类包括驾驶员座位在内，座位数不超过 9 个座的载客车辆。

[注：对于 M1 类中的多用途乘用车（定义见 GB/T 3730.1－2001 中 2.1.1.8），如果同时具有其定义中规定的两个条件，则不属于 M1 类，而是根据其质量属于 N1，N2 或是 N3 类。]

2. M2 类

M2 类包括驾驶员座位在内座位数超过 9 个，且最大设计总质量不超过 5 000kg 的载客车辆。

A 级：可载乘员数（不包括驾驶员）不多于 22 人，并允许乘员站立。

B 级：可载乘员数（不包括驾驶员）不多于 22 人，不允许乘员站立。

Ⅰ级：可载乘员数（不包括驾驶员）多于 22 人，允许乘员站立，并且乘员可以自由走动。

Ⅱ级：可载乘员数（不包括驾驶员）多于 22 人，只允许乘员站立在过道和（或）提供不超过相当于两个双人座位的站立面积。

Ⅲ级：可载乘员数（不包括驾驶员）多于 22 人，不允许乘员站立。

3. M3 类

M3 类是指包括驾驶员座位在内座位数超过 9 个，且最大设计总质量超过 5 000kg 的载客车辆。

A 级：可载乘员数（不包括驾驶员）不多于 22 人，并允许乘员站立。

B 级：可载乘员数（不包括驾驶员）不多于 22 人，不允许乘员站立。

Ⅰ级：可载乘员数（不包括驾驶员）多于 22 人，允许乘员站立，并且乘员可以自由走动。

Ⅱ级：可载乘员数（不包括驾驶员）多于 22 人，只允许乘员站立在过道和（或）提供不超过相当于两个双人座位的站立面积。

Ⅲ级：可载乘员数（不包括驾驶员）多于 22 人，不允许乘员站立。

4. 说明

（1）包括两个或多个不可分，但铰接在一起的铰接客车（定义见 GB/T 3730.1 - 2001 中 2.1.2.1.5）被认为是单个车辆。

（2）为挂接半挂车而设计的牵引车（即半挂牵引车）。车辆分类所依据的质量是指处于可行驶状态的牵引车的质量，加上半挂车传递到牵引车上最大垂直静载荷与牵引车自身最大设计装载质量（如果有的话）的和。

三、N 类

N 类是指至少有 4 个车轮且用于载货的机动车辆。

1. N1 类

最大设计总质量不超过 3 500kg 的载货车辆。

2. N2 类

最大设计总质量超过 3 500kg，但不超过 12 000kg 的载货车辆。

3. N3 类

最大设计总质量超过 12 000kg 的载货车辆。

4. 说明

（1）为挂接半挂车而设计的牵引车辆（即半挂牵引车）。车辆分类所依据的质量是处于行驶状态中的牵引车的质量，加上半挂车传递到牵引车上最大垂直静载荷与牵引车自身最大设计装载质量（如果有的话）的和。

（2）某些专用作业车（例如汽车起重机、修理工程车、宣传车等）上的设备和装置被视为货物。

四、O 类

O 类是指挂车（包括半挂车）。

1. O1 类

最大设计总质量不超过 750kg 的挂车。

2. O2 类

最大设计总质量超过 750kg，但不超过 3 500kg 的挂车。

3. O3 类

最大设计总质量超过 3 500kg，但不超过 10 000kg 的挂车。

4. O4 类

最大设计总质量超过 10 000kg 的挂车。

5. O2 类，O3 类，O4 类挂车是 GB/T 3730.1－2001 中 2.2 中的一种。

6. 说明

就半挂车或中置轴挂车（见 GB/T 3730.1－2001 中 2.2.2 和 2.2.3）而言，对挂车分类时所依据的质量是半挂车或中置轴挂车在满载并且和牵引车相连的情况下，通过其所有车轴垂直作用于地面的静载荷。

五、G 类

G 类是指依据 3.5.4 提出的检测条件和 3.5.5 的定义和图示，满足本条要求的 M 类和 N 类的越野车。

（1）M1 类和最大设计总质量不超过 2 000kg 的 N1 类车辆，如满足以下条件就被认为是 G 类车辆：

至少有一个前轴和至少有一个后轴能够同时驱动，其中包括一个驱动轴可以脱开的车辆。

至少有一个差速锁止机构或至少有一个具有类似作用的机构。单车计算爬坡度至少为 30%。此外，还必须满足下列 6 项要求中的至少 5 项：①接近角≥25°；②离去角≥20°；③纵向通过角≥20°；④前轴离地间隙≥180mm；⑤后轴离地间隙≥180mm；⑥前后轴间的离地间隙≥200mm。

（2）最大设计总质量超过 2 000kg 的 N1 类、N2 类、M2 类或最大设计总质量不超过 12 000kg 的 M3 类车辆，如果所有车轮设计为同时驱动（包括一轴的驱动可以脱开的车辆）或者如果满足下列 3 项要求，则认为是 G 类车辆：①至少一根前轴和至少一根后轴同时用于驱动，其中包括一轴的驱动可以脱开的车辆；②至少有一个差速锁止机构或至少有一个类似作用的机构；③单车计算爬坡度至少为25%。

（3）N3类或最大设计总质量超过12 000kg的M3类车辆，如果所有车轮设计为同时驱动（包括一轴的驱动可以脱开的车辆）或满足下列要求，则被认为是G类车辆：①至少有半数车轮用于驱动；②至少有一个差速锁止机构或类似作用的机构；③单车计算爬坡度至少为25%，并且必须满足下列6项要求中的至少4项：一是接近角≥25°；二是离去角≥25°；三是纵向通过角≥25°；四是前轴离地间隙≥250mm；五是后轴离地间隙≥250mm；六是前后轴间的离地间隙≥300mm。

第三节　公安管理机关采用的汽车分类方法

为了便于机动车辆技术检验、核发牌证，以及进行专门的管理，公安机关根据目前我国汽车工业标准和公安机关管理的需要，将汽车分为以下几种类型（见表3-7）。

表3-7　公安管理机关采用的汽车分类方法

分类	规格术语		说　明
汽车	载客	大型	车长大于等于6m或者乘坐人数大于等于20人。乘坐人数可变的，以上限确定。乘坐人数包括驾驶员（下同）
		中型	车长小于6m，乘坐人数大于9人且小于20人
		小型	车长小于6m，乘坐人数小于等于9人
		微型	车长小于等于3.5m，发动机气缸总排量小于等于1L
	载货	重型	车长大于等于6m，总质量大于等于12 000kg
		中型	车长大于等于6m，总质量大于等于4 500kg且小于12 000kg
		轻型	车长小于6m，总质量小于4 500kg
		微型	车长小于等于3.5m，载质量小于等于750kg
	汽车（原三轮农用运输车）	三轮	以柴油机为动力，最高设计车速小于等于50km/h，最大设计总质量不大于2 000kg，长小于等于4.6m，宽小于等于1.6m，高小于等于2m，具有3个车轮的货车
	货车（原四轮农用运输车）	低速	以柴油机为动力，最高设计车速小于等于70km/h，最大设计总质量小于等于4 500kg，长小于等于6m，宽小于等于2m，高小于等于2.5m，具有4个车轮的货车

一、大型汽车

总质量大于等于 4 500kg 的，或者车长大于等于 6m，或者乘坐人数（不含驾驶员）大于等于 20 人的汽车，称为大型汽车，具体又可分为：

（1）大型客车，包括普通大客车、铰链式大客车，以及其他大客车。

（2）大型货车，包括栏板式大货车、厢式大货车、倾卸式大货车、半挂列车，以及其他大货车。

（3）大型特种车，包括大型消防车、大型救护车、大型警车、大型工程救险车，以及其他大型特种车。

（4）大型专用载货车，包括大型专用罐车、大型冷藏保温车、大型邮政车，以及其他大型专用载货车。

（5）大型其他专用车，包括大型起重车、大型牵引车、大型仪器车，以及其他大型专用车。

二、小型汽车

总质量小于 4 500kg，或者车长小于 6m，或者乘坐人数（不含驾驶员）少于 20 人的汽车，称为小型汽车，具体又分为：

（1）小型客车，包括吉普型小客车、旅行型小客车、轿车型小客车，以及其他小客车。

（2）小型货车，包括栏板式小货车、厢式小货车、倾卸小货车，以及其他小货车。

（3）小型特种车，包括小型消防车、小型救护车、小型警车、小型工程救险车，以及其他小型特种车。

（4）小型专用载货车，包括小型专用罐车、小型冷藏保温车、小型邮政车，以及其他小型专用载货车。

（5）小型其他专用车，包括小型起重车、小型牵引车、小型仪器车，以及其他小型专用车。

第四节　旧国标 GB/T 3730.1－1988 采用的汽车分类方法及编号规则

一、旧国标 GB/T 3730.1－1988 采用的汽车分类方法

（原）中国汽车分类标准（GB 9417－89）将汽车分为 8 类：

(1) 载货汽车：以运载货物为主要目的的汽车。货车按其总质量分为：

微型货车：$m_a \leq 1.8t$。

轻型货车：$1.8t < m_a \leq 6.0t$。

中型货车：$6.0t < m_a \leq 14.0t$。

重型货车：$m_a > 14.0t$。

(2) 越野汽车：（四轮）全轮驱动的，主要用于非公路条件下载运人员或货物的汽车。

轻型越野汽车：$m_a \leq 5t$。

中型越野汽车：$5t < m_a \leq 13t$。

重型越野汽车：$13t < m_a \leq 24t$。

超重型越野汽车：$m_a > 24t$

(3) 自卸汽车：用于工地、矿区运输并具有货物自卸功能的汽车。

轻型自卸汽车：$m_a \leq 6t$。

中型自卸汽车：$6t < m_a \leq 14t$。

重型自卸汽车：$m_a > 14t$。

矿用自卸汽车

(4) 牵引车：专用于牵引（拖拉）各种挂车的车辆。

半挂牵引汽车

全挂牵引汽车

(5) 专用汽车：箱式汽车

罐式汽车

起重举升汽车

仓栅式汽车

特种结构汽车

专用自卸汽车

(6) 客车：乘坐9人以上（不包括驾驶员）的载客汽车。客车按总长度分为以下几类：

微型客车：$L \leq 3.5m$

轻型客车：$3.5m < L \leq 7m$

中型客车：$7m < L \leq 10m$

大型客车：$L > 10m$

特大型客车：铰接式和双层客车

(7) 轿车：座位数不超过9个，用来装载旅客和行李的汽车。轿车是按发动机排量分类的：

微型轿车：$V \leq 1L$

普通级轿车：$1L < V \leq 1.6L$

中级轿车：$1.6L < V \leq 2.5L$

中高级轿车：$2.5L < V \leq 4L$

高级轿车：$V > 4L$

(8) 半挂车（备用分类号）：

轻型半挂车：$m_a \leq 7.1t$。

中型半挂车：$7.1t < m_a \leq 19.5t$。

重型半挂车：$19.5t < m_a \leq 34t$。

超重型半挂车：$m_a > 34t$。

注：(1) m_a——厂定最大总质量（单位：t——吨）。

L——车长（单位：m——米）。

V——发动机排量（单位：L——升）。

(2) 载货汽车、自卸汽车、半挂车 m_a 为公路运行时厂定最大总质量，而越野汽车 m_a 为越野车运行时厂定最大总质量。

(3) 中型、大型客车包括城市客车、长途客车、旅游客车及团体客车，而特大型客车指铰接客车和双层客车。

二、国标 GB/T 3730.1－1988 采用的国产汽车产品型号编制规则

我国于1988年制定了新的国家标准 GB 9417－88《汽车产品型号编制规则》，用简单的汉语拼音字母和阿拉伯数字编号来表示国产汽车的企业代号、车辆类型代号、主要特征参数代号、产品序号和企业自定代号等。

□□　○　○○　○　■■■
　a　　b　　c　　d　　e

a：企业名称代号。b：车辆类别代号。c：主参数代号。d：产品序号。e：专用汽车企业自定代号。

□：用汉语拼音字母表示。

○：用阿拉伯数字表示。

■：用汉语拼音字母或阿拉伯数字均可。

(1) 首部"a"：由2个或3个汉语拼音字母组成，是识别企业名称的代号（见表3－8）。

表3-8 识别企业名称代号

企业名称代号	车辆种类
EA	二汽东风
CA	一汽解放
BJ	北京福田
HFC	江淮
SX	陕西陕汽

(2) 中部 "b, c, d": 由4位阿拉伯数字组成。

第一位数字 "b" 代表车辆类别代号, 如表3-9所示。

表3-9 车辆类别代号

车辆类别代号	车辆种类	车辆类别代号	车辆种类
1	载货汽车	6	客车
2	越野汽车	7	轿车
3	自卸汽车	8	—
4	牵引汽车	9	半挂车及专用半挂车
5	专用汽车		

注：上表也适用于所列车辆的底盘。

第二、三位数字 "c" 代表各类汽车的主要特征参数：载货车用总质量 (t), 客车用总长度 (0.1mm), 轿车用排量 (0.1L)。

第四位数字 "d" 则代表产品的序号。"0" 为第一代产品。"1" 为第二代产品。

(3) 尾部 "e" 是专用汽车企业自定代号，表示不同的驾驶室型式、轴距和发动机，可用汉语拼音字母和阿拉伯数字表示，而且位数也由企业自定 (见表3-10)。

表3-10 一汽集团专用汽车企业自定代号含义对照表

代号	车辆种类	代号	车辆种类	代号	车辆种类	代号	车辆种类
A	有空调客车底盘	B	自卸车底盘	C	牵引车底盘	D	公共汽车底盘
E	高栏板	F	后轮单轮货车底盘	G	高动力性能汽车	H	豪华轿车

续表

代号	车辆种类	代号	车辆种类	代号	车辆种类	代号	车辆种类
J	检阅用轿车	K	柴油车	L	长轴距	M	高原车
N	液化煤气车	P	平头车	Q	起重车底盘	R	双排座或卧铺
S	加油车底盘	T	非4×2的驱动形式	U	客货两用车	V	厢式货车
W	运木材车	X	消防车底盘	Y	右置转向盘车	Z	出口车

例1：解放牌 CA1258P11K2L7T1 型 6×4 平头柴油载货汽车。

"CA"表示一汽。

"1"表示货车。

"25"表示总质量为25t。

"P"表示平头。

"K"表示柴油发动机。

"L"表示长轴距。

"T1"表示驱动型式为 6×4。

例2：东风牌 EQ1195GX24D 型载货汽车。

"EQ"表示东风。

"1"表示货车。

"19"表示总质量为19t。

"5"表示第六代。

"G"表示平头/曲面玻璃/1.5排（单排带卧铺）。

"X"表示厢式。

"24D"表示发动机型号为6CT（柴油）。

例3：BJ2020S。

"BJ"代表北京汽车制造厂。"2"代表越野车。"02"代表该车总质量为2t。"0"代表该车为第一代产品。"S"为厂家自定义。

例4：TJ7131U。

"TJ"代表天津汽车制造厂。"7"代表轿车。"13"代表排气量为1.3L。"1"代表该车为第二代产品。"U"为厂家自定义。

第五节 详解车辆识别代号（VIN 码）

一、汽车 VIN 码及其重要性

汽车的 VIN 码是英文 Vehicle Identification Number（车辆识别码）的缩写。VIN 码的历史可以追溯到 1949 年，但直到 1981 年之前，标准一直处于变换中。比如：1965—1969 年的 VIN 码有 9 位，而当生产量超过 100 万之后采用 10 位；1970—1980 年的 VIN 码固定为 10 位。现行的 17 位汽车的 VIN 码始于 1981 年。

每一部车都有 VIN 码，且每个号码都不一样。ASE 标准规定：VIN 码由 17 位字符组成。它包含了车辆的制造商、车型年份、车型、车身型式及代码、发动机代码及组装地点等信息。通过汽车的 VIN 码，可以得到汽车的历史报告，而这也逐渐成为旧车买卖中买方重视的资料。VIN 码相当于车辆的身份证代码。因为它的唯一性和标准性，故 VIN 码是汽车生产、销售、承保、理赔、维修等各个环节的主索引信息。它包含了车辆的生产厂家、年代、车型、车身型式及代码、发动机代码及组装地点等信息。正确解读 VIN 码，对于我们准确无误地识别车型并对车辆进行鉴定评估是十分重要的。

二、VIN 码的构成

17 位的 VIN 码可以根据其各自代表的含义划分成 3 个部分。它们分别是世界制造厂识别代号（WMI）、车辆说明部分（VDS）和车辆指示部分（VIS）。

1. 世界制造厂识别代号（WMI）

世界制造厂识别代号用来标识车辆制造厂的唯一性，通常占车辆识别代号（VIN）的前 3 位。WMI 的第一位是由 SAE 分配的，用以标明一个地理区域。目前，SAE 已经根据需要为每个地理区域分配了几个字符，例如：北美是 1～5，大洋洲是 6 和 7，南美是 8，9 和 0，亚洲是 J－R，而欧洲是 S－Z。WMI 的第二位是由 SAE 分配的，用以标明特定区域内的一个国家。目前，SAE 已经根据需要为每个国家分配了几个字符。WMI 的第一位和第二位字符组合在一起，即保证了国家识别标志的唯一性，如：10～19，1A－1Z 为美国；2A－2W 为加拿大；3A－3W 为墨西哥；W0－W9，WA－WZ 为德国；L0－L9，LA－LZ 为中国。WMI 的第三个字符是由各国授权机构分配的，用以标明特定的汽车制造厂。当制造厂的年产量少于 500 辆的时候，WMI 的第三位字符就是 9，如我国的几个主要汽车制造厂的 WMI 为：

LSV——上海大众　　LFV——一汽大众　　LDC——神龙富康
LEN——北京吉普　　LHG——广州本田　　LHB——北汽福田
LKD——哈飞汽车　　LS5——长安汽车　　LSG——上海通用

2. 车辆说明部分（VDS）

说明车辆的一般特性，由车辆识别代号（VIN）的第四位到第九位共 6 位字符组成。如果制造厂不用其中的一位或几位字符，则应在该位置填入选定的字母或数字占位。此部分应能识别车辆的一般特征。其代号顺序由制造厂决定。

第四位至第八位（VDS）为车辆特征，即：

轿车：种类、系列、车身类型、发动机类型及约束系统类型。

MPV：种类、系列、车身类型、发动机类型及车辆额定总重。

载货车：型号或种类、系列、底盘、驾驶室类型、发动机类型、制动系统及车辆额定总重。

客车：型号或种类、系列、车身类型、发动机类型及制动系统。

第九位为校验位。美国与加拿大要求在车辆识别代号（VIN）的第九位使用校验位，而我国的国家标准也做了同样的规定。与身份证号码中的校验位一样，VIN 码的校验位可以用来校验 VIN 码是否正确。一些盗抢车辆、拼装车辆、走私车辆经常通过修改 VIN 码诈保、骗保。其实，通过 VIN 码第九位校验是很容易将它们甄别出来的。

检验位计算方法：VIN 的第九位字码（即 VDS 部分的第六位）为检验位。检验位可以是 0~9 中任一数字或字母"X"。车辆制造厂在确定了 VIN 的其他 16 位代码后，应通过以下方法计算得出检验位。

（1）车辆识别代号中数字和字母的对应值如表 3-11 和表 3-12 所示。

表 3-11　车辆识别代号中的数字对应值

VIN 中的数字	0	1	2	3	4	5	6	7	8	9
对应值	0	1	2	3	4	5	6	7	8	9

表 3-12　车辆识别代号中的字母对应值

VIN 中的字母	A	B	C	D	E	F	G	H	J	K	L	M	N	P	R	S	T	U	V	W	X	Y	Z
对应值	1	2	3	4	5	6	7	8	1	2	3	4	5	7	9	2	3	4	5	6	7	8	9

（2）按表3-13给车辆识别代号中的每一位指定一个加权系数。

表3-13

VIN 中的位置	1	2	3	4	5	6	7	8	9	10	11	12	13	14	15	16	17
加权系数	8	7	6	5	4	3	2	10	*	9	8	7	6	5	4	3	2

（3）将检验位之外的16位中的每一位的加权系数乘以此位数字或字母的对应值，再将各乘积相加，求得的和被11除。

（4）除得的余数即检验位；如果余数是10，检验位应为字母 X。

示例：通过表3-14的示例说明检验位的确定过程。

表3-14　VIN 代号中的检验位字码计算示例

VIN 中的位置	1	2	3	4	5	6	7	8	9	10	11	12	13	14	15	16	17
VIN 代号	L	F	W	A	D	R	J	F		1	1	0	0	2	3	4	6
对应值	3	6	6	1	4	9	1	6		1	1	0	0	2	3	4	6
加权系数	8	7	6	5	4	3	2	10	*	9	8	7	6	5	4	3	2
乘积总和	24+42+36+5+16+27+2+60+9+8+0+0+10+12+12+12=275															
余数	275/11=25 余 0															

经上述计算，确定此 VIN 代号中的检验位字码为0。

该车辆的完整的 VIN 代号为：LFWADRJF011002346。

3. 车辆指示部分（VIS）

制造厂为了区别不同车辆而指定的一组字符，即车辆指示部分，由车辆识别代号（VIN）的后8位字符组成，其最后4位字符应是数字。VIS 的第一位字码（即 VIN 的第十位）应代表年份。年份代码按表3-15规定使用（30年循环一次）。VIS 的第二位字码（即 VIN 的第十一位）应代表装配厂。如果车辆制造厂生产的完整车辆和（或）非完整车辆年产量≥500辆，则此部分的第三至第八位字码（即 VIN 的第十二至第十七位）用来表示生产顺序号。如果车辆制造厂生产的完整车辆和（或）非完整车辆年产量＜500辆，则此部分的第三、四、五位字码（即 VIN 的第十二至第十四位）应与第一部分的3位字码一同表示一个车辆制造厂，第六、七、八位字码（即 VIN 的第十五至第十七位）用来表示生产顺序号。

表 3–15 年份、代码对应值

年份	代码	年份	代码	年份	代码	年份	代码
2001	1	2011	B	2021	M	2031	1
2002	2	2012	C	2022	N	2032	2
2003	3	2013	D	2023	P	2033	3
2004	4	2014	E	2024	R	2034	4
2005	5	2015	F	2025	S	2035	5
2006	6	2016	G	2026	T	2036	6
2007	7	2017	H	2027	V	2037	7
2008	8	2018	J	2028	W	2038	8
2009	9	2019	K	2029	X	2039	9
2010	A	2020	L	2030	Y	2040	A

三、车辆识别代号（VIN 码）在车辆上的位置

除挂车和摩托车外，标牌应被固定在仪表板的左侧，前挡风玻璃左下方；如果没有这样的地方可利用，则将其固定在门铰链柱、门锁柱或与门锁柱接合的门边之一的柱子上。如果那里也不能利用，则将其固定在车门内侧靠近驾驶员座位的地方。如果上述位置都不能利用，则要向 NHTSA（美国高速公路安全管理局）书面申请。

标牌的位置应当是除了外面的车门外，不移动车辆的任何零件就可以容易读出的地方。

我国生产的轿车（M1 类汽车）的 VIN 码标牌一般都被贴在仪表板左上角或右上角，透过前挡风玻璃能够被看到。

（1）图 3–1 所示为富康 VIN 标牌位置（仪表板左侧）。

（2）桑塔纳 2000 VIN 标牌位置（仪表板右侧）如图 3–2 所示。

图 3–1 富康 VIN 标牌位置

图 3–2 桑塔纳 2000 VIN 标牌位置

(3) 别克 GL8 上横梁上的 VIN 码如图 3-3 所示。
(4) SAAB 9000 行李舱中的 VIN 码如图 3-4 所示。

图 3-3　别克 GL8 上横梁上的 VIN 码

图 3-4　SAAB 9000 行李舱中的 VIN 码

(5) 别克赛欧纵梁上的 VIN 码如图 3-5 所示。
(6) 捷达 GIX 翼子板内板上的铭牌如图 3-6 所示。

图 3-5　别克赛欧纵梁上的 VIN 码

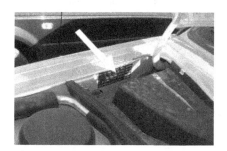

图 3-6　捷达 GIX 翼子板内板上的铭牌

(7) 别克 GLX 悬挂上支架上的 VIN 码如图 3-7 所示。

图 3-7　别克 GLX 悬挂上支架上的 VIN 码

第六节　汽车的主要技术参数与基本性能指标

一、汽车的主要参数

1. 汽车的主要外部尺寸

车长：汽车前、后最外端突出部位的两垂直面之间的距离。

车宽：汽车两侧固定突出部分（不包括后视镜、侧面标志灯、转向指示灯、挠性挡泥板、折叠式踏板和防滑链）两垂直面之间的距离。

车高：车辆没有装载且处于可运行状态时，车辆支撑面与车辆最高突出部位相抵靠的水平面之间的距离。

轴距：车辆同一侧相邻两车轮的中心点，并且垂直于车辆纵向对称平面的两垂线之间的距离。

轮距：同一车轴上两端车轮中心平面之间的距离。

前悬：两前轮中心垂面与抵靠车辆最前端垂面之间的最大距离。

后悬：两后轮中心垂面与抵靠车辆最后端垂面之间的最大距离。

2. 汽车的通过性参数（见表 3-16）

接近角：汽车满载、静止时，前端突出点向前轮所引切线与地面间的夹角。

表 3-16　各种汽车通过性的几何参数

汽车类型	驱动型式	最小离地间隙/mm	接近角/(°)	离去角/(°)	最小转弯直径/m
轿车	4×2	120~200	20~30	15~22	14~26
	4×4	210~370	45~50	35~40	20~30
货车	4×2	250~300	25~60	25~45	16~28
	4×4, 6×6	260~350	45~60	35~45	22~42
越野车（乘用）	4×4	210~370	45~50	35~40	20~30
客车	6×4, 4×2	220~370	10~40	6~20	28~44

接近角越大，越不易发生因车辆前端触及地面而不能通过的情况；反之，接近角越小，越容易发生因车辆前端触及地面而不能通过的情况，汽车发生触

头失效（见图3-8）。

图3-8　车辆通过性参数示意

离去角：汽车满载、静止时，后端突出点向后轮所引切线与地面间的夹角。

离去角越大，越不易发生因车辆尾部触及地面而不能通过的情况；反之，离去角越小，越容易发生因车辆尾部触及地面而不能通过的情况，汽车发生拖尾失效（见图3-8）。

纵向通过角：汽车满载、静止时，分别通过前、后车轮外缘作垂直于汽车纵向对称平面的切平面。当两切平面交于车体下部较低部位时所夹的最小锐角即纵向通过角。它表示汽车能够无碰撞地通过小丘、拱桥等障碍物的轮廓尺寸。

纵向通过角越大，车辆中间底部的零件碰到地面而被顶住的可能性越小，汽车的通过性越好；反之，纵向通过角越小，车辆中间底部的零件碰到地面而被顶住的可能性越大，汽车的通过性越差（见图3-8）。

最小离地间隙：车辆支撑平面与车辆上中间区域内最低点之间的距离。纵向通过角与最小离地间隙参数共同影响着汽车行驶中是否发生顶起失效。

转弯直径：转向盘转到极限位置时，内、外转向轮的中心平面在车辆支撑平面上的轨迹圆直径。

3. 转向系统参数

车轮前束：前轴两端车轮轮胎内侧轮廓线的水平直径端点作为等腰梯形的顶点，等腰梯形的前、后底边的长度之差。车轮的水平直径与汽车的纵向对称平面的夹角被称为前束角。

车轮外倾：车轮轴线与水平线之间的垂直于支撑面的夹角。

主销内倾：转向主销与支撑平面垂线在垂直于支撑面的轴平面上的夹角。

主销后倾：转向主销与支撑平面垂线在纵向对称平面的轴平面上的

夹角。

最大转角：转向车轮由直线到转向盘极限位置时，车轮中心平面与车辆纵向对称平面所构成的夹角。它分右转最大转角和左转最大转角。

4. 质量参数

整车干质量：装备有车身、全部电器设备和车辆行驶时所需要的辅助设备完整的质量（不包括燃料和冷却液质量）与选装装置（包括固定的或可拆除的铰接侧板栏、篷杆、防水篷布等）的质量之和。

整车整备质量：整车干质量、冷却液质量、燃料（不少于整个油箱的90%）质量和随车件（备胎、灭火器、标准备件等）质量之和。

最大装载质量：最大载货质量与最大客运质量（包括驾驶员）的质量之和。

厂定最大总质量：整车整备质量和最大装载质量之和。

允许最大总质量：车辆管理部门根据使用条件规定的最大总质量。

厂定最大装载量：厂定最大总质量与整车整备质量之差。

允许最大装载量：允许最大总质量与整车整备质量之差。

厂定最大轴载质量：制造厂考虑到材料强度、轮胎承载能力等因素而核定的轴载质量。

允许最大轴质量：管理部门根据使用条件而规定的轴载质量。

二、汽车的基本性能指标

1. 动力性

汽车的动力性是用汽车在良好路面上直线行驶时所能达到的平均行驶速度来表示。汽车动力性主要用 3 个方面的指标来评定：最高车速，汽车的加速时间，以及汽车的爬坡能力。

（1）最高车速——汽车在平坦良好的路面上行驶时所能达到的最高速度。其数值越大，动力性就越好。

（2）汽车的加速时间——汽车的加速能力也被形象地称为反应速度能力。它对汽车的平均行驶车速有很大的影响，特别是轿车，对加速时间更为重要，常用原地起步加速时间以及超车加速时间来表示。

（3）汽车的爬坡能力——满载时的汽车所能爬上的最大坡度。

2. 燃料经济性

汽车的燃料经济性一般用单位里程的燃料消耗量或单位容积燃料的行驶里

程来表示。我国用行驶100km消耗燃料的升数来表示。美国用一加仑①燃料能行驶的英里数表示。

加速燃料消耗量：按照一定的规程，加速通过一定距离所消耗的燃料量。它表示汽车加速时的燃料经济性。

等速燃料消耗量：等速情况下行驶100km所消耗的燃料的升数，一般用90km/h的时速。

多工况燃料消耗量：按照加速、匀速和减速等规定的工况通过一定距离所消耗的燃料量。

平均使用燃料消耗量：试验车辆实际使用时，依据测得的汽车行驶里程和燃油消耗量而计算出的平均数。

3. 制动性能

汽车行驶时在短距离内停车且维持行驶方向稳定，以及汽车在长坡时维持一定车速的能力被称为汽车的制动性能。汽车的制动性能指标主要有制动效能、制动抗热衰性（制动效能的恒定性）、制动时汽车的方向稳定性。

（1）制动效能：一般用制动减速度和制动距离来表示。

（2）制动抗热衰性：高速行驶或长下坡连续制动时，汽车能够保持制动性能的程度。

（3）制动时汽车的方向稳定性：汽车按指定轨迹行驶的能力。

4. 通过性

汽车的通过性，又称越野性，是指汽车在满载情况下能以足够高的平均车速通过各种坏路、无路地带并克服各种障碍的能力（包括最小离地间隙、接近角、离去角和纵向通过角）。

5. 操纵稳定性

汽车的操纵稳定性是指汽车能否按照驾驶员的意愿自如地加以控制的能力。

（1）操纵性：驾驶员以最小的修正而能维持汽车按照给定路线行驶的能力，以及按照驾驶员的愿望操纵转向机构，以改变汽车方向的能力。

（2）稳定性：驾驶员固定转向盘给定汽车一个行驶方向时，汽车抵御企图改变其行驶方向的外力或外力矩的能力。

6. 平顺性

汽车的平顺性用来评价乘坐者的舒适程度，通常指乘客对振动的适应程度。

---

① 1加仑≈3.79升。

7. 环保性

汽车的环保性是指汽车降低噪声、减少有害排放物、抵御无线电干扰电波的能力。排放物指一氧化碳、碳氢化合物、氮氧化合物，以及碳烟，以重量表示；噪声以声压级的分贝表示。

8. 可靠性

广义可靠性是指整个寿命周期内和规定条件下，完成规定动作的能力。常用的指标有平均首次故障里程（MTBF）、当量故障率、千公里[①]维修时间、千公里维修费用和有效度。

9. 耐久性

汽车的耐久性是指在规定的使用条件和维修条件下，达到某种技术或经济指标极限时，完成规定动作的能力。一般只有大批量生产的汽车才进行耐久性试验。

第七节　汽车的使用寿命

汽车性能随着使用年限（或行驶里程）的增加而逐渐下降，且到了一定期限就应报废。这是一种自然规律。如果把汽车的使用寿命无限延长，不断维修，用很高的代价使车辆持续运行，则车况会下降，会消耗大量的配件和材料，花费较多的劳动工时，维修费用会急剧上升。车辆老旧，动力性和经济性都将大幅下降，造成消费增加，小修频率上升，零部件的可靠性与汽车完好率下降，同时汽车的平均技术速度下降，排气污染与噪声严重。必须更新现有劣等汽车。研究汽车的使用寿命对汽车的评估具有重要意义。

一、汽车使用寿命的含义

购置了车辆之后，不论是否使用，都可能产生磨损。

1. 有形磨损（物理磨损）

（1）汽车的使用过程中，其零部件到整个车辆受到摩擦、冲击、振动或疲劳所遭受的破坏；

（2）闲置状态下，受自然力作用而产生的锈蚀；

（3）因缺乏必要的维护而遭到破坏。

2. 无形磨损（精神磨损）

技术性能更全面、功能更先进的新型汽车的开发，使原有汽车陈旧、功能

[①] 1公里=1 000米。

上落后、经济上使用不合算而贬值。

3. 汽车使用寿命

它是指车辆从开始使用，直至其主要机件到达技术极限状态而不能再继续修理时为止的总工作时间或总行驶里程。这种极限的标志，在结构上是零部件的工作尺寸和工作间隙，而在性能上常表现为车辆总体的动力状态或燃、润料的极度耗损。

机动车使用寿命，主要取决于各部分总成的设计水平、制造质量和维修水平，以及驾驶员的操控习惯。机动车到达技术寿命时，应对车辆进行报废处理。机动车维修工作做得越好，机动车的技术寿命越长。因此，维修记录齐全的二手车，车辆残值率相对较高；但随着机动车使用时间的延长，机动车维修费一般也会日益增加。

二、汽车使用寿命评价指标

1. 汽车物理寿命

汽车物理寿命，又称自然寿命，是指汽车从全新状态投入生产开始，直到在技术上不能按原有用途继续使用为止的时间。它与汽车制造质量、运行材料品质、使用条件、驾驶操作技术及维修质量等因素有关。有时可通过恢复性修理延长车辆物理寿命。

2. 汽车技术使用寿命

汽车技术使用寿命，是指汽车从全新状态投入生产后，由于新技术的出现，使原有汽车丧失其使用价值所经历的时间。车辆不能通过修理的方法恢复其主要使用性能的使用期限。汽车技术进步越快，技术寿命就越短。

3. 汽车合理使用寿命

它是以汽车经济使用寿命为基础，考虑整个国民经济的发展和能源节约等因素，制定符合当地实际情况的使用期限。

汽车是否到了经济使用寿命，是否要更新，还要视实际情况来定，如更新资金、有无理想的汽车等。各国根据上述情况制定出汽车更新的技术政策，考虑国民经济情况并加以修正，规定汽车的使用年限。

4. 汽车经济使用寿命

汽车经济使用寿命，是指汽车从全新状态投入生产开始，到年平均总费用最低的使用年限。超过这个年限，汽车在技术上仍可继续使用，但年平均总费用上升，在经济上不宜继续使用。从汽车使用总成本出发，只有分析车辆制造成本、使用与维修费、管理费、车辆当前的折旧以及市场价格变化等因素，经过分析做出综合经济评定，才能确定汽车经济使用寿命。

汽车经济使用寿命是汽车经济效益最佳时段。在汽车更新政策允许的情况下，汽车用户在更新车辆时应以经济使用寿命为依据。年平均总费用是车辆在使用年限内，年平均折旧费用与该汽车发生的年平均使用费用之和。

综上所述，汽车使用寿命的3种评价指标按时间长短一般要遵从以下规律：

技术使用寿命＞合理使用寿命≥经济使用寿命。

第八节　二手车成新率的计算

二手车成新率是表示二手车的功能或使用价值占全新机动车的功能或使用价值的比率，也可以理解为二手车的现时状态与机动车全新状态的比率。成新率是反映二手车新旧程度的指标。它与有形损耗一起反映一辆车的两方面。车辆的有形损耗也称车辆的实体性贬值，是由于使用磨损和自然耗损造成的。

机动车的有形损耗率与机动车的成新率的关系是：

$$C = 1 - \lambda \text{ 或 } \lambda = 1 - C$$

式中：C——成新率。

λ——有形损耗率。

成新率是重置成本法的一项重要指标。如何科学、准确地确定该项指标是二手车鉴定评估的重点和难点。成新率的估算方法应根据二手车的新旧程度、技术状况、价值高低等情况进行选择。二手车成新率的确定通常采用使用年限法、行驶里程法、部件鉴定法和综合分析法等4种方法。

一、使用年限法

（一）计算方法

采用使用年限法估算二手车成新率有两种不同的折旧方法，即等速折旧法和加速折旧法。

1. 等速折旧法

等速折旧法又称直线折旧法或平均折旧法，是指用车辆的原值除以车辆使用年限，以求得每年平均折旧额的方法。采用等速折旧法估算二手车成新率的计算公式为：

$$C_d = \left(1 - \frac{Y}{G}\right) \times 100\%$$

式中，C_d——使用年限成新率。

G——规定使用年限。

Y——已使用年限。

2. 加速折旧法

对于二手车折旧，除了采用等速折旧法，还采用加速折旧法。加速折旧法中年份数求和法和双倍余额递减法应用较广。

（1）年份数求和法。

年份数求和法是指每年的折旧额可用车辆原值减去残值的差额乘一个逐年变化的递减系数来确定的一种方法。年份数求和法估算二手车成新率的计算公式为：

$$C_f = \left[1 - \frac{2}{G(G+1)} \sum_{n=1}^{Y} (G+1-n) \right] \times 100\%$$

式中：C_f——年份数求和法成新率。

（2）双倍余额递减法。

余额递减折旧法是指任何年的折旧额用现有车辆原值乘以在车辆整个寿命期内恒定的折旧率，接着用车辆原值减去该年折旧额作为新的原值，下一年重复这一作法，直到折旧总额分摊完毕。在余额递减中所使用的折旧率，通常大于直线折旧率。当使用的折旧率为直线折旧率的 2 倍时，称之为双倍余额递减法。双倍余额递减法计算二手车成新率的计算公式如下：

$$C_s = \left[1 - \frac{2}{G} \sum_{n=1}^{Y} \left(1 - \frac{2}{G} \right)^{n-1} \right] \times 100\%$$

式中：C_s——双倍余额递减法成新率。

（二）规定使用年限与已使用年限

1. 规定使用年限

2013 年 1 月 14 日，商务部发布的《机动车强制报废标准规定》，是规定我国现行汽车使用年限的法规。在各类机动车使用年限方面，该规定明确了小、微型出租客运汽车使用年限为 8 年，中型出租客运汽车使用年限为 10 年，大型出租客运汽车使用年限为 12 年；公交客运汽车使用年限为 13 年；专用校车使用年限为 15 年；大、中型非营运载客汽车（大型轿车除外）使用年限为 20 年；正三轮摩托车使用年限为 12 年，其他摩托车使用年限为 13 年等（见表 3 – 17）。

表 3-17　各类机动车使用年限表

机动车类别	使用年限/年
小、微型出租客运汽车	8
中型出租客运汽车	10
大型出租客运汽车	12
公交客运汽车	13
专用校车	15
大、中型非营运载客汽车（大型轿车除外）	20
正三轮摩托车	12
其他摩托车	13
小、微型非营运载客汽车、大型非营运轿车、轮式专用机械车无使用年限	

2. 已使用年限

使用年限是代表汽车运行量和工作量的一种计量，而这种计量是以汽车正常使用为前提的，包括正常的使用时间和使用强度。对于汽车来说，它的经济使用寿命指标有规定使用年限，同时也以行驶里程数作为运行量的计量单位。从理论上讲，综合考虑已使用年限和行驶里程数要符合实际一些，即汽车的已使用年限应采用折算年限，即：

$$折算年限 = \frac{总的累计行驶里程}{年平均行驶里程}$$

这种使用年限表示方法既反映了汽车的使用情况（即管理水平、使用水平和维护保养水平）和使用强度，又包括了运行条件和某些停驶时间较长的汽车的自然损耗。但在实践操作中，很难找到总的累计行驶里程和年平均行驶里程这一组数据。所以，已使用年限只能取汽车从新车在公安交通管理机关注册登记之日起至评估基准日的年数。在二手车鉴定评估的实际计算中，通常在使用等速折旧时，将已使用年限和规定使用年限换算成月数，在使用加速折旧时，已使用年限和规定使用年限按年数计算，不足 1 年部分按 12 分之几折算。如 3 年 9 个月，前 3 年按年计算，后 9 个月按第四年折旧的 9/12 计算。二手车鉴定评估中通常不计算不足 1 个月的天数折旧。

（三）案例分析

【案例 3-1】：某租赁公司欲转让一台捷达轿车。该车初次登记日期为

2008年3月，评估基准日期是2013年3月。请分别用等速折旧法、年份数求和法和双倍余额递减法计算成新率。

解：该车已使用年限（Y）为5年，由于是租赁车，则其规定使用年限为10年，其成新率计算如下。

（1）等速折旧法计算的成新率：

$$C_d = \left(1 - \frac{Y}{G}\right) \times 100\%$$
$$= \left(1 - \frac{5}{10}\right) \times 100\%$$
$$= 50\%$$

（2）年份数求和法计算的成新率：

$$C_f = \left[1 - \frac{2}{G(G+1)} \sum_{n=1}^{Y}(G+1-n)\right] \times 100\%$$
$$= \left[1 - \frac{2}{10(10+1)} \sum_{n=1}^{5}(10+1-n)\right] \times 100\%$$
$$= \left\{1 - \frac{2}{10 \times 11}\left[(10+1-1)+(10+1-2)+(10+1-3)+(10+1-4)+(10+1-5)\right]\right\} \times 100\%$$
$$= 27.3\%$$

（3）双倍余额递减法计算的成新率：

$$C_s = \left[1 - \frac{2}{G} \sum_{n=1}^{Y}\left(1 - \frac{2}{G}\right)^{n-1}\right] \times 100\%$$
$$= \left[1 - \frac{2}{10} \sum_{n=1}^{5}\left(1 - \frac{2}{10}\right)^{n-1}\right] \times 100\%$$
$$= \left\{1 - \frac{1}{5}\left[\left(1 - \frac{1}{5}\right) + \left(1 - \frac{1}{5}\right)^1 + \left(1 - \frac{1}{5}\right)^2 + \left(1 - \frac{1}{5}\right)^3 + \left(1 - \frac{1}{5}\right)^4\right]\right\} \times 100\%$$
$$= 32.8\%$$

注：有的省市规定租赁车使用年限为8年，而有的规定为10年。

二、行驶里程法

采用行驶里程法计算二手车成新率的计算公式如下：

$$C_x = \left(1 - \frac{L_1}{L_2}\right) \times 100\%$$

式中：C_x——成新率。

L_1——机动车累计行驶里程数（km）。

L_2——机动车报废标准规定的行驶里程数（km）。

使用此公式的前提是：车辆使用强度大，累计行驶里程数超过年平均行驶里程。

年平均行驶里程按下式计算：

$$L = \frac{L_2}{T}$$

式中：L——年平均行驶里程（km/年）。

L_2——机动车报废标准规定的行驶里程数（km）。

T——机动车报废标准规定的使用年数（年）。

最近几年我国各类汽车年平均行驶里程见表3-18。

表3-18 我国各类汽车年平均行驶里程

汽车类别	年平均行驶里程/($\times 10^4$ km)
微型、轻型货车	3~5
中型、重型货车	6~10
私家车	1~3
行政、商务用车	3~6
出租车	10~15
租赁车	5~8
旅游车	6~10
中、低档长途客运车	8~12
高档长途客运车	15~25

三、部件鉴定法

部件鉴定法是在确定二手车各组成部分的技术状况的基础上，按其组成部分对整车的重要性和价值量的大小来加权评分，最后确定成新率的一种方法。

采用部件鉴定法估算二手车成新率的计算成本公式如下：

$$C_B = \sum_{i=1}^{n} \Delta_i \cdot \beta_i$$

式中：C_B——部件鉴定法二手车成新率。

Δ_i——二手车第 i 项部件的成新率。

β_i——二手车第 i 项部件价值权重。

部件鉴定法的基本步骤如下：

（1）先将车辆分成如表3-19所示几个部分的总成部件，再根据各总成部件的建造成本及车辆建造成本的比重，按一定百分比确定权重。

表3-19　机动车总成、部件价值权重分配

总成名称	权重/%		
	轿车	客车	货车
发动机及离合器总成	25	28	25
变速器及传动轴总成	12	10	15
前桥及转向器前悬总成	9	10	15
后桥及后悬架总成	9	10	15
制动系统	6	5	5
车架总成	0	5	6
车身总成	28	22	9
电器仪表系统	7	6	5
轮胎	4	4	5

（2）以全新车辆对应的功能标准为满分（100分），其功能完全丧失为0分，再根据各总成及部件的技术状况估算各总成部件的成新率。

（3）将各总成部件的成新率与权重相乘，即得到各总成部件的权分成新率。

（4）最后将各总成部件权分成新率相加，即得被评估车辆的成新率。

用部件鉴定法计算加权成新率时，部件成新率的取值一般不能超过采用公式计算得出的整车成新率。采用部件分析法时车辆各组成部分权重难以掌握，特别是各车型及各种品牌，其车辆各组成部分权重也是不同的。因此，它费时费力；但评估值更接近客观实际，可信度高。它既考虑了二手车实体性损耗，同时也考虑了二手车维修换件会增加车辆的价值。这种方法一般用于价值较高

的二手车鉴定评估。

四、整车观测法

整车观测法是指评估人员采用人工观察的方法,辅之以简单的仪器检测,判定二手车技术状况等级,以确定成新率的方法。二手车的技术状况分级可参见表3-20。

表3-20 二手车的技术状况分级情况

车况等级	新旧情况	有形损耗率/%	技术状况描述	成新率/%
1	使用不久	0~10	刚使用不久,行驶一般在30 000~50 000km,在用状态良好,能按设计要求正常使用	90~100
2	较新车	11~25	使用一年以上,行驶150 000km左右,一般没有经过大修,在用状态良好,故障率低,可随时出车使用	65~89
3	旧车	36~60	使用4~5年,发动机或整车经过1次大修,并较好地恢复了原设计性能,在用状态良好,外观受损但恢复情况良好	40~69
4	老旧车	61~85	使用5~8年,发动机经过2次大修,动力性能、经济性能和可靠性都有所下降,外观油漆脱落受损,金属件锈蚀程度明显;故障率上升,维修费用、使用费用明显上升,车辆符合《机动车安全技术条件》,在用状态一般或较差	15~39
5	待报废处理车	86~100	基本到达或已经到达使用年限,按照《机动车安全技术条件》检查,能使用但不能正常使用,动力性、经济性和可靠性下降,燃料费、维修费和大修费用增长速度快,车辆收益与支出基本持平,排放污染和噪声污染到达极限	15以下

五、综合分析法

1. 估算方法

综合分析法是以使用年限法为基础,再综合考虑到影响二手车价值的多种因素,以系数调整确定成新率的一种方法,其计算公式为:

$$C_Z = C_d \times K \times 100\%$$

式中：C_Z——综合成新率。

C_d——等速折旧法成新率。

K——综合调整系数。

2. 综合调整系数

综合调整系数采用下述两种方法确定：

（1）车辆无须进行项目修理或换件的，可采用表 3-21 所示推荐的综合调整系数，用加权平均的方法进行微调。

（2）车辆需要进行项目修理或换件的，或需进行大修的，综合考虑表 3-21 列出的影响因素，可采用"一揽子"评估方法确定一个综合调整系数。

表 3-21 二手车成新率综合调整系数

影响因素	因素分级	调整系数	权重/%
技术状况	好	1.0	30
	较好	0.9	
	一般	0.8	
	较差	0.7	
	差	0.6	
维护	好	1.0	25
	一般	0.9	
	较差	0.8	
制造质量	进口车	1.0	20
	国产名牌车	0.9	
	走私罚没车、国产非名牌车	0.7	
工作性质	私用	1.0	15
	公务、商务	0.9	
	营运	0.7	
工作条件	较好	1	10
	一般	0.9	
	较差	0.8	

影响二手车成新率的主要因素有车辆技术状况、车辆使用和维修状态、车辆原始制造质量、车辆工作性质、车辆工作条件等 5 个方面。为此，综合调整

系数由 5 个方面构成，即

$$K = K_1 \times 30\% + K_2 \times 25\% + K_3 \times 20\% + K_4 \times 15\% + K_5 \times 10\%$$

式中：K_1——车辆技术状况调整系数。

K_2——车辆使用和维修状态调整系数。

K_3——车辆原始制造质量调整系数。

K_4——车辆工作性质调整系数。

K_5——车辆工作条件调整系数。

3. 各调整系数的选取

（1）车辆技术状况系数 K_1。

车辆技术状况系数是基于对车辆技术状况鉴定的基础上对车辆进行的分级，然后取调整系数来修正车辆的成新率。技术状况系数取值范围为 0.6～1.0。技术状况好的取上限；反之，取下限。

（2）车辆使用和维护状态系数 K_2。

它反映了使用者对车辆使用、维护的水平。不同的使用者，对车辆使用、维护的实际执行情况差别较大，因而直接影响到车辆的使用寿命和成新率。使用和维护状态系数取值范围为 0.8～1.0。

（3）车辆原始制造质量系数 K_3。

确定该系数时，应了解车辆是国产，还是进口，以及进口国别。是国产的，还应了解其是名牌产品，还是一般产品。一般来说，国家正规手续进口的车辆质量优于国产车辆，名牌产品优于一般产品，但又有较多例外，故在确定此系数时应慎重。对依法没收领取了牌证的走私车辆，其原始制造质量系数建议视同国产名牌产品考虑。原始制造质量系数取值范围为 0.8～1.0。

（4）车辆工作性质系数 K_4。

车辆工作性质不同，其繁忙程度不同，使用强度亦不同。把车辆工作性质分为私人工作和生活用车，机关企事业单位的公务和商务用车，以及从事旅客、货运、城市出租的营运用车。

以普通小轿车为例，一般来说，私人工作和生活用车每年最多行驶 2.5 万 km，公务、商务用车每年不超过 4 万 km，而营运出租车有些每年行驶高达 12 万 km。可见，工作性质不同，其使用强度差异较大，车辆工作性质系数取值范围为 0.7～1.0。

（5）车辆工作条件系数 K_5。

我国地域辽阔，各地自然条件差别很大，车辆的工作条件对其成新率影响很大。把工作条件分为道路条件和特殊使用条件：①道路条件可分为好路、中等路和差路 3 类。好路：国家道路等级中的高速公路，一、二、三级道路，好路率在 50% 以上。中等路：符合国家道路等级四级道路，好路率在 30% ~ 50%。差路：国家等级以外的路，好路率在 30% 以上。②特殊使用条件主要指特殊自然条件，包括寒冷、沿海、风沙、山区等。

根据上述工作条件，K_5 可适当取值。车辆长期在道路条件为好路和中等路行驶时，工作条件系数分别取 1 或 0.9；车辆长期在差路或特殊使用条件下工作，其系数取 0.8。

从上述影响因素中可以看出，各影响因素关联性较大。一般来说，其中某一影响因素加强时，其他项影响因素也随之加强；反之，则减弱。影响因素作用加强时，对其综合调整系数不要随影响作用加强而随之无限加大。一般综合调整系数取值不要超过 1。

4. 其他因素对成新率的影响

（1）车辆大修。

一辆机动车经过一段时间的使用后（或停用期间受自然力的影响）会产生磨损，而磨损的补偿就是修理。当某零部件完全丧失功能而又无法修理时，就必须换件，以恢复其功能作用。当车辆主要总成的技术状况下降到一定程度时，需要用修理或更换车辆零部件的方法，以恢复车辆的动力性、经济性、工作可靠性和外观的完整美观性。从理论上讲，这样对车辆的追加投入增加了车辆的使用寿命，因此对成新率的估算值可适当增加；但是在实际使用和维修中存在许多不足之处：一是对车辆的技术管理水平低，使用者不清楚车辆的实际技术状况，而不能做到合理送修、适时大修；二是社会上有些维修企业的维修设备落后，维修安装技术水平差；三是有些配件质量差。因此，经过大修的车辆不一定都能很好地恢复车辆使用性能。

（2）重大事故。

重大事故通常是指车辆因碰撞、倾覆而造成车辆主要结构件的严重损伤，尤其是承载式车身的车辆发生过重大事故后，往往存在严重的质量缺陷，并且不易修复，对其价值有重大影响，必须非常重视。因此，对于出现重大事故的二手车，应给予其一定的折扣率。

六、案例分析

【案例 3-2】 某人于 2007 年花 13.5 万元购置了一辆普桑轿车由个人使用，并于 2011 年 2 月，在某省二手车交易市场交易。评估人员检查后发现：该发动机排量为 1.8L，初次登记为 2007 年 8 月，基本作为个人市内交通用车，累计行驶里程为 7 万多 km，维护保养一般，路试车况较好。2010 年 12 月，该车新车市场价为 11.0 万元,请用综合分析法,计算其成新率。

解:已使用年限:3 年 6 个月 = 42 个月,即 $Y = 42$。

规定使用年限:15 年,即 180 个月,则 $G = 180$。

该车路试车况较好,故取车辆技术状况系数 $K_1 = 1.0$。

维护保养一般,故取车辆使用与维护状态系数 $K_2 = 0.9$。

桑塔纳轿车为国产名牌车,故取车辆原始制造质量系数 $K_3 = 0.9$。

该车为私人用车,且累计行驶里程为 7 万多 km,则取车辆工作性质系数 $K_4 = 1.0$。

该车为个人市内交通用车,故取车辆工作条件系数 $K_5 = 0.9$。

该车的综合调整系数为:

$$\begin{aligned} K &= K_1 \times 30\% + K_2 \times 25\% + K_3 \times 20\% + K_4 \times 15\% + K_5 \times 10\% \\ &= 1.0 \times 30\% + 0.9 \times 25\% + 0.9 \times 20\% + 1.0 \times 15\% + 0.9 \times 10\% \\ &= 0.945 \end{aligned}$$

该车的综合成新率为:

$$\begin{aligned} C_Z &= \left(1 - \frac{Y}{G}\right) \times K \times 100\% \\ &= \left(1 - \frac{42}{180}\right) \times 0.945 \times 100\% \\ &= 72.45\% \end{aligned}$$

第四章

汽车结构与新技术综述

要想成为一名合格的二手车鉴定评估师，就要首先了解汽车的整体构造和汽车的各个零部件，这是入门必学的知识。还要熟知汽车结构原理，对市场上所有品牌汽车的型号、技术参数、新结构、新技术以及上市时间、价格等有全面的名片式的了解。这里所谓名片式的了解是指不同于汽车设计制造专业对汽车工程师高精尖的专业要求，也不同于汽车检测与维修专业对汽车技师实际操作的专业要求，评估师最重要的是评估车辆的价格，而不需要具体地设计、修理汽车，所以强调的是专业知识的宽与广，既做到点到为止，又要求心知肚明。本章讲解汽车结构及新技术相关知识。

汽车是由动力驱动，一般具有4个或者4个以上的车轮的非轨道承载车。汽车通常由发动机、底盘、车身、电气设备4个部分组成（见图4-1）。

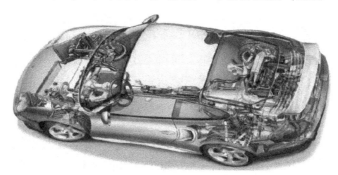

图4-1 汽车整体构造透视图

第一节　汽车发动机的构造与新技术

一、汽车发动机的基本构造

http://www.bitpress.com.cn/video/2014071503c.php

汽车发动机是一种能够把一种形式的能量转化为机械能的机器，通常是把化学能转化为机械能。通常汽车发动机可以分为以下两种：

(1) 往复式活塞发动机（见图4-2）。
(2) 旋转活塞式发动机（转子发动机）（见图4-3）。

图4-2　往复式活塞发动机

图4-3　旋转活塞式发动机

由单缸发动机工作原理可知，只有做功行程产生动力，而其他3个行程都要消耗动力。为了维持运动，单缸发动机必须有一个贮备能量较大的飞轮。即使如此，发动机运转仍然是不平稳的，做功行程快，其他行程慢。因此，现代汽车大多采用多缸发动机。它是由若干个相同的单缸排列在一个机体上，共用一根曲轴输出动力的。现代汽车上用得较多的是四缸、六缸、八缸发动机。

汽车用汽油发动机是在一个机体上安装两个机构（曲柄连杆机构与配气机构）和五大系统（燃料供给系统、润滑系统、冷却系统、点火系统和启动系统）；而柴油机则为四大系统，没有点火系统。

（一）机体组

机体组主要由机体［气缸体（见图4-4）和曲轴箱］、气缸垫（见图4-5）和气缸盖（见图4-6）、油底壳组成。其主要作用为构成发动机的骨架，支撑发动机的所有零部件。

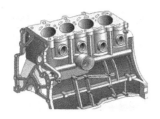 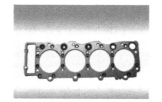 

图4-4 发动机气缸体　　图4-5 发动机气缸垫　　图4-6 发动机气缸盖

气缸体一般用灰铸铁或铝合金铸成。气缸体也称气缸体—曲轴箱，因为气缸体上部的圆柱形空腔被称为气缸，下半部为支撑曲轴的曲轴箱，其内腔为曲轴运动的空间。在气缸体内部铸有许多加强筋，还有冷却水套和润滑油道等。

气缸盖被安装在气缸体的上面，从上部密封气缸并构成燃烧室。它经常与高温高压燃气相接触，因此承受很大的热负荷和机械负荷。

气缸垫被安装在气缸盖和气缸体之间。其功用是保证气缸盖与气缸体接触面的密封，防止漏气、漏水和漏油。

（二）曲柄连杆机构

曲柄连杆机构是发动机的主要运动机构。其功用是将活塞的往复运动转变为曲轴的旋转运动，同时将作用于活塞上的力转变为曲轴对外输出的转矩，以驱动汽车车轮转动。曲柄连杆机构由活塞连杆组和曲轴飞轮组的零件组成。活塞连杆组件主要由活塞、活塞环、活塞销、连杆和连杆轴瓦组成（见图4-7）。

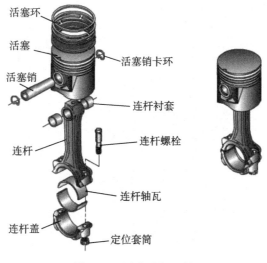

图4-7 活塞连杆组件

曲轴飞轮组件主要由曲轴、飞轮及其他一些附件组成（见图4-8）。曲轴的功用是把活塞、连杆传来的气体力转变为转矩，用以驱动汽车的传动系统和发动机的配气机构以及其他辅助装置。飞轮是转动惯量很大的盘形零件，而其作用如同一个能量存储器（见图4-9）。在做功行程中发动机传输给曲轴的能量，除对外输出外，还有部分能量被飞轮吸收，从而使曲轴的转速不会升高很多。

图4-8　发动机曲轴飞轮组件　　　　图4-9　发动机飞轮

（三）配气机构

按照发动机每个气缸内所进行的工作循环和发火次序的要求，定时开启和关闭气缸的进、排气门，使新鲜可燃混合气（汽油机）或空气（柴油机）得以及时进入气缸，废气得以及时从气缸排出。它由气门组和气门传动组组成（见图4-10）。

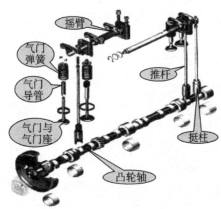

图4-10　汽车发动机配气机构

（四）燃料供给系统

1. 汽油发动机燃油供给系统

它主要由汽油箱、输油泵、滤清器、压力调节器、电控喷油器、电控单元等组成（见图 4-11）。汽油机燃油供给系统的作用是根据汽油机的不同工况要求，供给不同浓度的混合气。

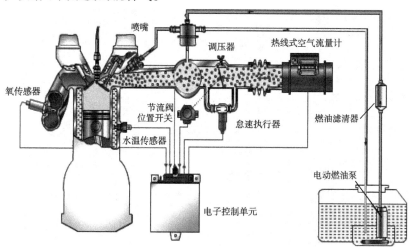

图 4-11　汽油发动机燃油供给系统结构

（1）汽油箱。

汽油箱的主要功用是储存汽油，通常由薄钢板或工程塑料制成。通常在汽油箱里安装挡板、液面传感器和过滤器，以防止燃料的外溢并减少燃料的杂质，同时为驾驶员提供燃油量的信息。

（2）油箱盖。

它主要用来防止汽油的溅出并减少汽油的挥发，调节油箱内部与外界大气间的压力。它主要由空气阀和蒸汽阀组成。

（3）汽油滤清器。

它被安装于汽油箱与汽油泵之间，用于进一步滤除汽油中的水分和杂质，保证汽油泵和化油器的正常工作。

（4）汽油泵。

汽油泵用来将汽油从油箱中吸出，经汽油滤清器后送入化油器的浮子室内，并根据发动机的需要，自动调节输油量。

（5）电控喷油器。

电控汽油喷射系统能准确控制发动机的进气质量，保证气缸内的燃料燃烧完全，使废气排放物和燃油消耗都能够降下来，并且可以提高发动机的充气效率，增加发动机的功率和扭矩（见图 4-12）。燃油以一定压力喷射，雾化质量高，并且混合气的均匀性较好，能将空燃比控制在合适的范围内。电控汽油喷射系统的发动机冷启动性、加速性和怠速平稳性较好,故障率较低。

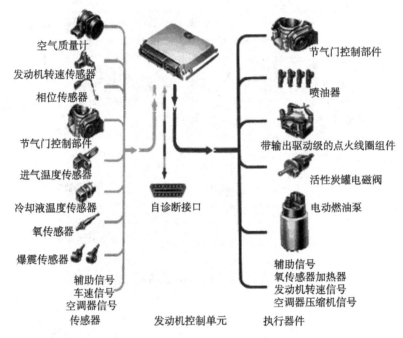

图 4-12 电控汽油喷射系统的工作原理

2. 柴油机燃料供给系统

柴油机燃料供给系统由喷油泵、喷油器、调速器、柴油箱、输油泵、油水分离器、柴油滤清器、喷油提前器和高、低压油管等辅助装置组成(见图 4-13)。其工作原理和汽油机的燃油供给系统基本相同。

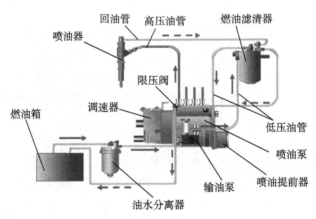

图 4-13 柴油机燃油供给系统结构示意图

(五) 点火系统

发动机点火系统主要由蓄电池、点火开关、点火线圈、火花塞和电控装置组成（见图4-14）。

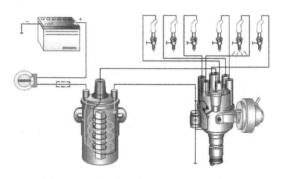

图4-14　发动机点火系统机构示意图

点火系统的主要功用是，按规定时刻点燃气缸内的混合气。点火系将电源的低电压变成高电压（一般为15~20kV），再按照发动机点火顺序轮流送至各气缸，点燃压缩混合气。它能适应发动机工况和使用条件的变化，自动调节点火时刻，实现可靠而准确的点火。

点火系统应能产生足以击穿火花塞两电极间隙的电压，使火花塞两电极之间的间隙击穿而产生电火花所需要的电压，即火花塞击穿电压。火花塞击穿电压的大小与电极之间的距离（火花塞间隙）、气缸内的压力和温度、电极的温度，以及发动机的工作状况等有关。电极间隙越大，要求的击穿电压越高；气缸内的压力越大或者温度越低，要求的击穿电压也越高；电极温度越高，所需火花塞击穿电压越小。实践证明，火花塞电极温度超过混合气的温度时，击穿电压可降低30%~50%；发动机工况不同时，火花塞的击穿电压将随发动机的转速、负荷、压缩比、点火提前角以及混合气浓度的变化而变化；启动时的击穿电压最高。实验表明，发动机正常运行时，火花塞的击穿电压为7~8kV，冷发动启动时约达19kV。为了使发动机在各种不同工况下均能可靠点火，要求火花塞的击穿电压达到15~20kV。电火花应具有足够的点火能量。为保证可靠点火，应保证50~80mJ的点火能量。启动时应能产生大于100mJ的点火能量。点火时刻应与发动机的工作状况相适应。

汽车发动机的点火系统与汽车上其他电气设备一样，采用单线制连接，即电源的一个电极用导线与各用电设备相连，而电源的另一电极则通过发动机机体、汽车车架和车身等金属构件与各用电设备相连,我们称之为搭铁。无论整车电路系统采用正极还是负极搭铁,均应保证点火瞬间火花塞中心电极为负极,即火花塞电流应从火花塞的侧电极流向中心电极。

(六)润滑系统

润滑系统一般由油底壳、机油泵、限压阀、旁通阀、机油滤清器、机油散热器、传感器、机油压力表、温度表等组成(见图4-15)。其主要功用为发动机工作时润滑机件,减少摩擦,并可起到清洁、防锈的作用。

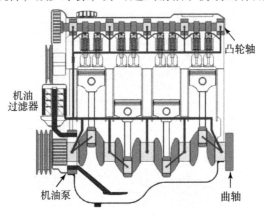

图4-15 发动机润滑系统结构示意图

机油细滤器与粗滤器并联。机油泵压出的机油绝大部分经粗滤器进入主油道,而少部分经细滤器流回油底壳;曲轴为空心的,其空腔形成润滑油道。机油经此分别润滑各个连杆轴颈;曲轴主轴承为滚动轴承,以飞溅方式润滑;润滑气门传动机构的润滑油由第二个凸轮轴轴承引出的油道,一直通到气缸盖上气门摇臂轴的中心油道中。再由此流向各个摇臂的工作面,然后顺推杆表面下流到杯形的挺柱内。凸轮工作表面由挺柱下部两个油孔流出的机油及飞溅的机油润滑。

在发动机标定转速(1 800rpm)下,机油压力应保持在0.3~0.4MPa。限压阀与机油细滤器相连。

(七)冷却系统

汽车发动机冷却装置以水冷却为主,用气缸水道内的循环水进行冷却,把水道内受热的水引入散热器(水箱),再通过风冷却后返回到水道内。为了保证冷却效果,汽车冷却系统主要由散热器、节温器、水泵、缸体水道、缸盖水道、风扇等组成（见图4–16）。

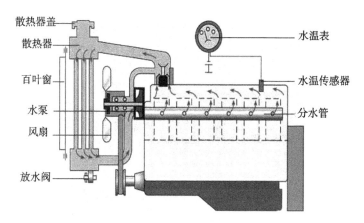

图4–16 发动机冷却水路结构示意图

1. 散热器

散热器主要负责循环水的冷却。它的水管和散热片多用铝材制成，将铝制水管做成扁平形状，散热片带波纹状，注重散热性能，安装方向垂直于空气流动的方向，尽量做到风阻要小，冷却效率要高。

2. 节温器

节温器的功用是根据冷却水温度的高低自动调节进入散热器的水量，改变水的循环范围，以调节冷却系的散热能力，保证发动机在合适的温度范围内工作。

3. 水泵

水泵，由曲轴皮带带动，水泵叶轮推动冷却液在整个系统内循环。

（八）启动系统

使发动机从静止状态过渡到工作状态的全过程，叫发动机的启动。

（1）启动转矩：能够使曲轴旋转的最低转矩被称为启动转矩。启动转矩必须克服压缩阻力和内摩擦阻力矩。启动阻力矩与发动机压缩比、温度、机油黏度等有关。

（2）启动转速：能使发动机启动的曲轴最低转速被称为启动转速。在0℃～20℃时，汽油机的启动转速为30～40rpm，柴油机的启动转速为150～300rpm。发动机启动系统机构如图4–17所示。

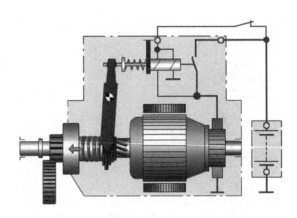

图 4-17　发动机启动系统机构示意图

二、汽车发动机新技术

(一) 汽车发动机缸内直喷技术

1. 缸内直喷发动机介绍——节油原理

(1) 直喷式汽油发动机采用类似于柴油发动机的供油技术,通过高压油泵将燃油以 100bar 以上的压力提供给位于气缸内的喷油嘴。燃油雾化效果好,混合充分。

(2) 缸内直喷 GDI (Gasoline Direct Injection) 发动机取消了节流阀的设计,因此 GDI 发动机没有节流损失,大大提高了进气效率。

(3) 可以实现稀薄燃烧,在分层燃烧状态下最外侧极为稀薄的混合气相当于一个隔热棉,可以将通过缸壁传导所损失的热量降到最低,提高了发动机整体的热效率。

(4) 由于缸内直喷发动机的高压燃油以雾化的形式被直接喷入气缸 (见图 4-18),所以它可以有效吸收热量,冷却吸入的空气 (物理中的气化原理)。这样可以减小发动机爆震的倾向,并在

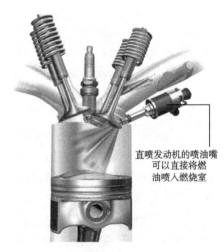

图 4-18　缸内直喷发动机喷射示意图

设计之初就适当提高发动机的压缩比,提高比功率。

2. 缸内直喷发动机介绍——燃烧模式

直喷引擎的管理系统可提供3种燃油燃烧模式选择:稀薄燃烧模式、理论配比模式和全功率模式。理论配比模式准确把空燃比控制在14.7:1,稀薄燃烧模式时的空燃比高达65:1。GDI混合气的混合精度大大提高,提高功率的同时有效降低燃油消耗。

(1)稀薄燃烧模式(分层燃烧模式):主要用于轻负荷运行条件下,匀速或减速的工况。燃油在压缩冲程的后期注入,使得少量燃料在火花塞附近与空气混合,少量的浓混合气外层有空气包围着,实现分层燃烧同时又使得燃料与点火火花远离了气缸壁,最大限度地减少了热损失,保证最低的排放。

(2)理论配比模式:主要用于中等负荷。在进气过程开始时就注入燃油,这样有利于油气均匀混合。均质混合气完全燃烧,能保证排放的废气更纯净。

(3)全功率模式:主要用于急加速和大负荷工况。空燃比略小于理论配比模式,目的是防止敲缸的出现。在进气冲程时开始注入燃油,直喷系统伴随着其他发动机系统同时工作,例如VVT、可变进气歧管长度VLIM/VIM、废气再循环EGR等。

3. 缸内直喷发动机介绍——分层燃烧

分层燃烧技术指在气缸内形成的非均匀混合气,在靠近火花塞的内层空间处偏浓,在远离火花塞的外层空间(靠近气缸壁与活塞顶部)处则偏稀。

(1)发动机在进气行程活塞下行时,ECU会控制喷油嘴先进行一次少量的喷油,使气缸内形成稀薄混合气,此时混合气的空燃比$\lambda>1$;而在压缩行程,活塞上行时会进行第二次喷油,利用活塞顶部的特殊结构或者喷油嘴的喷射角度让火花塞附近出现混合气相对较浓的区($\lambda<1$),然后利用这部分较浓的混合气来引燃气缸内的稀薄混合气,保证了在顺利点火的情况下尽可能地实现稀薄燃烧。

(2)在分层燃烧状态下最外侧极为稀薄的混合气相当于一个隔热棉,可以将通过缸壁传导所损失的热量降到最低,提高了发动机整体的热效率。

发动机分层燃烧技术效果如图4-19所示。

4. 大众

TSI/TFSI(Turbo Fuel Stratified Injection/1.4TSI/1.8TSI)和奥迪FSI(Fuel Stratified Injection)介绍。

目前,采用该技术的主要车型有:

(1)大众尚酷1.4T:机械增压+涡轮增压+分层燃烧+缸内直喷。大众1.4TSI,1.8TSI,2.0TSI:涡轮增压+缸内直喷(见图4-20)。

进气行程喷油（第一次喷油）　　压缩行程末端喷油（第二次喷油）

通常情况下，发动机可以二次喷油实现分层燃烧。

冷启动工况下，由于没有达到正常工作温度，雾化效果差，所以只进行第二次喷油。

图4-19　发动机分层燃烧技术效果

图4-20　大众TSI发动机

（2）奥迪全系。1.4T：68.6kW/L。1.8T：65.5kW/L。2.0T：73.5kW/L。

该技术的动态响应好，功率和扭矩可以同时提升，燃油消耗降低。原因是提高了压缩比，采用了稀薄燃烧，减少了节流损失。

分层燃烧模式在进气过程中节气门开度相对较大，减少了一部分节流损失。进气过程中的关键是进气歧管中安置一翻板，翻板向上开启封住下进气歧管，让进气加速通过，与ω形活塞顶配合，形成进气涡旋。分层燃烧时喷油时间在上止点前60°至上止点前45°，喷射时刻对混合气的形成有很大影响，燃油被喷射在活塞顶的凹坑内，喷出的燃油与涡旋进气结合形成混合气。混合气形成发生在曲轴转角40°~50°范围内。如果小于这个范围，混合气无法点燃；若大于，就变成均质状态了。点火时，只有火花塞周围混合状态较好的气体被点燃，这时周围的新鲜空气以及来自废气再循环的气体形成了很好的隔热保护，减少了缸壁散热，提升了热效率。点火时刻的控制也很重要，它只在压缩过程终了的一个很窄的范围内进行。

（二）发动机增压技术

1. 废气涡轮增压技术（Turbo Charger）

1909 年，瑞典人 Alfred Buchi 博士就提出采用废气涡轮增压，后来首先被用在柴油发动机和航空发动机上。1977 年，瑞典的萨博公司生产出第一款萨博 93，是第一家将涡轮增压技术运用到汽车发动机制造中的厂商。

正常发动机全负荷工作时的排气温度在 750℃ ~ 900℃。排气压力视发动机的工作状态而定，但往往具有数倍的大气压力值。这些废气在排气门打开的瞬间，流速可以达到 500 ~ 700m/s。这个动能是相当大的。现在车用涡轮增压器的转速在 12 万 ~ 20 万 rpm。

涡轮增压很容易超过 1bar[①] 的增压值，例如高尔夫 R 能达到 1.3bar；不过我们一般购买的家用非性能车，例如家用的高尔夫 1.4T、君威 2.0T，增压值都远低于 1bar，一般在 0.3 ~ 0.5bar。这样可以平衡性能、油耗和发动机的寿命。

发动机废气涡轮增压结构如图 4 - 21 所示。

图 4 - 21　发动机废气增压结构示意图

2. 机械增压技术（Super Charger）

1908 年首先使用在赛车上，车速已经达到了 160km/h。1921 年，奔驰就生产出第一款量产的机械增压车型，随后的机械增压被广泛应用于汽车和飞机上。因为结构简单，容易实现，故所有早期的增压车型都使用的是机械增压器。增压器的转速一般会高于发动机曲轴的 2.5 倍以上，个别高增压的增压器能够达到曲轴转速的 5 倍以上，也就是每分钟几万转。机械增压器由于受到转速和消耗功率的影响，其增压值很少超过 1bar，一般在 0.3 ~ 0.5bar，超过 0.5bar 的已经算高了。

---

① 　1bar = 10^5Pa。

世界第一套两段式机械增压系统如图4-22所示。发动机机械增压器结构如图4-23所示。

图4-22 世界第一套两段式机械增压系统

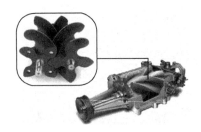

图4-23 发动机机械增压器结构

3. 气波增压器

气波增压器的工作原理基于一种气体动力现象：当压缩波在管道内传播时，在管道的开口端反射为膨胀波，而在管道的封闭端则反射为压缩波；反之，当膨胀波在管道内传播时，在管道的开口端反射为压缩波，而在封闭端则反射为膨胀波。

气波增压器是使两种气体工质直接接触并通过压力波来传递能量的压力转换器。它用于内燃机增压时利用内燃机废气能量使进入气缸的气体增压。气波增压器由空气定子、燃气定子和转子组成（见图4-24）。空气定子与内燃机进气管连通，燃气定子与排气管连通。转子由内燃机曲轴通过皮带驱动，驱动功率为内燃机功率的1%~1.5%。

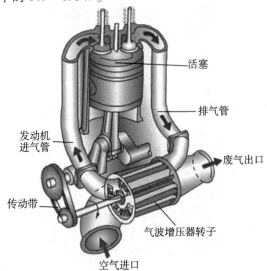

图4-24 发动机气波增压器结构

第四章 汽车结构与新技术综述

（三）发动机配气正时技术

发动机转速高时，进气流速高，惯性能量大，所以希望进气门早开晚关，尽量多进一些混合气；反之，发动机转速低时，惯性小，进气早开容易造成排气上行时将新鲜混合气挤出气缸而影响进气效率。

(1) 本田 i – VTEC 可变气门正时和升程：思域、飞度、锋范、雅阁等。
(2) 三菱 MIVEC 可变气门正时和升程：戈蓝、蓝瑟 EX 和骏捷。
(3) 日产 VVEL + C – VTC 可变气门升程和正时：英菲尼迪。
(4) 马自达 VIS + S – VT 可变进气歧管长度和正时技术：睿翼。
(5) 丰田 VVT – i 和 VVTL – i 进排气连续可变正时技术：卡罗拉。
(6) 斯巴鲁 AVCS 液压调整配气相位。
(7) 现代 CVVT 连续可变正时技术：悦动。
(8) 宝马的 Valvetronic，大众和奥迪的 AVS，保时捷的 Vario Cam Plus。
(9) 陆虎 VVC 偏心盘调整正时相位。
(10) 通用 DCVCP 双凸轮轴连续可变相位。

1. 丰田 VVT – i 技术

VVT 系统就是通过在凸轮轴的传动端加装一套液力机构，从而实现凸轮轴在一定范围内的角度调节，也就相当于对气门的开启和关闭时刻进行了调整（见图 4 – 25）。

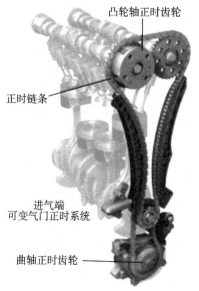

图 4 – 25 丰田 VVT – i 发动机结构示意图

丰田也有其气门无级可变升程技术——Valvematic，气门的升程可以实现从 0.97~11mm 的无级变化，增加 10% 的动力输出同时，减少 5%~10% 的燃油消耗。

中间轴通过斜齿带动两个摇臂推动机构和一个滚轮摇臂，而摇臂推动机构和滚轮摇臂的斜齿方向是相反的，所以当中间轴旋转的时候，摇臂推动机构和滚轮摇臂会以相反的方向旋转，从而它们的夹角会出现变化。夹角增大，气门扬程增大；夹角减小，气门扬程减小。

2. 奥迪 AVS

该系统为每个进气门设计了两组不同角度的凸轮，同时在凸轮轴上安装有螺旋沟槽套筒（见图 4-26）。螺旋沟槽套筒由电磁驱动器加以控制，用以切换两组不同的凸轮，从而改变进气门的升程。发动机在高负载的情况下，AVS 系统将螺旋沟槽套筒向右推动，使角度较大的凸轮得以推动气门。在此情况下，气门升程可达到 11mm，以提供燃烧室最佳的进气流量和进气流速，实现更加强劲的动力输出。当发动机处于低负载的情况时，为了追求发动机的节油性能，AVS 系统将凸轮推至左侧，以较小的凸轮推动气门（见图 4-27）。

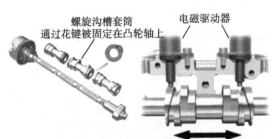

图 4-26 奥迪 AVS 发动机结构

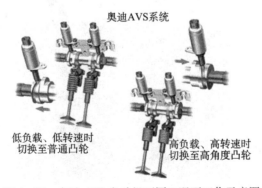

图 4-27 奥迪 AVS 发动机不同工况下工作示意图

（四）可变气缸技术

凯迪拉克早在1980年便首次采用了可变气缸技术。第一辆装备该技术的车型是第二代凯迪拉克赛威。它的V6发动机在不需要大功率输出时会关闭其中两个气缸，以节省燃油。受限于当时并不先进的计算机技术，一些发动机还要采用机械方式进行切换。这就会让整个过程变得很不稳定，甚至出现卡死现象。

目前车厂中大规模使用该技术的厂家主要有3家，分别是本田的VCM可变气缸系统、克莱斯勒的MDS多级可变排量系统，以及奥迪（大众）的AVS技术——ACT（1.4T的EA211）。

发动机可变气缸结构如图4-28所示。

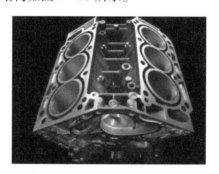

图4-28 发动机可变气缸结构

1. 本田的VCM可变气缸系统

VCM（见图4-29和图4-30）对V6发动机节气门开度、车速、发动机转速以及自动变速箱挡位进行监测，根据行驶状况自动在六缸、四缸或三缸之间切换。

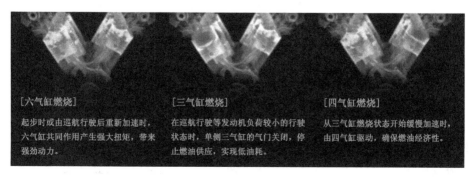

图4-29 本田的VCM可变气缸结构

图 4-30　本田的 VCM 可变气缸结构剖面图

这项技术的核心是通过一套油压装置来驱动连接的气门摇臂的断开或结合来实现的。油压装置驱动了摇臂的支点，使它停止驱动气门，也就停止了相应气缸的工作。VCM 让装备 3.5 升 V6 的雅阁在工信部测试中得到了百公里工况油耗仅为 10L 的佳绩。

2. 克莱斯勒的 MDS（Multi-Displacement System）多级可变排量系统

2005 年，第三代大切诺基以及克莱斯勒 300C 首次装备带有 MDS 多级可变排量系统（见图 4-31）的 HEMI 5.7L V8 MDS 发动机，可让 V8 变 V4。

MDS 的核心部件是可以内部滑动的气门推杆，而不是气门摇臂。这个推杆内部装有弹簧以及卡销。一个液压装置可以控制卡销是否将内外筒锁死。锁死时内外套筒形成一个整体，以驱动气

图 4-31　克莱斯勒的 MDS 多级
可变排量系统结构

门使气缸正常工作；当卡销收回内部套筒里面时内外两个套筒独立活动，从而失去对气门的驱动力，气缸停止工作。

三、欧、日主流发动机一览

1. 大众双增压 + 汽油分层缸内直喷（TSI）

该技术提升了发动机的燃烧效率，同时降低了油耗和排放。低转速情况下电脑会接通机械增压器的电磁离合器，同时关闭进气旁通阀，让气流经过机械增压器并被加压，发动机低扭乏力的现象被消除。转速超过 1 500rpm 后，涡轮增压器介入；但当发动机超过 3 500rpm 时，机械增压器停止工作，不再消耗发动机功率。在电脑的精确控制下，两种增压方式都能发挥最大效能。

大众 TSI 技术特征：

第四章 汽车结构与新技术综述

（1）独立的电动循环水泵。
（2）水冷中冷器。
（3）增压器与排气管集成设计。
（4）叶片槽式正时调节器。
（5）热装键连装配式空心凸轮轴。
（6）取消进气歧管翻板，进气道"扰流"。
（7）低温下高压分层启动。
（8）气缸壁使用了网纹珩磨技术。
（9）缸盖刚体双循环冷却系统。
（10）通过进气凸轮轴的四方凸轮驱动的高压燃油泵（100bar）。

2. 奔驰缸内直喷系统（CGI）

这种技术最大的特点就是采用了压电燃油喷射技术，以确保对汽油喷射状态进行更为精确有效的控制。全新设计的喷油嘴，可提供压力高达200bar的喷油压力，以保证燃油喷射的连续和稳定，最大限度地提升了发动机的燃烧效率。CGI发动机（见图4-32）在理想状况下可分为分层燃烧与均质燃烧两种模式。发动机中低速运转时采用分层燃烧模式，只有火花塞周围的混合气被点燃，减低油耗和尾气排放；高转工况下发动机燃烧室内充满混合气，通过对其充分燃烧来提供动力。

图4-32 奔驰CGI示意图

3. 宝马可变气门正时机构（VANOS）及双涡管技术

N20系列纵置直列四缸单涡轮双涡管增压、燃油直喷发动机，具备VANOS双可变凸轮轴控制系统以及Valvetronic电子气门升程控制系统。低转时进气门减缓开启，以保持息速稳定；中等转速时进气门提前开启，以增大扭矩，并允许废气在燃烧室中进行二次燃烧，以减少油耗和废气配方量；发动机处于高转时，进气门再次延迟开启时机，使发动机能够充分发挥最大功率。

双涡管设计就是在排气端增加一个排气口，让发动机两组缸体能够独立排气，不会受到不良气体脉冲谐振的影响。应用双涡管技术的气缸进气效率提升7%~8%。

宝马VANOS及双涡管结构如图4-33所示。

图4-33 宝马VANOS及双涡管结构

注：发动机1、4缸通过一个涡管排气，2、3缸通过另一个涡管排气，4缸发动机点火顺序为1-3-4-2，那么在工作时，因为相邻点火顺序的气缸不在同一涡管内排气，所以并不会有备压影响，也就不会影响进气效果。同时，减小的涡管截面也会使排气流速更快，使涡轮在发动机1 000rpm时，就可以介入。

4. 本田智能可变气门正时系统（i-VTEC）

VTEC：1989年本田自行研发并推出了世界上首个可同时控制气门开闭时间和升程的气门控制机构，全称为Variable Valve Timing and Valve Lift Electronic Control System。这种系统解决了发动机在不同转速下的进排气需求，提升了燃烧效率，同时也降低了排放；但只能在两种模式间进行切换。

随后，本田推出了可在全部转速区域内起作用的i-VTEC技术。i-VTEC比以往的VTEC技术增加了一套VTC可变正时控制系统。这套系统在发动机处于低转时关闭每个气缸中的一个进气门，使燃烧室内形成稀薄的混合气，其中汽油含量显著降低，可以保证怠速或低转工况下燃油消耗。

本田i-VTEC系统工作原理如图4-34所示。

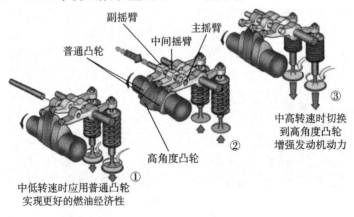

图4-34 本田i-VTEC系统工作原理

5. 丰田智能可变气门正时系统（VVT-i）

VVT-i 系统（见图 4-35）依据发动机转速、进气量、节气门位置和冷却水温控制进气凸轮轴正时液压控制阀，并通过凸轮轴传感器信号来反馈，补偿系统误差，获得最佳气门正时位置。

此外，还采用了电子控制进气流程系统（ACIS）智能谐波增压进气系统。当发动机低速运转时，利用较长进气管内的压力波，提升发动机的进气效率，以达到更高的输出扭矩。当发动机处于中高速运转时，短进气管会自动打开，以减小进气阻力。

图 4-35　丰田 VVT-i 发动机

最新的双 VVT-i 技术将被应用到进、排气气门。

6. 马自达 Skyactiv G 创驰蓝天技术

（1）采用了较长的排气路径，以减少残留的高温气体。为此，选择了 4-2-1 的排气路径，可以减少残留废气重新被吸入燃烧室；但较长的排气路径使得排出废气需要较长时间才能到达三元催化器，而过低的排气温度不利于激活触媒进行有害气体转化。

（2）延迟点火时间可以提高排气温度，达到激活触媒的目的，不过这样设置会直接导致燃烧不稳定。为此，在活塞顶部平面中心挖一个凹陷的圆孔，优化了燃油喷射状态，使得燃油与空气的混合气体在火花塞附近以层叠装方式形成，帮助实现稳定燃烧。

马自达 Skyactiv G 创驰蓝天技术发动机结构示意图如图 4-36 所示。

7. 马自达转子发动机

（1）结构：双弧长短幅圆外旋轮线型气缸 + 三弧内包络线型活塞。转子活塞中部为内齿圈，与其啮合的小外齿轮与前、后端盖固定连接。内齿圈与外齿轮齿数比为 3∶2；一般为双转子活塞，其偏心主轴颈对称（180°），运转平稳；转子活塞既绕小齿轮（主轴承中心）公转，又绕偏心轴颈自转。

图 4-36　马自达 Skyactiv G 创驰蓝天技术发动机

（2）原理：转子自转速度与公转速度之比为 1∶3；转子每转 1 周，主轴（行星架）转 3 周，三角转子与气缸型面形成的 3 个工作腔各完成一个四行程工作循环，而每一个行程所对应的主轴转角都为 270°。

(3) 优势：升功率高；振动噪声小；可高速运转；体积小，重量轻。

(4) 缺点：燃烧时间短暂，且混合气燃烧不完全、油耗高、密封润滑困难、火花塞点火频率高、负担重。

一个三角转子（见图 4-37）与气缸形成 3 个工作腔，相当于一个三缸机，而对于双转子发动机，则相当于六缸机。

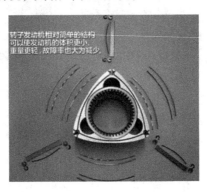

图 4-37 马自达转子发动机的转子

(5) 应用车型。

1967 年的 Cosmo Sport 110S 跑车：采用一台双转子发动机，排量为 0.982L（0.491L×2），最大功率为 110 马力①，最大扭矩 130N·m。

RX-7：第一代 12A 的双转子发动机，最大功率 105 马力；第二代 13B VDEI 发动机；第三代 13B REW，在双涡轮增压器的作用下，最大功率已升至 280 马力。

RX-8：13B-MSP Renesis 的双转子发动机，排气量依旧为 1.308L（0.654L×2），压缩比提升至 10:1。

第二节 汽车底盘的构造与新技术

一、汽车离合器的构造和新技术

http://www.bitpress.com.cn/video/2014071505c.php

(一) 汽车离合器的功用与分类

汽车离合器的功用主要是使发动机与传动系统平顺接合，保证汽车平稳起

---

① 1 马力≈0.74 千瓦。

步；暂时切断传动，保证传动系统换挡时工作平顺；限制所传递的转矩，防止传动系统过载。

对离合器的要求：储备能力合适，结合平顺柔和，分离迅速彻底，散热能力良好，操纵轻便，从动部分的转动惯量小。

离合器分为摩擦离合器、液力偶合器和电磁离合器（见图4-38）。

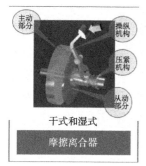 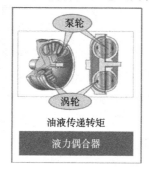 

图4-38　离合器分类

（二）汽车离合器的新技术——特殊膜片弹簧离合器

当膜片弹簧离合器摩擦片磨损后，在膜片弹簧的作用下，压紧力和离合器分离力增加。这会导致驾驶员驾驶感觉发生变化，而且影响离合器的传动系统过载保护能力。自动磨损补偿型膜片弹簧离合器可以有效减少上述现象，延长离合器寿命1.5倍，实现较短的踏板行程，减少离合器尺寸。目前ZF公司和Luk公司都有相关产品。

1. ZF公司——自动磨损补偿型膜片弹簧离合器（XTend）

该离合器的核心是解耦摩擦片磨损和膜片弹簧的运动间的联系，用一个旋转的调整环补偿磨损间隙（见图4-39）。XTend也减小了为顺应摩擦片磨损而增加的离合器的轴向尺寸。

图4-39　自动磨损补偿型膜片弹簧离合器（XTend）

2. LuK 公司——间隙自调整型膜片弹簧离合器（SAC）

1995 年诞生 SAC I，核心采用感知载荷的膜片弹簧以及深冲压的调整环片（见图 4-40）。膜片弹簧的支持不用传统铆在离合器盖上的支撑环，而是采用感知载荷的小膜片弹簧支撑。载荷感知膜片弹簧悬置支撑在离合器盖内表面，其中心处的翻边支撑主膜片弹簧。载荷感知膜片弹簧提供了充足的宽范围常值耐载荷。设计时该耐载荷值大于需求的分离力。平时只要分离力小于该载荷值，膜片弹簧铆接点就不会发生移动。

图 4-40　间隙自调整型膜片弹簧离合器（SAC）

当衬片磨损后，分离力增加，当超过该载荷值时，载荷感知膜片弹簧的支反力被克服，发生变形，膜片弹簧支点向前移动，直到分离力再次降到该载荷值以下才停止。载荷感知膜片弹簧的变形将导致铆接点和离合器盖出现间隙，而采用弹簧推动的调整换片在离合器盖楔型面的作用下向斜交移动补偿该轴向间隙（3~10mm）。

二、变速器的构造和新技术

（一）变速器的功用与分类

变速器的主要功用是改变传动比，扩大驱动轮转矩和转速的变化范围，以适应经常变化的行驶条件，使发动机在较好工况下工作。并且，在发动机旋转方向不变的情况下，使汽车实现倒向行驶。利用空挡，中断动力传递，以使发动机能够启动、怠速运转和滑行等。

变速器按传动比变化情况可分为有级式、无级式和综合式 3 种。

1. 有级式变速器
①采用齿轮传动；②具有若干个定值传动比。

2. 无级式变速器
传动比可在一定范围内连续变化。

3. 综合式变速器
由液力变矩器和行星齿轮式变速器组成的液力机械式变速器，其传动比可在最大值和最小值之间的几个间断的范围内做无级变化，目前的自动变速器多是这种类型。

(二) 变速器的新技术

1. 无级变速器

CVT 的锥型盘可在液压的推力作用下做轴向移动，挤压刚片链条，以此来调节 V 型槽的宽度。当锥型盘向内侧移动时，钢片链条在锥盘的挤压下向圆心以外的方向（离心方向）运动。这样，钢片链条带动的圆盘直径增大，传动比也就发生了变化。无级变速器轮系总成如图 4-41 所示。无级变速器总体构造如图 4-42 所示。

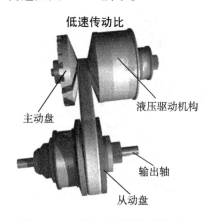

图 4-41　无级变速器轮系总成

图 4-42　无级变速器总体构造

CVT 可以在相当宽的范围内实现无级变速，从而获得传动系统与发动机工况的最佳匹配，提高整车的燃油经济性。

汽车的后备功率决定了汽车的爬坡能力和加速能力。汽车的后备功率愈大，汽车的动力性愈好。由于 CVT 的无级变速特性能够获得后备功率最大的传动比，所以 CVT 的动力性能明显优于机械变速器（MT）和自动变速器（AT）。

CVT 的速比工作范围宽，能够使发动机以最佳工况工作，从而改善了燃烧过程，降低了废气的排放量。ZF 公司将自己生产的 CVT 装车进行测试，其废气排放量比安装 4-AT 的汽车减少了大约 10%。

CVT 系统结构简单，零部件数目比 AT（约 500 个）少（约 300 个），一旦汽车制造商开始大规模生产，CVT 的成本将会比 AT 小。由于采用该系统可以节约燃油，随着大规模生产以及系统、材料的革新，CVT 零部件（如传动带或传动链、主动轮、从动轮和液压泵）的生产成本将降低 20%~30%。

(1) 日产 XTRONIC CVT。

它属于钢带式结构。全新一代 XTRONIC CVT 变速箱是加特可（Jatco）公司制造，型号为 JF015E，能承受的扭矩范围在 110~150N·m。为了减小体积，在这套变速箱上加入了一个副变速箱。CVT 的传动比范围是 4∶1，副变速拥有 1.821 和 1 两挡传动比，所以变速箱的总传动比范围为 7.3∶1。与上一代产品相比，尺寸缩短了 10%。这也和采用了更小尺寸的带轮及超扁平液力变矩器有关。

（2）奥迪 Multitronic CVT。

奥迪 Multitronic CVT 是链条式结构。

2. 主流的自动变速器 AT 技术

主流的自动变速器 AT 如图 4-43 所示。

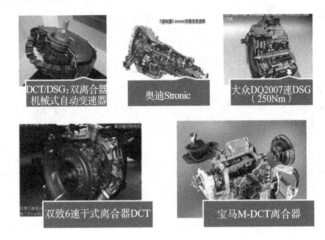

图 4-43　主流自动变速器 AT

三、汽车驱动桥的构造及新技术

（一）驱动桥的功用与组成

驱动桥主要是将万向传动装置传来的发动机转矩传给驱动车轮，并经降速增矩，改变动力传动方向，使汽车行驶，而且允许左、右驱动车轮以不同的转速旋转。驱动桥可以分为两类：

（1）整体式驱动桥：桥壳是整体的，与非独立悬架配用。

（2）断开式驱动桥：桥壳分段以铰链连接，与独立悬架配用。

驱动桥包括主减速器、差速器、半轴、桥壳等（见图 4-44）。

（1）主减速器：降低转速，增加扭矩，改变扭矩的传递方向（其构造如图 4-45 所示）。

（2）差速器：使两侧车轮不等速旋转，适应转向和不同路面（其构造如

第四章　汽车结构与新技术综述

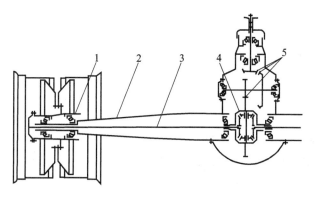

图4-44　汽车驱动桥结构示意图
1—轮毂；2—桥壳；3—半轴；4—差速器；5—主减速器

图4-45所示）。

（3）半轴：将扭矩从差速器传给车轮。

（4）桥壳：主减速器、差速器等传动装置的安装基础（见图4-46）。

图4-45　主减速器及差速器构造

图4-46　汽车驱动桥桥壳

1. 主减速器

主减速器是将万向传动装置传来的发动机转矩传给差速器；在动力的传动过程中要将转矩增大并相应降低转速；对于纵置发动机，还要将转矩的旋转方向改变90°。它一般可分为单级式、双级式（包括轮边减速器），以及圆柱齿轮式、螺旋锥齿轮式、准双曲面齿轮式等。

2. 差速器

差速器把主减速器的动力传给左、右半轴，并允许左、右车轮以不同的转速旋转，使左、右驱动轮相对地面纯滚动，而不是滑动。它一般可分为普通齿轮差速器和防滑差速器。

3. 半轴

半轴结构一般是实心轴，内端有花键，与半轴齿轮相连，与轮毂相连。半轴有两种支撑形式：

（1）全浮式支撑：半轴外端有凸缘，与轮毂相连。轮毂内径被安装在与桥壳过盈装配的半轴套管上，而外径上安装车轮。半轴两端只承受转矩，不承受支反力和弯矩。易于拆装，只需拧下半轴凸缘上的螺栓即可抽出半轴，而车轮与桥壳仍能支撑汽车。半轴套管外端轴颈用于安装轮毂轴承，最外端加工有螺纹，用于安装油封、轴承调整螺母和紧固螺母。

（2）半浮式半轴支撑：半轴内端以外花键与半轴齿轮相连，不受弯矩；外端制成锥形，锥面上铣有键，与轮毂相应锥孔配合，靠键连接传递力矩，并靠圆锥滚子轴承支撑于桥壳内，故其外端承受弯矩；最外端只有螺纹，用锁紧螺母紧固。用差速器止动块限制半轴向内窜动，用制动底板限制其支撑轴承外移，限制其向外窜动。

4. 桥壳

桥壳主要是用来安装主减速器、差速器、半轴、轮毂和悬架，并承受来自地面各种力的作用。

（1）整体式桥壳。

半轴套管将桥壳所受重力传递给车轮。桥壳具有较大的刚度和强度。承载能力高。

（2）分段式桥壳。

铸造难度低，但维修减速器和差速器不便，随着铸造技术的提高，已不再使用。

（二）汽车驱动桥的新技术——各种四驱技术

1. 短时（分时）四驱

驾驶员操纵拉杆或开关根据行驶需要进行二轮驱动和四轮驱动的切换操作。它具有分动器和两个操纵杆，具备 2H（两驱），4H（高速四驱），4L（低速四驱）3 种工作模式。短时（分时）四驱结构简单（总体布局如图 4-47 所示），稳定性高，坚固耐用。

例如：长城哈弗、陆风 X8，郑州日产帕拉

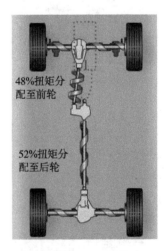

图 4-47 分时四驱系统总体布局

丁，Jeep Wrangler 牧马人的 Rock-Trac，奔驰 G 级、铃木吉姆尼和北京 212。

2. 常时四驱

AWD 会比 2WD 拥有更好的牵引力。AWD 的可控性、通过性以及稳定性均会得到提升。全时全驱的转向风格也很有特点，最明显的就是它会比两驱车型转向更加中性，通常它可以更好地避免前驱车的转向不足和后驱车的转向过度。

按照规律将驱动转矩分配给 4 个驱动车轮，并同时吸收前后车轮的转速差。固定扭矩分配方式结构上布置中间差速器，分配比取决于中间差速器的结构。为防止抛锚，所以采用中间差速器锁死方式和差动限制并列布置的方式予以避免。

（1）差速器锁死方式：

丰田陆地巡洋舰，Land Rover，美国伊顿机械锁止式差速锁。

（2）差动限制方式：

1）黏性联轴节：应用车型——铃木吉姆尼。

2）液压多片离合器：应用车型——Jeep 切诺基（Quadra-Drive Ⅱ）。

3）摩擦片式：应用车型——大众 Golf（差速锁结构如图 4-48 所示）。

变动扭矩分配方式能适应汽车行驶状态和路面情况，把驱动扭矩合理地分配给前后轮。一般无中间差速器。

图 4-48 差速锁

（3）被动扭矩分配方式：

1）黏性联轴节（转速敏感式）：应用车型——斯巴鲁森林人。

2）托森差速器（转矩敏感式）：应用车型——Audi Quattro 及普拉多。

3）ATRC（ACTIVETRC）和 TT4（TORQUETRACK4）。

（4）主动扭矩分配方式（电控智能四驱系统）：

应用车型——本田 CRV，凌志 R300，丰田 RAV4 和现代 iX35。

电控智能差速器结构如图 4-49 所示。

图 4-49 电控智能差速器

(5) 转速敏感式——伊顿机械式差速锁（EATON）：

在传统机械式差速器基础上一侧半轴上空套了一个凸轮盘。凸轮盘正常与半轴齿轮端面凸轮啮合。凸轮盘的轴向移动压缩摩擦片。摩擦片介于半轴齿轮和差速器壳之间。凸轮盘外缘上有齿轮与闭锁机构的调节器输入轴齿轮啮合。调节器输入轴上安装有对称的两个带爪飞锤。飞锤受离心力张开时与下部闭锁托架飞锤棘爪咬合。

伊顿差速器结构如图4-50所示。

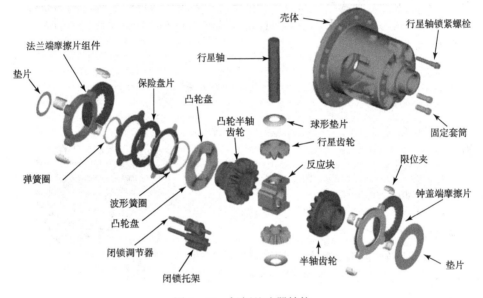

图4-50 伊顿差速器结构

3. 适时四驱（Real-time 4WD）

适时四驱主要是以两驱为主，四驱适时。适时四驱系统结构简单，降低了成本和重量；更适合于前横置发动机前驱平台的车；拓展了车内空间，传动效率高，传动系统的噪声小；受制于结构本身的缺陷，无法将超过50%以上的动力传递给后轴。这使它在主动安全控制方面，没有全时四驱的调整范围那么大；同时相比分时四驱，极限越野能力差。

四、汽车悬架的构造及新技术

（一）悬架的基本构造、组成及分类

汽车悬架是车架或车身与车桥之间一切传力连接装置的统称。汽车悬架主

要是用来弹性地连接车桥与车架或车身，缓和行驶中车辆受到的由不平路面引起的冲击力；迅速衰减由于弹性系统引起的振动，传递垂直、纵向、侧向反力及其力矩，并起导向作用，使车轮按一定轨迹相对车身运动。悬架一般由弹性元件、导向装置、减振器和横向稳定杆等组成，如图 4-51 所示。

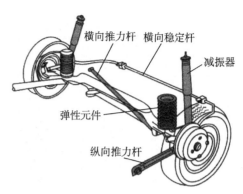

图 4-51　汽车悬架结构示意图

（1）弹性元件：缓和冲击，并承受、传递垂直载荷。常见的主要有钢板弹簧、螺旋弹簧、扭杆弹簧、油气弹簧与空气弹簧等。

（2）减振器：限制弹簧自由震荡，衰减振动。

（3）横向稳定杆：使车身在转弯时不发生过度横向倾斜。

（4）导向装置：传递侧向力与纵向力，并保证车轮相对车身的正确运动关系。钢板弹簧作为弹性元件时，它本身具有导向作用，可不另设导向装置。

按汽车导向装置的不同，悬架可分为独立悬架和非独立悬架。

独立悬架的特点是车桥做成断开的，每侧车轮可以单独地通过弹性元件与车架或车身连接。

按控制形式不同，悬架可分为被动式悬架和主动式悬架。目前多数汽车采用被动式悬架。被动式悬架是汽车姿态（状态）只能被动地取决于路面、行驶状况和汽车的弹性元件、导向装置以及减振器这些机械零件。主动悬架可根据路面和行驶工况自动调整悬架刚度和阻尼，从而使车辆能主动控制垂直振动及其车身或车架的姿态。

（二）汽车悬架新技术

独立悬架中的弹性元件往往都使用螺旋弹簧和扭杆弹簧，而较少使用钢板弹簧和其他形式的弹簧。独立悬架主要分为 4 类（图 4-52），分别是：

（1）横臂式独立悬架：车轮可以在横向平面内摆动。

（2）纵臂式独立悬架：车轮可以在纵向平面内摆动。

（3）车轮沿主销轴线移动的悬架：包括烛式悬架和麦弗逊式悬架。

（4）多连杆悬架：车轮可以在有摆臂和多连杆等多杆件共同决定的斜向平面内摆动。

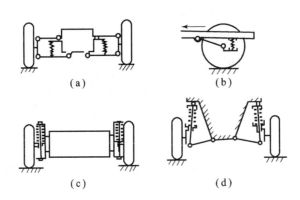

图 4-52 独立悬架结构示意图
(a) 横臂式独立悬架;(b) 纵臂式独立悬架;(c) 独式悬架;(d) 麦弗逊式悬架

1. 前悬架

前悬架多采用麦弗逊、三连杆、双横臂、四连杆独立悬架。

（1）麦弗逊（滑柱摆臂式）独立悬架——应用车型：广泛应用在紧凑型乘用车前悬架，例如捷达、速腾等车型。

麦弗逊悬架是应用最广泛的前悬架，由螺旋弹簧、减振器、三角形下摆臂组成（见图 4-53），绝大部分车型还会加上横向稳定杆。它结构简单，响应速度快。外倾角变化小，让其能在过弯时自适应路面，让轮胎的接地面积最大化；但是对左右方向的冲击缺乏阻挡力，抗刹车点头作用较差，悬挂刚度较弱，稳定性差，转弯侧倾明显。

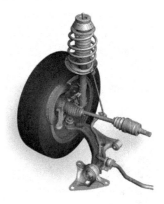

图 4-53 麦弗逊悬架结构示意图

（2）三连杆独立悬架——应用车型：宝马 3 系。

三连杆悬架系统与麦弗逊式悬架系统的不同之处在于，其下部是通过两根控制臂来对车轮进行定位的。其中，前、后控制臂以及转向节都为铝合金材质。其结构（见图 4-54）特点如下所述。

1）高抛式转向节：可以减小主销内倾角，从而有效减少扭力转向现象。

2）零主销接地偏移距：转向系统较为敏感、直接，路感十分清晰，而且可以减小由于左右轮驱动转矩的不同造成的扭力转向现象（因为力臂小）。

3）转向时主销接地偏移距变为正值，从而保证转弯时车轮的主动回正作

第四章　汽车结构与新技术综述

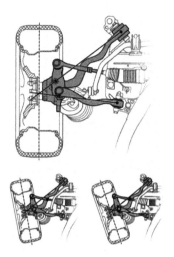

图 4-54　三连杆悬架结构示意图

用，保持了方向的稳定性。

（3）双横臂独立悬架——应用车型：马自达6。

双横臂独立悬架俗称双叉臂式、双 A 臂式，采用上下两个 A 字形叉臂可以精确地定位前轮的各种参数。前轮转弯时，上下两个叉臂能同时吸收轮胎所受的横向力，加上两叉臂的横向刚度较大，所以转弯的侧倾较小。双叉臂式悬挂通常采用上下不等长叉臂（上短下长），让车轮在上下运动时能自动改变外倾角，减小轮距变化，减小轮胎磨损，并且能自适应路面，轮胎接地面积大，贴地性好（见图 4-55）。

双横臂式悬挂设计偏向运动性。其性能优于麦弗逊式悬挂；制造成本高，悬架定位参数设定复杂。

（4）四连杆独立悬架——应用车型：奥迪 A4＼A6。

四连杆悬架由高位式双横臂独立悬架发展而来（见图 4-56）。

图 4-55　双横臂悬架

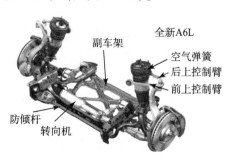

图 4-56　四连杆悬架

2. 后悬架

后悬架多采用扭转梁、四连杆支柱、多连杆等悬架形式。

（1）扭转梁（拖拽臂）悬架——应用车型：新捷达、宝来、桑塔纳、朗逸、朗行、新速腾等大众紧凑型乘用车全系车型后悬架。

扭转梁（见图4-57）属于半独立悬架，兼具非独立悬挂和独立悬挂的特点。拖曳臂式悬挂的最大优点是左右两轮的空间较大，而且车身的外倾角没有变化，避震器不发生弯曲应力，所以摩擦小、耐用度高、承载能力大。拖曳臂式悬挂的舒适性和操控性均有限。当刹车时除了车头较重会往下沉外，拖曳臂悬挂的后轮也会往下沉，以平衡车身，故无法提供精准的几何控制。

横梁在纵臂上的安装位置不同，其表现出来的性能差别会非常大。若横梁安装位置越靠近纵臂与车身的连接点，则车子的舒适性就会越好，但转弯时的侧倾也会大些。若横梁的安装位置靠近纵臂接近车轮中心，舒适性能就会大打折扣，表现出来的特性则是以通过性和承载性为主，也更接近整体桥的设计。

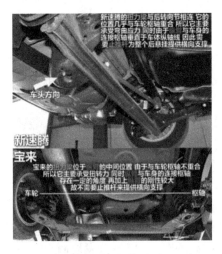

图4-57 扭转梁（拖拽臂）悬架

（2）瓦特连杆扭转梁悬架——应用车型：英朗、科鲁兹和速锐。

瓦特连杆扭转梁悬架（见图4-58）克服了扭转梁式半独立悬架车桥跳动时其相对车身产生侧向位移，出现轮胎侧滑的弊端，提高了汽车的行驶稳定性；释放了连接扭转梁与车身的橡胶衬套传递侧向力的任务，让其主要用于抵消车轮受到的纵向和垂向冲击。专一的功能为后悬挂衬套的径向刚度提供了更大的设计空间，较普通扭力梁悬架的衬套可以更"软"，从而提高车辆的乘坐舒适性。

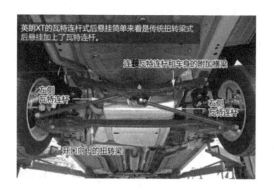

图 4-58　瓦特连杆扭转梁悬架

（3）四连杆支柱悬架——应用车型：凯美瑞。

四连杆支柱悬架（见图 4-59）是麦弗逊悬架在后悬架上的变形。悬挂下部与车身连接的 A 字型控制臂改成了 3 根连杆定位。后悬架采用四连杆支柱悬架的汽车，转弯时产生的横向力主要由减振器支柱和横拉杆来承担。它具有与麦弗逊悬挂相近的操控性能，又有比麦弗逊悬挂更高的连接刚度和相对较好的抗侧倾性能，但是同样稳定性不好，转向侧倾还是较大，需要加装横向稳定杆。较细的三连杆无法提供充分的横向刚度。相对纵臂扭转梁达到了独立悬挂的结构要求，并且运动

图 4-59　四连杆支柱悬架

部件质量轻，悬挂响应性好，舒适性和操控性要优于纵臂扭转梁，但比真正的多连杆悬架要差一些。不过占有空间小，成本低。

（4）多连杆独立悬架——应用车型：迈腾、雅阁、宝马 6 系及 X5。

迈腾、马六为四连杆独立悬架；雅阁、宝马为五连杆独立悬架。在车辆转弯或制动时，多连杆悬挂结构（见图 4-60）可使后轮形成正前束，提高了车辆的控制性能，减少了转向不足的情况。多连杆悬挂在收缩时能自动调整外倾角、前束角

图 4-60　多连杆悬挂结构示意图

以及使后轮获得一定的转向角度。通过对连接运动点的约束角度设计使悬挂在压缩时能主动调整车轮定位，能完全针对车型做匹配和调校，以最大限度地发挥轮胎抓地力，从而提高整车的操控极限。

多连杆悬挂结构相对复杂，成本高，占用空间大，舒适性能是所有悬挂中最好的，操控性能也和双叉臂式悬挂难分伯仲。

3. 整体式驱动桥后悬架

应用该悬架的车型：丰田陆地巡洋舰和路虎发现。

整体式驱动后桥具有更高的刚性（需要加横向止推杆承受侧向力，但会造成车轮横向滑移，而要避免的话，需要采用瓦特连杆。纵向推力杆或桥包上的 V 型连杆承受纵向力，而侧倾力由横向稳定杆承受或在桥包上添加 X 型连杆），悬架行程更长（相比独立悬架的导向杆系，整体桥摆动时中心是在桥壳中心，半径更长，所以悬架行程更长）。

如图 4-61 所示，该车前悬架为双叉臂结构，因此 KDSS 系统对于悬架行程的调整存在一定的局限性，而采用整体式车桥的后悬架能更充分地发挥出 KDSS 系统的优势。

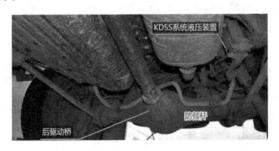

图 4-61　装有 KDSS 系统的整体式驱动桥

4. 电控主动空气悬架

应用该悬架的车型：奔驰 S350，奥迪 A8L 及保时捷卡宴。

早在 20 世纪 30 年代初，哈维·费尔斯通（Harvery Samuel Firestone）在其好友亨利·福特（Henry Ford）和托马斯阿尔瓦·爱迪生（Thomas Alva Edison）的技术支持下，研制出了空气柱形式的空气弹簧悬架系统。

系统由控制电脑，空气泵，储压罐，气动前、后减振器和空气分配器等部件组成（见图 4-62）。

图 4-62　电控主动空气悬架

新奥迪 A6L 配备了动态底盘控制系统，动态底盘控制系统与车身稳定系统（ESP）通过数据总线完成信息传递。依据行驶的需求，动态底盘控制系统可对气泵、分配阀以及 CDC 可变阻尼减振器中的比例阀进行控制（见图 4-63）。

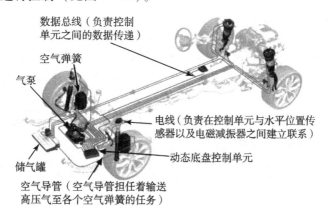

图 4-63　新奥迪 A6L 电控主动空气悬架

5. 电磁主动减振悬架

应用该悬架的车型：路虎极光、奥迪（TT，R8 和 A5）、法拉利等。

目前业内比较有名的磁流变减振器为 Magneride 系统，原为德尔福开发，后被 BWI（京西重工）收购。

其减振器中的液压油是一种"磁流变液体"，含有很多亚铁化合物颗粒。每个减振器活塞结构中都有 2 个螺线线圈，通电之后可以产生磁场。当线圈中无电流通过时，活塞通道中的磁流变液体未被磁化，不规则排列的亚铁化合物颗粒呈均匀分布状态，产生的阻尼力与普通减振油相同，对外表现为减振相对较软。一旦控制电脑发出脉冲信号，线圈内有电流通过，进而形成一个磁场，这些粒子马上会按垂直于活塞运动的方向排列（油液表现为黏度增加），阻碍油在活塞微型通道内流动，提高阻尼力，对外表现为减振的硬度增加。反应时间可达 1ms。

凯迪拉克 XTS 的 MRC 电磁感应主动悬架如图 4-64 所示。至今，MRC 主动电磁感应悬挂系统已经进化至第三代产品，采用增强的微处理芯片，具有更快的瞬间响应和更大的阻尼力范围，可承受更大的侧向力，并可实现更平缓的压缩和复原过渡。此外，凯迪拉克 XTS 在后轴采用空气弹簧和 MRC 配合使用，实现刚度阻尼均

图 4-64　凯迪拉克 XTS 的 MRC 电磁感应主动悬架

可调。

6. 直线电机主动减振器

除了使用较广的磁流变减振器外，还有两种电磁减振器也较为常见。比较有代表性的一种是由日立制作所设计的电磁减振器，由传感器、圆筒型线性电动机、油压减振器和弹簧组成（见图4-65），与普通油压减振器相比，响应更快，提高舒适和运动性。

另一种减振器内没有了传统油液减振器的油液，电子减振器活塞外缸体上有定子线圈，控制定子线圈的电流强度，从而精确控制线性电动机的反方向运动阻尼力和减振力，缓和路面的冲击与振动（见图4-65）。输入的电流越大，定子线圈中产生的磁场就越强，直线电动机产生反方向的阻尼力和减振力也就越大。这种电磁减振的代表制作商为美国的BOSE公司。

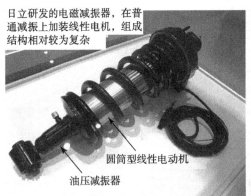

图4-65 直线电机主动减振器

五、汽车转向系统的构造及新技术

汽车转向系统是用来改变汽车行驶方向的专设机构的总称。汽车转向系统的功用是保证汽车能按驾驶员的意愿进行直线或转向行驶。

（一）汽车转向系统构造

1. 机械转向系统

机械转向系统以驾驶员的体力作为转向能源，所有传递力的构件都是机械的，主要由转向操纵机构、转向器和转向传动机构三大部分组成。

当前轮为非独立悬架时，机械转向系统的组成及布置如图4-66所示。由于转向盘距离转向器较远，二者之间用万向节和传动轴构成的万向传动装置相连。

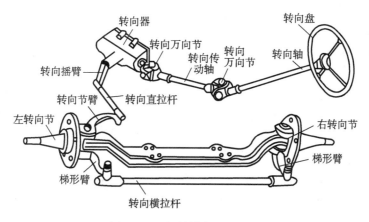

图 4-66 机械转向系统构造

2. 液压助力转向系统

动力转向系统是兼用驾驶员体力和发动机（或电动机）的动力作为转向能源的转向系统。动力转向系统是在机械转向系统的基础上加设一套转向加力装置而形成的。

根据助力能源形式的不同可以分为液压助力、气压助力和电动机助力 3 种类型。其中，液压助力转向系统应用较为普遍（图 4-67）。

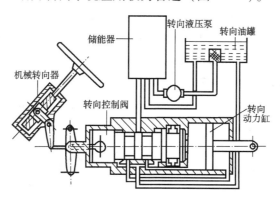

图 4-67 液压式助力转向系统

3. 电动助力转向系统

电动助力转向（简称 EPS）系统利用直流电动机提供转向动力，辅助驾驶员进行转向操作。电动助力转向系统根据其助力机构的不同可以分为电动液压式（简称 EPHS）和电动机直接助力式两种。

(二) 汽车转向系统新技术

1. 可变传动比转向

应用该技术的车型：宝马 5 系、丰田新皇冠、雷克萨斯和奔驰新 E 级 \ S 级。

奔驰的直接转向技术：通过特殊工艺加工齿距间隙不相等的齿条（见图 4-68），中间位置的左右两边齿距较密，齿条在这一范围内的位移较小，在小幅度转向时（例如变线、方向轻微调整时），车辆会显得沉稳；而齿条两侧远端的齿距较疏，在这个范围内，转动方向盘，齿条的相对位移会变大，所以在大幅度转向时（如泊车、掉头等），车轮会变得更加灵活。

图 4-68 可变传动比转向结构示意图

2. 四轮转向

车辆在低速行驶时，可以通过后轮与前轮的反向转动来适当增加转向过度，提高转弯机动性。高速行驶的车辆很容易出现转向过度的倾向，通过后轮产生一个很小的与前轮相同方向的转向则可以弥补转向过度的趋势，增加稳定性。

(1) 后轮随动转向（雪铁龙富康、东风 S30）：仅仅在后轮与悬架，悬架与车身之间布置了一些橡胶软垫，通过橡胶使悬架和车身实现柔性连接。由于橡胶存在一定弹性，所以在汽车转弯时，后悬架连接点的橡胶软垫在横向力的作用下能发生一定程度的弹性形变，从而带动车轮做一定角度的变化。这个转向角度取决于橡胶软垫的软硬度。后轮的同向转向角度在 3°以下。

(2) 后轮主动式转向 [ZF 公司的 AKC (Active Kinematic Control)]：ZF 提供了两种不同的主动式后轮转向系统解决方案。一种是将此装置安装在车辆后桥的中部，通过一个电机和转向拉杆来同时对两个后轮的前束进行调整（见图 4-69），例如 BMW 7。该主动后轮转向系统的核心是一套蜗轮蜗杆机构。电机转动带动蜗轮旋转，与蜗轮相啮合

图 4-69 后轮主动式转向

的蜗杆会产生轴向的移动。这种轴向移动会带动后轮产生小幅度的转向。当车速在 60km/h 以上时，后轮与前轮同向偏转，提升高速过弯的稳定性。在

60km/h 以下时则反向偏转,增加车辆的灵活性。

另一种则是在两个后轮旁各安装一个机电执行机构来驱动后轮转向。控制后轮的电动转向机构的重量不到 3kg。它可以使后轮实现最大 6°的转向角。其所能提供的最大转向力度为 4 000N。这套系统最大的优势在于体积紧凑,对空间要求低,同时这套系统由于转向机构直接取代悬架部件中的横拉杆。

3. 自动泊车(自动转向)

应用该技术的车型:Audi A8,法雷奥和 BYD 速锐。

法雷奥全自动泊车系统——Valet Park4U®:通过智能手机远程启动 Valet Park4U®(见图 4-70)的自动停车功能,车辆就能够自动寻找合适的停车位,并停车入库。整个停车过程中,驾驶者无须实际操作汽车,在车辆完成停泊后驾驶者会收到系统发回的通知。该系统采用了超声波传感器(12 个)、摄像头(4 台)和独特的激光扫描技术。

图 4-70 法雷奥全自动泊车系统

六、汽车制动系统的构造及新技术

(一)汽车制动系统的构造

驾驶员能根据道路和交通情况,利用装在汽车上的一系列专门装置,迫使路面在汽车车轮上施加一定的与汽车行驶方向相反的外力,对汽车进行一定程度的强制制动。这种可控制的对汽车进行制动的外力被称为制动力,而用于产生制动力的一系列专门装置被称为制动系统。制动系统的功用是减速停车和驻车制动。

制动器是用以产生制动力矩的部件。制动器按照结构可分为鼓式制动器和盘式制动器(见图 4-71),而按安装位置可分为车轮制动器和中央制动器。

车轮制动器可用于行车制动和驻车制动。中央制动器只用于驻车制动和缓速制动。

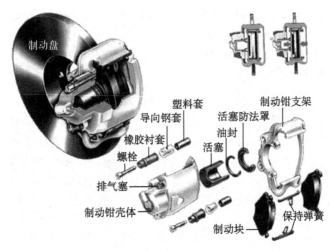

图 4-71 制动器构造示意图

(二) 汽车制动系统新技术

1. 制动防抱死系统（ABS，1978）

当车轮抱死滑移时，车轮与路面间的侧向附着力将完全消失。如果前轮制动到抱死滑移而后轮还在滚动，汽车将失去转向能力，出现跑偏；如果后轮制动到抱死滑移而前轮还在滚动，即使受到不大的侧向干扰力，汽车也将产生侧滑，出现甩尾。这些都极易造成严重的交通事故。

试验得知，汽车车轮的滑动率在 15%~20% 时，轮胎与路面间有最大的纵向附着系数，而侧向附着系数此时也较大。为此，为了充分发挥轮胎与路面间的这种潜在的附着能力，现代汽车一般配有 ABS 系统，且乘用车 ABS 已经是必须装备的配置。

ABS 系统可以在汽车制动时防止车轮抱死，避免制动时发生侧滑、甩尾、失去转向等现象，提高了制动的稳定性，减轻了轮胎磨损，同时将制动力保持在最佳范围内，缩短了制动距离，使制动更安全有效。

ABS 制动防抱死系统是在普通制动系统的基础上加装车轮速度传感器、ABS 电控单元、制动压力调节装置，及制动控制电路等电子控制系统组成的（见图 4-72）。

第四章 汽车结构与新技术综述

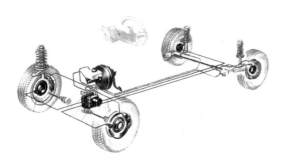

图 4 – 72　MK20 – Ⅰ 型防抱死制动系统

无 ABS 制动后车辆行驶轨迹如图 4 – 73 所示。

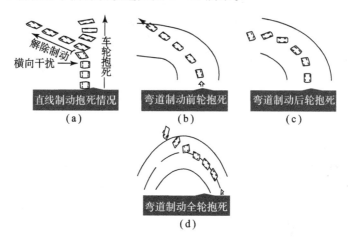

图 4 – 73　无 ABS 制动后车辆轨迹图

ABS 主要由轮速传感器（Speed Sensor）、电子控制器（ECU）和液压调节器（HCU）三大部分组成。其布置形式如图 4 – 74 所示。

2. ESP 系统

ESP 是通过调节车轮纵向力大小及匹配来控制汽车的横摆运动，使汽车具有良好的操纵性和方向稳定性的主动安全控制系统。ESP 的基本原理是通过传感器和运算逻辑来识别驾驶员对汽车的期望运动状态，同时测量和估算出汽车的实际运动状态。当两者之间的差大于给定的门限值时，按一定的控制逻辑对车轮的纵向力大小进行相应的控制和调节，使作用在汽车上的横摆力矩发生变化。附加的横摆力矩迫使汽车做相应的横摆运动，让汽车的实际运动状态更接近驾驶员对汽车的期望运动状态。

防止转向过度的后轮侧滑如图 4 – 75 所示。防止转向不足的前轮侧滑如

图 4-76 所示。

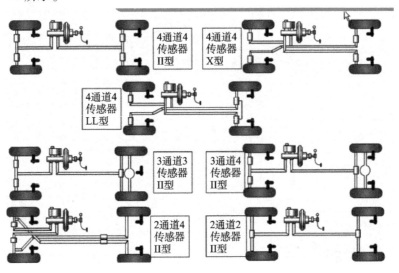

图 4-74 ABS 布置形式

图 4-75 防止转向过度的后轮侧滑

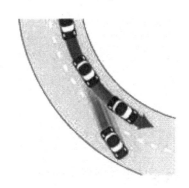

图 4-76 防止转向不足的前轮侧滑

当汽车的实际运动曲线半径小于驾驶员所期望的轨道半径时，汽车有过度转向的特征。此时，ESP 在汽车的前外轮施加一个制动力。一方面，制动力对汽车产生一个横摆回正力矩；另一方面，由于制动力的增加，作用在此车轮上的侧向力会相应减小，从而产生另一个横摆回正力矩。汽车在这两个附加回正力矩的作用下会返回到驾驶员所期望的轨道上来。当汽车有不足转向时，ESP 有两种干预方法。一种是在汽车的后内轮施加一个制动力，使汽车的横摆运动加剧，让汽车返回到驾驶员所期望的轨道上来；另一种是减小发动机输出转矩，相应地，驱动力也随之减小，汽车将做减速运动。此时，前轴的法向力增大，而后轴的法向力减小。相应地，前轴侧向力增大，而后轴侧向力减小，从而加剧汽车的横摆运动，使汽车的实际运动状态更接近驾驶员的期望值，提高了汽车的方向稳定性。

安装 ESP 和未安装 ESP 装置的车辆行驶轨迹对比如图 4-77 所示。

图 4-77　安装 ESP 与未安装 ESP 装置的车辆行驶轨迹对比

安装 ESP 和未安装 ESP 车辆避让障碍物时行驶轨迹对比如图 4-78 所示。

图 4-78　有 ESP 和无 ESP 避让障碍物时行驶轨迹对比

3. 车辆稳定性控制（VSC）系统

日本丰田开发出与 ESP 相类似的产品，称为 VSC（1994 丰田皇冠轿车）。

车辆稳定性控制（VSC）系统主要在大侧向加速度和大侧偏角的极限工况下工作。利用左、右两侧制动力之差产生的横摆力偶来防止出现难以控制的侧滑现象，如在弯道行驶中因前轴侧滑而失去路径跟踪能力的驶出（Drift Out）现象及后轴侧滑甩尾而失去稳定性的激转现象等危险工况。

其以 ABS 为基础而发展而来，因此成为一种改造较少、价格较低的电子控制系统。它在危险的侧滑工况下发挥作用而直接提高行车安全性。

4. 车辆动力学控制系统（VDC）

VDC 是一种新型的主动安全系统。它在紧急状态下动态控制车辆的运动。通过转向角、加速踏板及制动压力控制，使实际车辆的横摆角速度和侧向速度达到期望运动状态，使车辆处于稳定工作区域。其主要作用是减小了车辆在极限行驶工况下与正常行驶工况的特性差异，增强了普通驾驶员在危险工况下控制汽车的能力。

目前，实用的动力学控制系统的控制参数有两种。一种是将与横摆角速度成正比的内外轮转速差作为控制变量，如 BMW 公司的 DSC（Dynamic Stability Control）系统。另一种是将横摆角速度与质心侧偏角作为控制变量，如 BOSH

公司的 VDC（Vehicle Dynamic Control）系统等。

5. 液压制动辅助控制（HBA）

该附加功能主动识别驾驶员的紧急制动状况并自动地增加汽车减速度，直至 ABS 系统投入工作后减速度才被限制，此时汽车减速度处于物理最佳值。这样对一般驾驶员来说，汽车的制动距离能与熟练的驾驶员的制动距离一样。对驾驶员制动要求的尺度是制动踏板作用力或制动踏板压力。HBA 仅仅是提高制动压力，即在任何情况下可以由驾驶员调节制动初压力。

6. 停车制动控制减速度（CDP）

CDP 是在配备液压制动系统和 ESP 系统的汽车上，为主动提高制动压力而配置的一个附加功能。CDP 的控制功能可以在驾驶员有要求时，自动降低汽车速度直至停下来。在停车后 ESP 的液压系统在短时间内承担全部的静态驻车制动过程。

7. 自适应巡航速度控制（ACC）

ACC 可以减轻驾驶员在汽车行驶中的负担，使其在感到疲劳前较早地控制车速并跟在较慢行驶的汽车后面轻松和安全行驶。标准的巡航速度控制（定速度控制）是自适应巡航速度控制的最低控制功能。为匹配汽车速度，在汽车要加速时，ACC 可通过电子加速踏板在一定范围内增加发动机功率，或在减速时，ACC 电子激活制动系统进行适当的制动。其核心部件是毫米波雷达（微波雷达）。

8. 再生制动系统（RBS）

所谓再生制动（RBS，Regenerative Brake System），是指车辆减速或制动时，将其一部分动能转化为其他形式的能量储存起来，以备驱动时使用的过程。制动能量再生系统先将车辆制动或减速时的一部分机械能（动能）经再生系统转换（或转移）成其他形式的能量（旋转动能、液压能、化学能等），并储存于储能器中，同时产生一定的负荷阻力使车辆减速制动；当车辆再次启动或加速时，再生系统又将储存在储能器中的能量转化为车辆行驶时需要的动能（驱动力）。目前，在混合动力汽车上常见的再生制动系统是将动能转化成电能储存到电池中。其工作原理如图 4-79 所示。

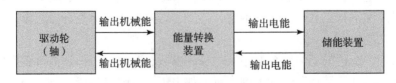

图 4-79　再生制动系统（RBS）工作原理

第三节　汽车车身的构造及新技术

汽车车身的作用主要是保护驾驶员以及构成良好的空气力学环境。好的车身不仅能带来更佳的性能，也能体现出车主的个性。

一、汽车车身分类

非承载式车身下面有足够强度和刚度的独立车架，车身以弹性元件与车架相连（见图4-80）。非承载式车身的汽车有刚性车架，又称底盘大梁架。车身本体悬置于车架上，用弹性元件连接。车架的振动通过弹性元件传到车身上，大部分振动被减弱或消除，发生碰撞时车架能吸收大部分冲击力，

图4-80　车身结构形式

在坏路行驶时对车身起到保护作用，因此车厢变形小，平稳性和安全性好，而且厢内噪声低；但这种非承载式车身比较笨重，质量大，汽车质心高，高速行驶稳定性较差，多用于商用车、越野车的车身。

承载式车身又称整体式车身，车身代替车架来承受全部载荷，多用于乘用车车身。

半承载式车身是车身与车架用焊接、铆接或螺钉连接的，载荷主要由车架承受，车身也承受一部分。这种结构的车身是为了避免非承载式车身相对于车架位移时发出的噪声而设计的。主要用于部分大客车车身。

车身形状或车顶型式的分类主要有普通轿车、硬顶轿车、舱背式轿车、活顶轿车、厢式车、旅行轿车，以及SUV和轻型卡车（见图4-81）。

图4-81　车顶型式分类

二、车身结构位置

为了便于理解,我们将车身结构(见图 4-82)分成 3 个车身段,即前段、中段和后段。

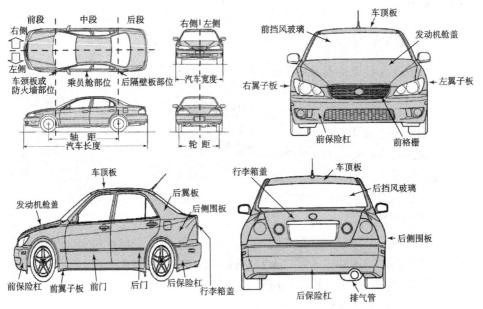

图 4-82 车身结构

1. 前段

前段又称车头部分,包括前保险杠和前围板之间的所有部件,如保险杠、进气格栅、水箱支架、前纵梁、前横梁、发动机支座、前翼子板、前悬架拱形座等构件。

2. 中段

中段又称中间部分,包括构成乘员舱的所有车身构件,如地板、车顶、车颈板、挡风玻璃、车门,以及 A 柱、B 柱、C 柱等。

3. 后段

后段又称尾段或后尾,包括后挡风玻璃到后保险杠之间的所有布局,如后侧围板(后翼子板)、行李箱、后地板、后纵梁、行李箱盖、后保险杠等构件。

三、车身新技术

目前,车身结构采用不同刚度的材料。车身结构按强度也可以分为:侧面加强区、乘员保护区和承载骨架区。车身前段需要承载动力总成，一般多采用一些高强度钢。乘客舱需要有很高的强度，一般多采用高强度或超高强度钢。覆盖件或吸能区多采用低强度或中强度钢，有时甚至采用玻璃纤维或特质塑料。

车身强度渲染图如图4-83所示。

承载式车身的设计理念来自飞机，其结构类似于鸡蛋壳，防止应力集中。

车身吸能区及碰撞力的传递路径如图4-84所示。

图4-83 车身强度渲染图

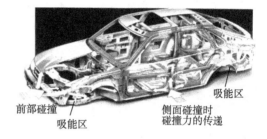

图4-84 吸能区及碰撞力的传递路径

1. 大众公司高强度车身HSB（High Strength Body）

大众公司高强度车身HSB（见图4-85）充分考虑了车辆安全性、轻量化以及人性化保护等方面的要求。

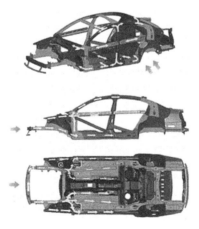

图4-85 大众高强度车身透视图

在车辆发生侧面碰撞时，3层结构的侧围对整个车身结构起到了强大的支撑作用，为车内生存空间提供了保障。

正面碰撞时，撞击力通过热成型钢板材质的保险杠支架向碰撞影响区结构分散，被纵梁吸收削弱后的碰撞能量继而被传递给同样由超高强度热成型钢板制成的脚部横梁、中央通道及门槛，这样就可以避免前排脚部区域在碰撞过程中的凸入危险。

在行人保护方面，大众汽车HSB高强度车身也采用了周全的设计。车身前部众多零部件结构及空间布置充分考虑到了彼此间的相互影响及协同作用。翼子板的连接、前盖及铰链也得到优化。此外，保险杠区内还特为行人保护增加了吸能泡沫件，将行人腿部在碰撞过程中所受伤害程度降到最低。

2. 高强度激光焊接车身（见图4-86）

激光焊接运用于汽车制造，可以降低车身重量，提高车身的装配精度，增加车身的刚度。目前的汽车工业中，激光技术主要用于车身焊接和零件焊接。激光焊接主要用于车身框架结构的焊接，例如顶盖与侧面车身的焊接。用激光焊接技术，工件连接之间的接合面宽度可以减少，既降低了板材使用量，也提高了车体的刚度，极大地提高了安全性。激光焊接零部件，零件焊接部位几乎没有变形，焊接速度快，而且不需要焊后热处理，常用于变速器齿轮、气门挺杆、车门铰链等。

图4-86　高强度激光焊接车身

3. 丰田GOA车身

GOA是英文Global Outstanding Assessment的缩写，意思是世界上最高水准的安全。

GOA车身（见图4-87）技术包括3个方面：一是高强度的座舱；二是高效吸收动能车身；三是合适的乘员约束系统（如凯美瑞的预紧三点式ELR安全带，WIL概念座椅等）。前两者保证车辆在碰撞时前车身的柔性结构吸收并分散碰撞能量，将其分散至车身各部位骨架，使驾驶室的变形降到最小，确保乘员安全。成员约束系统则在碰撞中将成员牢牢约束在座椅上，避免乘员因激烈碰撞脱

图4-87　丰田GOA车身

离座椅而遭到伤害。GOA 安全车身的特点：
（1）车身整体一次冲压而成，无焊接结构；
（2）大型保险杠加强板；
（3）前纵梁直线布置；
（4）采用横梁至前柱的加强梁；
（5）中柱部分强化；
（6）前柱穿入下门口；
（7）下门口加强筋与后轮罩直接相连；
（8）车门内采用防撞钢梁。

4. 本田 G-CON 技术车身

本田 G-CON 车身（见图 4-88）碰撞安全技术（G-Force Control Technology），在车辆发生意外碰撞时，对乘员和行人以及车辆的冲击力进行控制，以提高车辆的安全性，降低人员所受到的伤害。本田 G-CON 技术是一项提升汽车安全性、保障车内乘员安全的同时兼顾行人安全的技术，包括车身碰撞技术、安全气囊技术和行人保护技术三方面。

图 4-88　本田 G-CON 技术车身

5. 奥迪 ASF 技术车身

ASF 就是 AUDI SPACE FRAME 的缩写，表示奥迪全铝合金车架的规模化生产。铝钢架的应用是 1994 年推出的上一代奥迪 A8 的亮点（奥迪 ASF 技术车身如图 4-89 所示）。与钢管式车架相比，铝钢架与一体式车身非常相似，没有那么多错综复杂的钢管。

图 4-89　奥迪 ASF 技术车身

第四节 汽车电气设备新技术及安全配置

一、汽车安全最新配置——胎压监测报警系统

胎压监测报警系统分为"直接式胎压监测系统"和"间接式胎压监测系统"两种。

1. 直接式胎压监测系统（TPMS：Tire Pressure Monitoring System）

直接式胎压监测装置是利用安装在每一个轮胎里的压力传感器来直接测量轮胎的气压，利用无线发射器将压力信息从轮胎内部发送到中央接收器模块上的系统，然后对各轮胎气压数据进行显示（见图4-90）。当轮胎气压太低或漏气时，系统会自动报警。

图4-90 胎压监测报警系统显示界面

该系统于2001年诞生于美国。目前将TPMS系统作为标准配置的集中在高端车型上。如：奥迪A8；宝马7系、5系、X5；奔驰S系列、E系列等。在国内市场上把TPMS系统作为标配的汽车品牌主要有别克君威、君越、克莱斯勒铂锐、新奥迪A6L及荣威550等。

2. 间接式胎压监测系统

当某个轮胎的气压降低时，车辆的重量会使该轮的滚动半径变小，从而导致其转速比其他车轮快，这样就可以利用汽车ABS刹车系统上的速度传感器来比较4只轮胎之间的转速差，达到监视胎压的目的。间接式轮胎报警系统实际上是依靠计算轮胎滚动半径来对气压进行监测的。

二、汽车安全最新配置——普利司通免充气轮胎

普利司通这款概念轮胎采用一种热塑性树脂材料。这种材料配合巧妙的结

构设计不仅提供了足够的柔韧性用来支撑重量，更可以和胎面一起实现100%循环利用（见图4-91）。

三、汽车安全最新配置——大灯调节控制技术

AFS主动调节大灯系统——综合依赖可以对环境光线进行探测的光传感器，决定是否自动开启大灯以及根据车速、车身姿态等，适时调整大灯的照明角度（见图4-92）。

图4-91　普利司通免充气轮胎

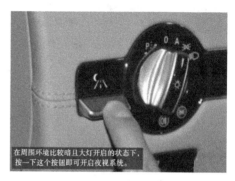

图4-92　AFS主动调节系统按钮

四、无眩光远光灯系统

无眩光远光灯（见图4-93）基于自适应远光照明系统研发而成。其核心部件是用于感光的摄像机。其升级的部分在于左右两组大灯可以独立切换照明模式。在容易影响到其他驾驶者的一侧大灯可以动态切换灯光照射范围，保证其不直射其他驾驶者；另外一侧大灯则尽可能地保证足够远的照明范围，为本车驾驶者提供良好的视野。2011款途锐、辉腾和海外版帕萨特成为首批搭载此项技术的车型，奔驰新S级也搭载了该技术。

图4-93　无眩光远光灯系统

实例——奔驰Adaptive Highbeam Assist系统：

这套系统最初被应用在2009年推出的奔驰E级车上（见图4-94）。该系统可以对灯光照射范围进行无级调节，而非简单的远近光两级切换。根据交通流量及道路照明条件的不同，远光照射距离可以从65m一直延伸至300m。这

种系统也是采用摄像机作为感光元件,因此工作可靠性大幅提升。随后奔驰在 S 级、CLS 及 C 级车型中也应用了这项技术。

图 4-94　奔驰 Adaptive Highbeam Assist 系统

五、主动预防碰撞系统——沃尔沃 City Safety 系统

首先于 2007 年装备在 S80 上面,其后在 XC60,S60,XC70 等车型上都有配备。75% 以上的碰撞都是在 30km 时速及其以下发生的,因此这套系统研发的初衷也主要针对低速碰撞。

City Safety 系统(见图 4-95)不是通过雷达,而是通过发射激光束,然后传感器采集发射的光束,从而搜集车辆前方约 4m 的路况信息,并通过抬头显示器(HUD)为驾驶者提供警示信息。

图 4-95　主动预防碰撞系统——沃尔沃 City Safety 系统

当车速高于 30km/h 时,City Safety 系统即开始工作,通过车辆与前方障碍间的相对速度和距离判断是否有碰撞的风险。如果系统判断两者碰撞时相对速度大于 15km/h,则会通过前挡风上的红色警示灯对驾驶者提供预警。如果系统已经提示驾驶者,但驾驶者没有响应,则采取自动制动措施,直至车辆静止。刹车系统的自动制动时间约为 1.5s。如果驾驶者没有继续采取动作踩下制动踏板(比如驾驶者突发疾病而失去意识这样的极端情况),还是会发生轻微的追尾。

六、汽车安全气囊系统

汽车安全气囊系统（Supplemental Restraint System，SRS）是轿车上的一种辅助保护系统，也称空气袋（AIR BAG）（见图4-96）。当汽车遭到正面或侧面严重冲撞时，能很快膨胀的缓冲垫，与座椅安全带配合使用，可以为乘员提供有效的防撞保护，可有效降低汽车乘员及驾驶员的伤亡率，是拯救乘员生命的重要装置。

目前按照安全气囊的数量可分为单气囊系统（只装在驾驶员侧，方向盘中部）、双气囊系统（驾驶员侧和前乘客侧工具箱上方的仪表板内各有一只）和多气囊系统（包括后排乘员也有）。气囊盖板上标有"AIR BAG"字样。它们的工作原理基本一样（安全气囊工作图解如图4-97所示）。

图4-96 汽车安全气囊

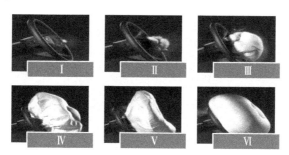

图4-97 安全气囊工作图解

汽车安全气囊系统（SRS）属于一次性使用装备，而且造价较高。为了达到既能保护驾驶员和乘员的安全，又能降低消耗费用之目的，一些中高档轿车（如丰田，凌志LS400型，沃尔沃850，S70等型号的轿车）装备了带有座椅安全带收紧器的安全气囊系统。

目前，在发达国家由于普通的安全气囊不能根据乘客乘坐状态、实际车速和碰撞烈度来调整气囊开启的速度和强度，所以造成了一些因为气囊开启强度过大而导致的不必要的人员（尤其是儿童）伤亡事件，使各大厂商开发出了一些新型智能安全气囊系统。

智能型安全气囊大多是采用了红外线或超声波传感器、磁性感应器、逻辑电路或逻辑处理器来对安全气囊系统进行控制。

例如，2001年款的美洲豹XK系列跑车上安装了一种新型超声波乘客传感系统。该系统有4个超声波感应器，被分别安装在车门支柱和车顶托架内，用以确定前座是否有乘客，以及乘客头部和上躯干相对于安全气囊的位置。

该系统不仅可以利用超声波检测前排乘客位置，还可以结合其他传感器监测乘客的体重、驾驶员相对于转向盘的位置、安全带使用与否、汽车发生碰撞的严重程度等。该系统的控制电脑利用人造神经网络技术不断地监测和分析收集来的数据及前排人员位置信息，评价轿车碰撞事件并进行决策，以控制安全气囊的展开与否。

当系统监测出乘客离安全气囊的展开区太近时，仪表板上的灯光就会发出警告，这时乘员安全气囊不会发生效力。一旦乘客离开仪表台足够远时，则灯光熄灭，乘员安全气囊重新恢复效力。

当乘客座椅空着的时候，或者当乘客戴有安全带而轿车发生较轻碰撞时，乘员安全气囊不会展开。

此外，该安全气囊有3种展开模式：不展开、一级展开和二级展开。

第五章

二手车鉴定评估准备工作

二手车鉴定评估准备工作是指进行二手车价值评估前的一系列工作，主要包括接受委托、核查证件、核查税费、车辆拍照等工作。

第一节 接受委托

一、业务洽谈

业务洽谈方式有面谈和电话洽谈两种方式。与客户洽谈的主要内容有：车主基本情况、车辆情况、委托评估的意向，以及时间要求等。通过业务洽谈，应该初步了解下述情况：

（1）车主单位（或个人）名称、隶属关系、所在地等。车主即机动车所有人，指拥有车辆所有权的单位或个人。了解洽谈的客人是否是车主，是车主的即有车辆处置权，否则无车辆处置权。

（2）评估目的。评估目的是评估所服务的经济行为的具体类型。根据评估目的，选择计算标准和评估方法。一般来说，委托二手车交易市场评估的大多数业务属于交易类业务。车主要求鉴定评估的目的大都是作为买卖双方成交的参考底价。

（3）评估对象及其基本情况：①二手车类别。是汽车，还是拖拉机，或是摩托车？②机动车名称、型号、生产厂家和出厂日期。③机动车管理机关初次注册登记的日期和行驶里程。④新车来历。是市场上购买，还是走私罚没处理或是捐赠免税车？⑤车籍。车辆牌证发放地。⑥使用性质。是公务用车、商用车，还是专业运输车或是出租营运车？⑦手续是否齐全，是否年检并投了保险？

在洽谈中，将上述基本情况摸清楚以后，就应该做出是否接受委托的决定。如果不能接受委托，则应该说明原因。客户对交易若有不清楚的地方，应该接受其咨询，耐心地为其解答和指导；如果接受委托，就要签订二手车鉴定评估委托书。

二、签订二手车鉴定评估委托书

二手车鉴定评估委托书是受托方与委托方对各自权利、责任和义务的协定，是一项经济合同性质的契约。二手车鉴定评估委托书应写明的内容有：

（1）委托方和二手车交易中心（市场）的名称、住所、工商登记注册号、上级单位、二手车鉴定评估人员资格类型及证件编号。

（2）鉴定评估目的、车辆类型和数量。

（3）委托方须做好的基础工作和配合工作。

（4）鉴定评估工作的起止时间。

（5）鉴定评估收费金额及付款方式。

（6）反映协议双方各自的责任、权利、义务以及违约责任的其他内容。

二手车鉴定评估委托书必须符合国家法律、法规和资产评估业的管理规定。涉及国有资产占有单位要求申请立项的二手车鉴定评估业务，应由委托方提供国有资产管理部门关于评估立项申请的批复文件，经核实后，方能接受委托，签署委托书。二手车鉴定评估委托书的格式式样参见表5-1。

表5-1 二手车鉴定评估委托书

委托书编号：
（评估公司名称）：
因□交易□转籍□拍卖□置换□抵押□担保□咨询□司法裁决需要，特委托你所对车辆（牌照号： 车架号： 发动机号： ）进行鉴定并出具鉴定评估报告书。
附：委托评估车辆基本信息

车　　主		车主电话	
车主证件号		经办人	
地　　址		联系电话	

续表

车辆情况	车辆型号		所有权性质	
	载重量/座位/排量		燃料种类	
	初次登记日期		车辆颜色	
	已使用年限		累计行驶里程	
	发动机大修次数		整车大修次数	
	维修情况：			
	事故情况：			
价值反映	购车日期		原始价格	
	车主报价			
	评估报价			
备注：				

说明：

1. 若被评估车辆使用用途曾为营运车辆，需在备注栏内予以说明。
2. 委托方必须对车辆信息的真实性负责，不得隐瞒任何情节；凡由此引起的法律责任及赔偿责任，均由委托方负责。
3. 鉴定评估结论仅对本次委托有效，不作他用。
4. 本委托书一式三份。

委托方：（签字盖章）　　　　　　　　受委托方：（签字盖章）

鉴定评估方案是二手车鉴定评估人员进行该项二手车鉴定评估的规划和安排。其主要内容包括：评估目的，评估对象和范围，评估基准日，协助评估人员工作的其他人员安排，现场工作计划、评估程序、评估具体工作和时间安排，拟采用的评估方法及其具体步骤等。确定鉴定评估方案后，下达二手车鉴定评估作业表，进行鉴定评估工作。二手车鉴定评估作业表的式样参见表5-2。

表 5-2　二手车鉴定评估作业表

车主		所有权性质		联系电话	
住址				经办人	
原始情况	厂牌型号		号牌号码	车辆类型	
	发动机号			车身颜色	
	车辆识别代码/车架号			燃料种类	
	载重量/座位/排量			使用用途	
	初次登记日期			车辆出厂日期	年　月
	已使用年限			累计行驶里程	
检核交易证件	证件				
	税费				
结构特点					
现时技术状况					
维护保养情况			现时状态		
车辆评估价格（元）			（大写）		
鉴定评估目的：					
鉴定评估说明：					
注册二手车鉴定评估师（签名） 年　月　日			复核人（签名） 年　月　日		

第二节　核查证件

一、证件类型

根据《二手车流通管理办法》规定，二手车交易必须提供机动车来历凭证、机动车行驶证、机动车号牌、道路运输证、机动车安全技术检验合格标志等法定证件。

1. 机动车来历凭证

机动车来历凭证主要包括以下几个方面：

（1）在国内购买机动车的来历凭证，是全国统一的机动车销售发票（图

5－1）或者二手车交易发票（图5－2）；在国外购买的机动车，其来历凭证是该车销售单位开具的销售发票及其翻译文本。

机动车销售统一发票

发票联

发票代码
发票号码

开票日期

机打代码 机打号码 机器编号		税控码			
购货单位（人）		身份证号/组织机构代码			
车辆类型		厂牌型号		产地	
合格证书		进口证明书号		商检单号	
发动机号码		车辆识别代号/车架号码			
价税合计					
销货单位名称		电话			
纳税人识别号		账号			
地址		开户银行			
增值税税率或征收率		增值税税额		主管税务机关及代码	
不含税价		吨位		限乘人数	

第一联　发票联（购货单位付款凭证）

（手开无效）

销售单位盖章　　开票人　　备注：一车一票

图5－1　机动车销售统一发票

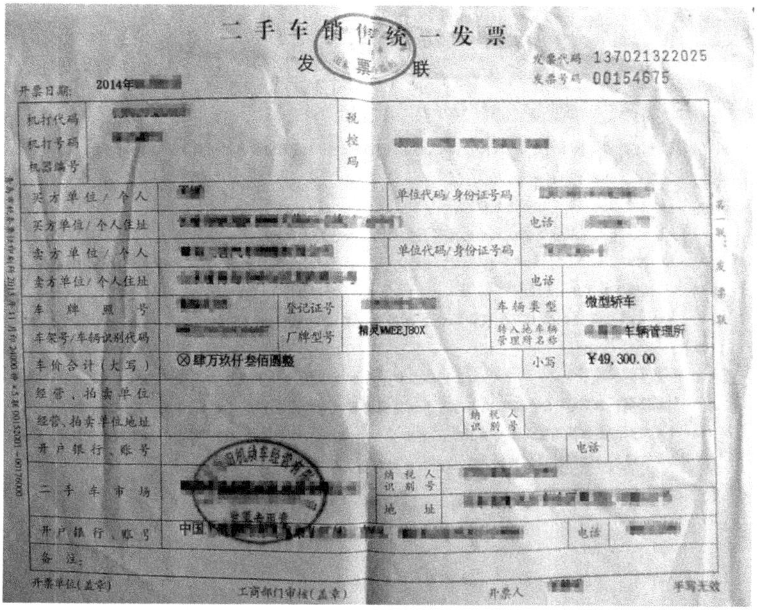

图5－2　二手车销售统一发票

(2) 人民法院调解、裁定或者判决转移的机动车,其来历凭证是人民法院出具的已经生效的《调解书》《裁定书》或者《判决书》以及相应的《协助执行通知书》。

(3) 仲裁机构裁决转移的机动车,其来历凭证是《仲裁裁决书》和人民法院出具的《协助执行通知书》。

(4) 继承、赠予、中奖和协议抵偿债务的机动车,其来历凭证是继承、赠予、中奖和协议抵偿债务的相关文书和公证机关出具的《公证书》。

(5) 资产重组或者资产整体买卖中包含的机动车,其来历凭证是资产主管部门的批准文件。

(6) 国家机关统一采购并调拨到下属单位未注册登记的机动车,其来历凭证是全国统一的机动车销售发票和该部门出具的调拨证明。

(7) 国家机关已注册登记并调拨到下属单位的机动车,其来历凭证是该部门出具的调拨证明。

(8) 经公安机关破案发还的被盗抢且已向原机动车所有人理赔完毕的机动车,其来历凭证是保险公司出具的《权益转让证明书》。

(9) 更换发动机、车身、车架的来历凭证,是销售单位开具的发票或者修理单位开具的发票。

2. 机动车行驶证

机动车行驶证是由公安车辆管理机关依法对车辆进行注册登记核发的证件,是机动车取得合法行驶权的凭证。《中华人民共和国道路交通管理条例》第十七条规定,机动车行驶证是车辆上路行驶必需的证件。《中华人民共和国机动车登记管理办法》规定,机动车行驶证是二手车过户、转籍必不可少的证件。机动车行驶证样式如图5-3所示。

图5-3 机动车行驶证

第五章 二手车鉴定评估准备工作

3. 机动车登记证书

根据2008年中华人民共和国公安部颁布的《机动车登记规定》(2012年修订)，在我国境内道路上行驶的机动车，应当按规定经机动车登记机构办理登记，核发机动车号牌、机动车行驶证和《机动车登记证书》(如图5-4所示)。

图5-4 机动车登记证书

机动车所有人申请办理机动车各项登记业务时均应出具《机动车登记证书》；当登记信息发生变动时，机动车所有人应当及时到车辆管理所办理相关手续；当机动车所有权转移时，原机动车所有人应当将《机动车登记证书》随车交给现机动车所有人。目前，《机动车登记证书》还可以作为有效资产证明，到银行办理抵押贷款。

《机动车登记证书》同时也是机动车的"户口本"，所有机动车的详细信息及机动车所有人的资料都记载在上面。证书上所记载的原始信息发生变化时，机动车所有人应携《机动车登记证书》到车管所做变更登记。这样，"户口本"上就有机动车从"生"到"死"的一套完整记录。

《机动车登记证书》是二手车鉴定评估人员必须认真查验的手续。与机动车行驶证相比，《机动车登记证书》中的内容更详细。一些评估参数必须从《机动车登记证书》获取，如使用性质的确定等。

4. 机动车号牌

机动车号牌是由公安车辆管理机关依法对机动车进行注册登记核发的号牌。它和机动车行驶证一同核发，其号码与行驶证应该一致。它是机动车取得合法行驶权的标志。《中华人民共和国道路交通管理条例》第十七条规定，机动车号牌不得转借、涂改、伪造。

机动车号牌有两种类型,即"九二"式和"二零零二"式号牌。"二零零二"式号牌仅在北京等几个城市应用,且数量少,已不核发。目前广泛采用的是"九二"式号牌。

(1)"九二"式号牌。

"九二"式号牌(如图5-5所示)是按中华人民共和国公共安全行业标准《中华人民共和国机动车号牌》GA36—92标准制作的。

图5-5 "九二"式号牌

以上号牌,除临时行驶车的号牌为纸质,其余均为铝质反光。号牌上的字的尺寸大小也都有明确的规定,可查阅GA36—92标准附件。

(2)"二零零二"式号牌。

"二零零二"式号牌,即个性号牌(见图5-6)。与"九二"式机动车号牌相比,"二零零二"式机动车号牌有这样几个特点:①号牌编号字符数由5位升至6位,使用阿拉伯数字和英文字母编排,号码容量扩大到3 600万个;②群众自主编排号牌编号,车管所现场制作核发;③在号牌上增设了机动车的技术参数信息,有利于防止机动车号牌的挪用、涂改等违规行为;④提高了机动车号

图5-6 "二零零二"式号牌

牌的制作防伪技术,便于路面值勤人员识别号牌真伪;⑤"二零零二"式机动车号牌从申请、选号到制作、路面管理,全部实行计算机数字化管理,基本实现了与国际通行做法的接轨。

"二零零二"式号牌由于过于个性化,某些情趣超出了社会能够普遍接受的规范程度,所以"二零零二"式号牌在北京、天津、杭州和深圳4个城市试点发放不久,就停止了发放。

不过公安部2008年发布修订后的《机动车登记规定》,自2008年10月1日起施行。届时机动车所有人可通过电脑自动选取或按机动车号牌标准规定自行编排的方式获取机动车号牌号码。这意味着车主们又可以按照自己的意愿申请"个性化"自编牌号。

(3)号牌的位置。

根据《中华人民共和国道路交通安全法实施条例》的规定,机动车号牌应当悬挂在车前、车后指定位置,保持清晰、完整。重型、中型载货汽车及其

挂车、拖拉机及其挂车的车身或者车厢后部应当喷涂放大的牌号，字样应当端正并保持清晰。

5. 道路运输证

道路运输证是县级以上人民政府交通主管部门设置的道路运输管理机构，对从事旅客运输（包括城市出租客运）和货物运输的单位和个人核发的随车携带的证件。营运车辆转籍过户时，应到道路运输管理机构及相关部门办理营运过户有关手续。例样如图5-7所示。

6. 机动车安全技术检验合格标志

机动车必须进行安全技术检验，检验合格后，公安机关发放合格标志。根据《中华人民共和国道路交通安全法实施管理条例》的规定，应将机动车检验合格标志（如图5-8所示）贴在机动车前窗右上角。若无合格标志或无效，则不能交易。

图5-7　道路运输经营许可证

图5-8　机动车检验合格标志

机动车安全技术检验由机动车安全技术检验机构实施。机动车安全技术检验机构应当按照国家机动车安全技术检验标准对机动车进行检验，对检验结果承担法律责任。

机动车应当从注册登记之日起，按照下列期限进行安全技术检验：

（1）营运载客汽车5年以内每年检验1次；超过5年的，每6个月检验1次。

（2）载货汽车和大型、中型非营运载客汽车10年以内每年检验1次；超过10年的，每6个月检验1次。

（3）小型、微型非营运载客汽车6年以内每2年检验1次；超过6年的，每年检验1次；超过15年的，每6个月检验1次。

（4）摩托车4年以内每2年检验1次；超过4年的，每年检验1次。

（5）拖拉机和其他机动车每年检验1次。

营运机动车在规定检验期限内经安全技术检验合格的，不再重复进行安全技术检验。

二、证件的识伪

1. 机动车号牌的识伪

非法者常以非法加工等手段伪造机动车号牌。《机动车号牌生产管理办法》（公安部令第13号）规定，机动车号牌实行准产管理制度，凡生产号牌的企业，必须申请号牌准产证，经省级公安交通主管部门综合评审，对符合条件的企业发给《机动车号牌准产证》。其号牌质量必须达到GA36—92标准。号牌上加有防伪合格标记。因此，机动车号牌的识伪方法如下：一是看号牌的识伪标记；二是看号牌底漆颜色深浅；三是看白底色或白字体是否涂以反光材料；四是查看号牌是否按规格冲压边框，字体是否模糊等。

号牌在安装方面设有固封装置，并规定该装置将由发牌机关统一负责装、换，任何单位和个人都无权拆卸，并作为车辆检验的一项内容。对于号牌的固封有被破坏痕迹的车辆，二手车鉴定评估人员要引起必要的重视，查明原因，确认号牌真伪。

2. 机动车行驶证的识伪

《中华人民共和国机动车行驶证证件》（GA37—92）规定，为了防止伪造，行驶证塑封套上有用紫光灯可识别的不规则的与行驶证卡片上图形相同的暗记，并且行驶证上要求粘贴车辆彩色照片，因此机动车行驶证识伪办法如下：一是查看识伪标记；二是查看车辆彩照与实物是否相符；三是将行驶证纸质、印刷质量、字体、字号与车辆管理机关核发的行驶证进行比对，对有怀疑的行驶证可去发证的公安车辆管理机关核实。

最常见的是伪造行驶证副页上的检验合格章。车辆没有按规定时间到车辆管理机关办理检验手续，却私刻公章，私自加盖检验合格章。现在许多地方采用电脑打印"检验合格至××年×月"并加盖检验合格章的办法来增加防伪能力。车辆管理机关规定，超过两年未检验的车辆按报废处理。二手车鉴定评估人员要对副页上的检验合格章，即行驶证的有效期特别重视。

第三节　核查税费

一、税费类型

根据《二手车流通管理办法》的规定，二手车交易必须提供车辆购置税完税证明、车船使用税缴付凭证、车辆保险单等税费凭证证明。

第五章 二手车鉴定评估准备工作

(一) 车辆购置税完税证明

车辆购置税是由车辆购置附加费演变而来的。国务院于1985年4月2日发文，决定对所有购置车辆的单位和个人，包括国家机关和单位一律征收车辆购置附加费。其目的是切实解决发展公路运输事业与国家财力紧张的突出矛盾，将车辆购置附加费作为我国公路建设的一项长期稳定的资金来源。车辆购置附加费征收工作由交通部门负责。

中华人民共和国国务院令（第294号）《中华人民共和国车辆购置税暂行条例》规定，从2001年1月1日起，我国将开征车辆购置税，取代车辆购置附加费。2011年12月19日《国家税务总局关于修改〈车辆购置税征收管理办法〉的决定》又对车辆购置税做出了详细的规定。

车辆购置附加费改成车辆购置税，由国家税务局征收，资金的使用由交通部门按照国家有关规定统一安排使用。车辆购置税的征收标准是，按车辆计税价的10%计征。在取消消费税后，它是购买车辆后最大的一项费用。车辆购置税发票如图5-9所示。

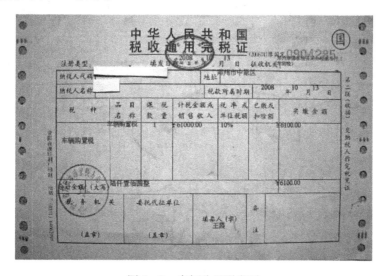

图5-9 车辆购置税发票

按照国家规定，车辆购置税的征收和免征范围如下：

1. 车辆购置税的征收范围

车辆购置税的具体征收范围依照《中华人民共和国车辆购置税暂行条例》所附车辆购置税征收范围表执行（表5-3）。

表 5-3　车辆购置税征收范围表

应税车辆	具体范围	注　　释
汽车	各类汽车	
摩托车	轻便摩托车	最高设计时速不大于 50km/h，发动机气缸总排量不大于 50cm³ 的 2 个或 3 个车轮的机动车
	两轮摩托车	最高设计车速大于 50km/h，或者发动机气缸总排量大于 50cm³ 的 2 个车轮的机动车
	三轮摩托车	最高设计车速大于 50km/h，或者发动机气缸总排量大于 50cm³，空车重量不大于 400kg 的 3 个车轮的机动车
电车	无轨电车	以电能为动力，由专用输电电缆线供电的轮式公共车辆
	有轨电车	以电能为动力，在轨道上行驶的公共车辆
挂车	全挂车	无动力设备，独立承载，由牵引车辆牵引行驶的车辆
	半挂车	无动力设备，与牵引车辆共同承载，由牵引车辆牵引行驶的车辆
农用运输车	三轮农用运输车	柴油发动机，功率不大于 7.4kW，载重量不大于 500kg，最高车速不大于 40km/h 的 3 个车轮的机动车
	四轮农用运输车	柴油发动机，功率不大于 28kW，载重量不大于 1 500kg，最高车速不大于 50km/h 的 4 个车轮的机动车

2. 车辆购置税的免税、减税规定

（1）外国驻华使馆、领事馆和国际组织驻华机构及其外交人员自用的车辆免税。

（2）中国人民解放军和中国人民武装警察部队列入军队武器装备订货计划的车辆免税。

（3）设有固定装置的非运输车辆免税。

（4）有国务院规定予以免税或者减税的其他情形的，按照规定免税或者减税。

（5）对于挖掘机、平地机、叉车、装载车（铲车）、起重机（吊车）、推土机等 6 种车辆免税。

（二）车船使用费

2006 年 12 月 27 日由国务院通过的《中华人民共和国车船税暂行条例》规定，凡在我国境内拥有并使用车船的单位和个人，为车船使用税的纳税义务人（不包括外商投资企业、外国企业和外国人）。车船拥有人与使用人不一致时，仍由拥有人负责缴纳税款。

（三）机动车保险费

机动车保险是各种机动车在使用过程中发生肇事车辆造成车辆本身以及第三者人身伤亡和财产损失后的一种经济补偿制度。机动车保险费是为了防止机动车发生意外事故，避免用户发生较大损失而向保险公司所交付的费用。

机动车保险险种有两大类：交强险与商业车险。

二、税费凭证的识伪

车辆购置附加费单位价值大。曾经有一段时间，有些单位和个人千方百计逃避附加费的征收，造成漏征现象；有些地方少数不法分子伪造、倒卖车辆购置附加费凭证。对那些漏征或来历不明的车辆，对欠缴、漏缴养路费的车辆，他们在交易市场中以伪造凭证蒙骗坑害用户，从中获取暴利。车辆购置附加费凭证真伪的识别方法是：一是采用对比法进行鉴定；二是前往征收机关查验。

第四节 车辆拍照

车辆拍照是评估工作人员根据车牌号或评估登记号，使用数码照相机或摄像头拍摄待评估车辆照片，并存入系统。

一、拍摄距离

拍摄距离是指拍摄立足点与被拍二手车的远近。拍摄距离远，则拍摄范围大，所拍的二手车影像小。一般要求全车影像尽量充满整个像面。

二、拍摄角度

拍摄角度是指拍摄立足点与被拍二手车的方位关系，一般分为上下关系与左右关系。

1. 上下关系

拍摄角度的上下关系可分为俯拍、平拍与仰拍3种。

俯拍是指在比被拍摄物高的位置向下拍摄。平拍是指拍摄点在物体的中间位置，平置镜头进行拍摄。此种拍摄效果就是人用眼平视的效果。仰拍是指将相机放置在较低部位，镜头由下向上拍摄。这种拍摄效果易发生变形。

2. 左右关系

拍摄角度的左右关系一般根据拍摄者确定的拍摄方位，分为正面拍摄和侧面拍摄两种。正面拍摄是指面对被拍摄的物体或部位的正面进行拍摄。侧面拍摄是相对于正面拍摄而言的。

对于二手车拍照应采用平拍且与车左前侧呈45°方向拍摄。

三、光照方向

光照方向是指光线与相机拍摄方向的关系，一般分为正面光、侧面光和逆光3种。对于二手车拍照应尽量采用正面光拍摄，以使二手车的轮廓分明、牌照号码清晰、车身颜色真实。

四、对二手车拍照的要求

在对二手车拍照时，对二手车的具体要求如下：
（1）车身要擦洗干净。
（2）前挡风玻璃及仪表盘上无杂物。
（3）机动车号牌无遮挡。
（4）关闭各车门。
（5）方向盘回正，前轮处于直线行驶状态。

标准的二手车照片如图5-10所示。

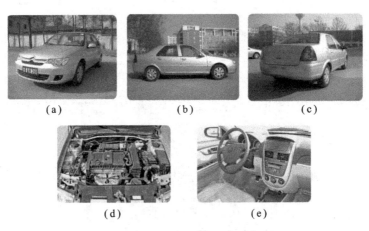

图5-10　二手车拍照
(a) 二手车标准照；(b) 二手车侧面照；(c) 二手车局部照；
(d) 发动机舱照；(e) 驾驶室照

第六章

二手车技术状况的鉴定

二手车技术状况的鉴定是二手车鉴定评估工作的基础与关键。其鉴定方法主要有静态检查、动态检查和仪器检查3种。

静态检查和动态检查是依据评估人员的技能和经验对被评估车辆进行直观、定性判断。仪器检查是对评估车辆的各项技术性能及各总成部件技术状况进行定量、客观的评价。

第一节 静态检查

一、静态检查所需的工具和用品

http://www.bitpress.com.cn/video/
2014071501c.php

（1）一个笔记本和一支钢笔或铅笔，用来记录看到、听到和闻到的异常情况，以及需要让机械师进一步检测和考虑的事情。

（2）一个手电筒，用来照亮发动机舱和汽车下面又暗又脏的地方。

（3）一些棉丝头或纸巾，用于擦手或用于擦干净将要检查的零件。

（4）一块大的旧毛毯或帆布，用于仰面检查汽车下面是否有漏油、磨损或损坏的零件等。

（5）一个卷尺或小金属直尺，用于测量车辆和车轮罩之间的距离。

（6）一截300~400mm的清洁橡胶管或塑料管，可以当作"听诊器"，用来倾听发动机或其他不可见地方是否有不正常的噪声。

（7）一盒盒式录音带和一个光盘，用来测试磁带收放机和 CD 唱机。

（8）一个小型工具箱，里面应该装有成套套筒棘轮扳手，一个火花塞筒扳手，各种旋具，一把尖嘴钳子和一个轮胎撬棒。

（9）一个小磁铁，用于检查塑料车身腻子的车身镶板。

（10）一块万用表，用来进行辅助电气测试。

二、静态检查的主要内容

二手车静态检查是指在静态情况下，根据评估人员的经验和技能，辅之以简单的量具，对二手车的技术状况进行静态直观检查。

静态检查的目的是快速、全面地了解二手车的大概技术状况。通过全面检查，发现一些较大的缺陷，如严重碰撞，车身或车架锈蚀或有结构性损坏，发动机或传动系严重磨损，车厢内部设施不良，损坏维修费用较大等，为价值评估提供依据。

图 6-1 所示是二手车静态检查的主要内容。

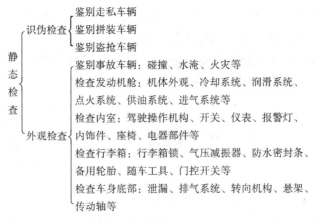

图 6-1　二手车静态检查的主要内容

（一）鉴别走私和拼装车辆

走私车辆是指没有通过国家正常进口渠道进口的，未完税的进口车辆。

拼装车辆是指一些不法厂商和不法商人为了牟取暴利，非法组织生产、拼装，无产品合格证的假冒、低劣汽车。

对走私车辆、拼装车辆的鉴别方法：

（1）运用公安车管部门的车辆档案资料，查找车辆来源信息，确定车辆的合法及来源情况。这是一种最直接有效的判别方法。

(2) 查验二手车的汽车产品合格证和维护保养手册。对进口车必须查验进口产品检验证明书和商验标志。

(3) 检查二手车外观——是否重新做油漆，线条是否流畅，是否焊接，缝隙是否整齐均衡。

(4) 查看二手车内饰——内饰材料、内饰压条与车顶装饰材料。

(5) 检查发动机和其他零部件，查看电线管路布置，核对发动机号码和车辆识别代码（车架号码）字体和部位。

（二）鉴别盗抢车辆

盗抢车辆一般是指公安车管部门已登记上牌的，在使用期内丢失的或被不法分子盗窃的，并在公安部门已报案的车辆。这些车辆很可能会流入二手车交易。这类车辆的鉴别方法一般有：

(1) 根据公安车辆管理部门的档案资料，及时掌握车辆状态情况，防止盗抢车辆进入市场交易。这些车辆从车辆主人报案起到寻找到为止这段时期内，公安车管部门将这部分车辆档案材料锁定，不允许进行车辆过户、转籍等一切交易活动。

(2) 根据盗窃一般手段，主要检查汽车门锁是否过于新，锁芯有无被更换过的痕迹，门窗玻璃是否为原配正品，窗框四周的防水胶是否有插入玻璃升降器开门的痕迹，转向盘锁或点火开关是否有被破坏或调换的痕迹。

(3) 不法分子急于对有些盗抢车辆销赃，会对车辆、有关证件进行篡改和伪造，使被盗赃车面目全非。检查重点是核对发动机号码和车辆识别代码，钢印周围是否变形或有褶皱现象，钢印正、反面是否有焊接的痕迹。

(4) 查看车辆外观是否全身重新做过油漆，或者改变原车辆颜色。

(5) 打开发动机盖查看线或管布置是否有条理，发动机和其他零部件是否正常（有无杂音），空调是否制冷（有无暖风），发动机及其他相关部件有无漏油现象。

(6) 内装饰材料是否平整，表面是否干净。尤其是要特别仔细检查压条边沿部分，经过再装配过的车辆内装饰压条边沿部分会有明显手指印或其他工具碾压过后留下的痕迹。车顶装饰材料或多或少要留下弄脏过的印迹。

（三）鉴别事故车辆

机动车发生事故无疑会极大地损害车辆的技术性能，但由于车辆在交易以前往往会进行整修、修复，因此正确判别车辆是否发生过事故对于准确判断车辆技术状况，合理评定车辆交易价格，具有重要意义。

参照图6-2所示车体部位,按照表6-1要求检查车辆外观,判别车辆是否发生过碰撞和火烧,确定车体结构是否完好无损或者有无事故痕迹。

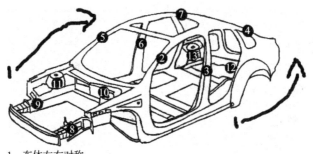

1—车体左右对称
2—左A柱
3—左B柱
4—左C柱
5—右A柱
6—右B柱
7—右C柱
8—左纵梁
9—右纵梁
10—左减振器悬挂部位
11—右减振器悬挂部位
12—左后减振器悬挂部位
13—右后减振器悬挂部位

图6-2 《二手车鉴定评估规范》车体关键部位图

使用漆面厚度检测设备配合对车体结构部件进行检测。使用车辆结构尺寸检测工具或设备检测车体左右对称性。

根据表6-1和表6-2对车体状态进行缺陷描述,即车身部位+状态。例:4SH,即左C柱有烧焊痕迹。

表6-1 车体部位代码表

序号	检查项目	序号	检查项目
1	车体左右对称性	8	左前纵梁
2	左A柱	9	右前纵梁
3	左B柱	10	左前减振器悬挂部位
4	左C柱	11	右前减振器悬挂部位
5	右A柱	12	左后减振器悬挂部位
6	右B柱	13	右后减振器悬挂部位
7	右C柱		

表6-2 车辆缺陷状态描述对应表

代表字母	BX	NQ	GH	SH	ZZ
缺陷描述	变形	扭曲	更换	烧焊	褶皱

第六章　二手车技术状况的鉴定

当表6-1中任何一个检查项目存在表6-2中对应的缺陷时，则该车为事故车。

对事故车的车辆技术鉴定和价值评估，参考第七章内容。

（四）鉴定车辆技术状况

（1）按照车身、发动机舱、驾驶舱、启动、路试、底盘等项目顺序检查车辆技术状况。

（2）根据检查结果确定车辆技术状况的分值。总分值为各个鉴定项目分值累加，即鉴定总分 = $\sum$ 项目分值。满分为100分。

（3）根据鉴定分值，按照表6-3确定车辆对应的技术等级。

表6-3　车辆技术状况等级分值对应表

技术状况等级	分值区间
一级	鉴定总分≥90
二级	60≤鉴定总分<90
三级	20≤鉴定总分<60
四级	鉴定总分<20
五级	事故车

（五）正常车辆技术状况鉴定相关要求

1. 车身

（1）参照图6-3标示，按照表6-4和表6-5检查26个项目。程度为1的扣0.5分，每增加1个程度加扣0.5分。共计20分，扣完为止。轮胎部分需高于程度4的标准，不符合标准扣1分。

（2）使用车辆外观缺陷测量工具与漆面厚度检测仪器结合目测法对车身外观进行检测。

（3）根据表6-4和表6-5描述缺陷。车身外观项目的转义描述为：
车身部位+状态+程度。

例："21XS2"对应描述为：左后车门有锈蚀，面积为大于100mm×100mm，小于或等于200mm×300mm。

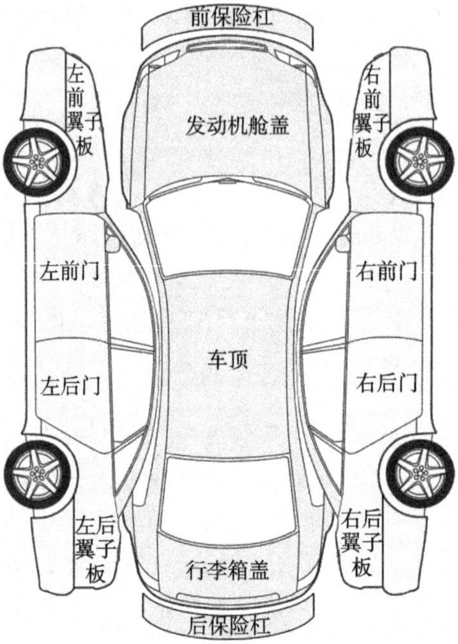

图 6-3 车身检查项目示意图

表 6-4 车身外观部位代码对应表

代码	部位	代码	部位
14	发动机舱盖表面	27	后保险杠
15	左前翼子板	28	左前轮
16	左后翼子板	29	左后轮
17	右前翼子板	30	右前轮
18	右后翼子板	31	右后轮
19	左前车门	32	前大灯
20	右前车门	33	后尾灯
21	左后车门	34	前挡风玻璃
22	右后车门	35	后挡风玻璃
23	行李箱盖	36	四门风窗玻璃
24	行李箱内侧	37	左后视镜
25	车顶	38	右后视镜
26	前保险杠	39	轮胎

第六章 二手车技术状况的鉴定

表6-5 车身外观状态描述对应表

代码	HH	BX	XS	LW	AX	XF
描述	划痕	变形	锈蚀	裂纹	凹陷	修复痕迹

程度：1——面积小于或等于100mm×100mm。
2——面积大于100mm×100mm并小于或等于200mm×300mm。
3——面积大于200mm×300mm。
4——轮胎花纹深度小于1.6mm。

2. 发动机舱

按表6-6检查10个项目。各项选择A均不扣分；第40项选择B或C扣1.5分；第41项选择B或C扣5分；第44项选择B扣2分，选择C扣4分；其余各项选择B扣1.5分，选择C扣3分。共计20分，扣完为止。

如检查第40项时发现机油有冷却液混入，检查第41项时发现缸盖外有机油渗漏，则应在《二手车鉴定评估报告》或二手车技术状况表的技术状况缺陷描述中分别予以注明，并提示修复前不宜使用。

表6-6 发动机舱检查项目作业表

序号	检查项目	A	B	C
40	机油有无冷却液混入	无	轻微	严重
41	缸盖外是否有机油渗漏	无	轻微	严重
42	前翼子板内缘、水箱框架、横拉梁有无凹凸或修复痕迹	无	轻微	严重
43	散热器格栅有无破损	无	轻微	严重
44	蓄电池电极桩柱有无腐蚀	无	轻微	严重
45	蓄电池电解液有无渗漏、缺少	无	轻微	严重
46	发动机皮带有无老化	无	轻微	严重
47	油管、水管有无老化、裂痕	无	轻微	严重
48	线束有无老化、破损	无	轻微	严重
49	其他	只描述缺陷，不扣分		

3. 驾驶舱

按表6-7检查15个项目。各项选择A均不扣分；第50项选择C扣1.5分；第51和52项选择C扣0.5分；其余项目选择C扣1分。共计10分，扣完为止。

如检查第 60 项时发现安全带结构不完整或者功能不正常，则应在《二手车鉴定评估报告》或《二手车技术状况鉴定书》的技术状况缺陷描述中予以注明，并提示修复或更换前不宜使用。

表 6-7　驾驶舱检查项目作业表

序号	检查项目	A	C
50	车内是否无水泡痕迹	是	否
51	车内后视镜、座椅是否完整、无破损、功能正常	是	否
52	车内是否整洁、无异味	是	否
53	方向盘自由行程转角是否小于 15°	是	否
54	车顶及周边内饰是否无破损、松动及裂缝和污迹	是	否
55	仪表台是否无划痕，配件是否无缺失	是	否
56	排挡把手柄及护罩是否完好、无破损	是	否
57	储物盒是否无裂痕，配件是否无缺失	是	否
58	天窗是否移动灵活、关闭正常	是	否
59	门窗密封条是否良好、无老化	是	否
60	安全带结构是否完整、功能是否正常	是	否
61	驻车制动系统是否灵活有效	是	否
62	玻璃窗升降器、门窗工作是否正常	是	否
63	左、右后视镜折叠装置工作是否正常	是	否
64	其他	只描述缺陷，不扣分	

4. 底盘

按表 6-8 检查 8 个项目。各项选择 A 均不扣分；第 85 和 86 项，选择 C 扣 4 分；第 87 和 88 项，选择 C 扣 3 分；第 89~91 项，选择 C 扣 2 分。共计 15 分，扣完为止。

第六章 二手车技术状况的鉴定

表6-8 底盘检查项目作业表

序号	检查项目	A	C
85	发动机油底壳是否无渗漏	是	否
86	变速箱体是否无渗漏	是	否
87	转向节臂球销是否无松动	是	否
88	三角臂球销是否无松动	是	否
89	传动轴十字轴是否无松框	是	否
90	减振器是否无渗漏	是	否
91	减振弹簧是否无损坏	是	否
92	其他	只描述缺陷，不扣分	

5. 功能性零部件

对表6-9所示部件功能进行检查。结构、功能坏损的，直接进行缺陷描述，不计分。

表6-9 车辆功能性零部件项目表

序号	类别	零部件名称	序号	类别	零部件名称
93	车身外部件	发动机舱盖锁止	105	随车附件	备胎
94		发动机舱盖液压撑杆	106		千斤顶
95		后门/后备厢液压支撑杆	107		轮胎扳手及随车工具
96		各车门锁止	108		三角警示牌
97		前后雨刮器	109		灭火器
98		立柱密封胶条	110	其他	全套钥匙
99		排气管及消音器	111		遥控器及功能
100		车轮轮毂	112		喇叭高低音色
101	驾驶舱内部件	车内后视镜	113		玻璃加热功能
102		座椅调节及加热			
103		仪表板出风管道			
104		中央集控			

6. 拍摄车辆照片

（1）外观图片。分别从车辆左前部与右后部45°角拍摄外观图片各1张。拍摄外观破损部位带标尺的正面图片1张。

(2) 驾驶舱图片。分别拍摄仪表台操纵杆、前排座椅和后排座椅正面图片各 1 张。拍摄破损部位带标尺的正面图片 1 张。

(3) 拍摄发动机舱图片 1 张。

（六）车辆静态检查方法详解

1. 检查车辆的周正情况

检查车身是否发生过碰撞，可站在车的前部观察车身各部的周正、对称状况，特别注意观察车身各接缝，如出现不直、缝隙大小不一、线条弯曲、装饰条有脱落或新旧不一，说明该车可能出过事故或被修理过。

如果发现车门、发动机罩、行李箱盖等配合不好，汽车可能曾遭受过碰撞，以至于这些板面对准很困难。换句话说，车架可能已经弯曲。

方法一：

从汽车的前面走出 5m 或 6m，蹲下，沿着轮胎和汽车的外表面向下看汽车的两侧。在两侧，前、后车轮应该排成一线。然后，走到汽车后面进行同样观察，前轮和后轮应该仍然成一条直线。如果不是这样，则车架或整体车身弯了（见图 6-4）。

即使左侧前、后轮和右侧前、后轮互相成一条直线，但一侧车轮比另一侧车轮更突出车身，则表明汽车曾碰撞过。

图 6-4　检测汽车两侧的前、后轮是否在同一直线上

方法二：

蹲在前车轮附近，检查车轮后面的空间，即车轮后面与车轮罩后缘之间的距离，并用金属直尺测量这段距离。再转到另一前轮，测量车轮后面和车轮罩后缘之间的距离。该距离应该和另一前轮大致相同。在后轮测量同一间隙。如果发现左前轮或左后轮和它们的轮罩之间距离与右前或右后轮的相应距离大大不同，则车架或整体车身弯了（见图 6-5）。

图 6-5　检测汽车两侧的前、后轮后面与轮罩后缘间的距离是否相同

2. 检查油漆脱落情况

（1）查看排气管、镶条、窗户四周和轮胎等处是否有多余油漆。如果有，说明该车已做过油漆或被翻新。

（2）用一块磁铁在车身周围移动，如遇到突然减少磁力的地方，说明该局部补了灰，做了油漆。

（3）当用手敲击车身时，如敲击声发脆，说明车身没有补灰做漆；如敲击声沉闷，则说明车身曾补过灰，做过漆。

（4）如果发现了新漆的迹象，查找车身制造不良或金属抛光的痕迹。沿车身看，并查找是否有像波状或非线性翼子板或后顶盖侧板那样的不规则板材。

3. 检查底盘线束及其连接情况

在正常情况下，未发生事故的车辆，其连接部件应配合良好，车身没有多余焊缝，线束、仪表部件等应安装整齐，新旧程度接近。因此，在检查车辆底盘时，应认真观察：

（1）车底是否漏水、漏油、漏气，锈蚀程度与车体上部检查的结果是否相符，是否有焊接痕迹。

（2）车辆转向节臂、转向横直拉杆及球头销处有无裂纹和损伤，球头销是否松旷，连接是否牢固可靠。

（3）车辆车架是否有弯、扭、裂、断、锈蚀等损伤，螺栓、铆钉是否齐全、紧固，车辆前后是否有变形、裂纹。

（4）固定在车身上的线束是否整齐，新旧程度是否一致。

通过以上几个步骤的检查基本可以确定所鉴定的二手车是否为事故车。

4. 检查发动机舱清洁情况

打开发动机罩，观察发动机表面是否清洁，是否有油污，是否锈蚀，是否有零部件损坏或遗失，导线、电缆、真空管是否松动。

如果发动机上堆满灰尘，说明该车的日常维护不够；如果发动机表面特别干净，也可能是车主在此前对发动机进行了特别的清洗，不能由此断定车辆状况一定很好。

对于车主而言，为了使汽车能更快售出，且卖个好价钱，所以有的车主将发动机舱进行了专业蒸汽清洁，但这并不意味着车主想隐瞒什么。

5. 检查发动机铭牌和排放信息标牌

（1）检查发动机铭牌。查看发动机上有无发动机铭牌，如果有，检查上面是否有发动机型号、出厂编号、主要性能指标等。这可以判别发动机是不是正品。

（2）查看排放信息标牌。排放信息标牌应该在发动机罩下的适当位置或在风扇罩上。这对以后的发动机诊断或调整是有帮助的。

6. 检查发动机冷却系统

（1）检查冷却液。

1）冷却液应清洁，且冷却液面在"满"标记附近。

2）冷却液颜色应该是浅绿色的，并有点甜味。

3）如果冷却液看上去更像水，则可能某处有泄漏情况。

4）冷却液的味道闻起来不应该有汽油或机油味。如果有，则发动机气缸垫可能已烧坏。

5）如果冷却液中有悬浮的残渣或储液罐底部有发黑的物质，说明发动机可能严重受损。

（2）检查冷却风扇。

检查冷却风扇叶片是否变形或损坏，若变形或损坏，其排风量则相应减少，会影响发动机冷却效果，使发动机温度升高。

（3）检查散热器。

1）仔细全面地检查散热器水室和散热器芯子，查看是不是有褪色或潮湿区域。

2）特别查看水室底部，如果全湿了，设法查找出冷却液泄漏处。

3）当发动机充分冷却后，拆下散热器盖，观察散热器盖上的腐蚀和橡胶密封垫片的情况（见图6-6）

图6-6 散热器盖的腐蚀情况

4）如果水垢严重，说明发动机机体内亦有水垢，发动机会经常出现"开锅"现象，即发动机温度过高。

（4）检查水管。

用手挤压散热器和暖风器软管，看是否有裂纹或发脆现象。仔细检查软管上卡紧的两端部是否有鼓起部分和裂口，是否有锈蚀迹象（特别是连接水泵、恒温器壳或进气歧管的软管处）。

冷却系统软管损坏的几种情形如图6-7所示。

第六章　二手车技术状况的鉴定

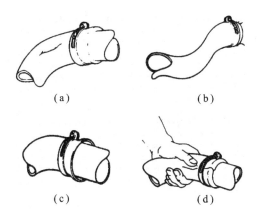

图 6-7　冷却系统软管损坏的几种情况
(a) 擦破或烧蚀；(b) 变形；(c) 密封连接处失效；(d) 局部隆起

(5) 检查散热器风扇传动带。

使用手电筒，仔细检查传动带的外部，查看是否有裂纹或传动带层片脱落。应该检查传动带与带轮接触的工作区是否磨亮。如果磨亮，则说明传动带已经打滑。传动带磨损、抛光或打滑可能引起尖啸声，甚至产生过热现象（见图 6-8 和图 6-9）。

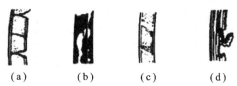

图 6-8　风扇传动带常见的不良现象
(a) 有小裂纹；(b) 有润滑油；(c) 工作面光滑；(d) 底面损坏

图 6-9　检查风扇传动带的内侧

7. 检查发动机润滑系统

(1) 检查机油。

第一步：找出机油口盖。

1）直列四缸、五缸或六缸发动机的机油口盖在气门室盖上。

2）纵向安装的 V6 或 V8 发动机的机油口盖在其中一个气门室盖上。

3）横向安装的发动机的机油口盖一定在前面的气门室盖上。

4）一些老式的机油口盖上有一根通向空气滤清器壳体的曲轴箱强制通风过滤器软管。

5）新式车机油口盖上没有软管，但有清晰的标记。

6）在拧开机油口盖之前，一定要保证开口周围区域干净，以防止灰尘进入而污染发动机。

第二步：打开机油口盖。

正常情况：拧下机油口盖，将它反过来观察，可以看到机油的牌号。在底部可以看到旧油，甚至脏油痕迹。

不正常情况：机油口盖底面有一层具有黏稠度的浅棕色巧克力乳状物，还可能是油与油污混合的小液滴。这种情况表明冷却液通过损坏的衬垫或者气缸盖、气缸体裂纹进入机油中。

后果：被冷却液污染的机油在短时间内会对发动机零部件造成许多危害。这种修理通常花费很高；如果情况很严重或者对此不引起注意，可能造成发动机的全面大修。

第三步：检查机油质量。

如果在用的机油中间黑点里有较多的硬沥青质及炭粒等，则表明机油滤清器的滤清作用不良，但并不说明机油已变质；如果黑点较大，且机油是黑褐色，均匀无颗粒，黑点与周围的黄色油迹界限清晰，有明显的分界线，则说明其中洁净分散剂已经失效，表明机油已经变质（检查方法见图 6-10 和图 6-11）。

图 6-10　将机油滴在白纸上检查机油质量

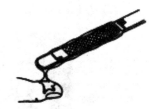

图 6-11　将机油滴在手指上检查机油质量

机油变质的原因：机油使用时间过长或发动机气缸磨损严重。

特别需要注意的是：不能用发动机机油来认定保养程度。

第四步：检查机油气味。

拔下机油尺，闻闻机油尺上的机油有无异味（图 6-12），以判断是新机油，还是旧机油。如有汽油味，则说明机油中混入了汽油，汽车已经或正在混合气过浓的情况下运行。发动机在此条件下长时间运转，会使其远在寿命期到达之前就已经磨损，因为未稀释的燃油会冲刷掉气缸壁上的机油膜。取出量油尺，并仔细检查。如果机油尺上有水珠，说明机油中混入水分。做近距离的检查，查看是否有污垢或金属粒。若有污垢或金属粒，则说明应该更换机油。检查量油尺自身的颜色。如果发动机曾严重过热，则量油尺会变色。

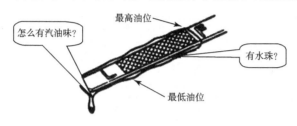

图 6-12 检查机油气味

第五步：检查机油液位。

启动发动机之前或停机 30min 以后，打开发动机舱盖，抽出机油尺，将机油尺用抹布擦干净油迹后，插入机油尺导孔，再拔出查看（图 6-13）。油位在上、下刻线之间，即合适。若机油液位过低，则观察汽车底下的地面，看是否有机油泄漏的现象。

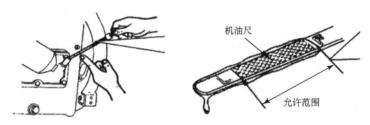

图 6-13 检查机油液位

（2）检查机油滤清器。

用棘轮扳手拆下机油滤清器，观察机油滤清器有无裂纹，密封圈是否完好。

（3）检查 PCV 阀。

PCV 阀用于控制发动机曲轴箱通风，如其工作不良，对发动机润滑有严重影响。从气门室盖拔出 PCV 阀，并晃动，它应发出"咔嗒"声。若 PCV 阀充满油污并不能自由地发出"咔塔"声，则说明发动机机油和滤清器没有经常更换，此时需要更换新的 PCV 阀。

(4) 检查下列部位是否有机油泄漏。

1) 气门室盖。

2) 气缸垫。

3) 油底壳垫。

4) 曲轴前、后油封。

5) 油底壳放油螺塞。

6) 机油滤清器。

7) 机油散热器的机油管。

8) 机油散热器。

9) 机油压力感应塞。

8. 检查点火系统

点火系统工作性能的好坏直接影响发动机的动力性和经济性。对点火系统的检查主要是检查蓄电池、点火线圈、高压线、分电器、火花塞等零件的外观。

(1) 检查蓄电池。

1) 检查标牌，看蓄电池是不是原装的。

2) 如果蓄电池的有效寿命快接近极限，则需要考虑更换蓄电池所需成本。

3) 检查蓄电池的表面情况。

4) 检查蓄电池压紧装置和蓄电池安装本身。

(2) 检查高压线。

查看点火线圈与分电器之间的高压线，以及分电器与火花塞之间的高压线。高压线应该清洁，布线整齐，无切割口，无擦伤部位，无裂纹或无排气烧焦处，否则会造成高压线漏电，需要更换高压线。注意：高压线更换需成套更换，费用较高。

(3) 检查分电器。

对于带分电器的点火系统，应仔细检查分电器的工作情况，检查分电器盖有无裂纹、碳痕、破损等现象。这些现象均会使分电器漏电，造成点火能量不足，引起发动机动力性能下降。若存在这些现象，则应更换分电器。

(4) 检查火花塞。

用火花塞套筒扳手任意拆下一个火花塞，检查火花塞的使用情况。火花塞位于发动机缸体内，可直接反映发动机的燃烧情况。

1) 若火花塞电极呈现灰白色，而且没有积炭，则表明火花塞工作正常，燃烧良好。

2) 若火花塞严重积炭，电极严重烧蚀，绝缘体破裂、漏气，侧电极开裂，则均会使点火性能下降，造成发动机动力不足，需要更换火花塞。

3）更换火花塞时需成组更换，费用较高。

(5) 检查点火线圈。

观察点火线圈外壳有无破裂。若点火线圈外壳破裂，则点火线圈容易受潮而使点火性能下降，影响发动机的动力性。

9. 检查发动机的供油系统

(1) 检查燃油泄漏。

1）查找进气歧管上是否有残留的燃油污迹并仔细观察通向化油器或燃油喷射装置的燃油管和软管。

2）对化油器式发动机，查看燃油泵本身在接头周围或垫片处是否有泄漏的迹象。

3）对于所有车型，注意发动机罩下的燃油气味或在行驶中注意燃油气味。有燃油味通常暗示着有燃油泄漏。

(2) 检查汽油管路。

发动机供油系统有进油管路和回油管路。检查油管是否老化。

(3) 检查燃油滤清器。

燃油滤清器一般在汽车行驶 50 000km 左右更换。如果所鉴定车辆接近该里程数且燃油滤清器看起来和底盘的其他部件一样脏，则可能是燃油滤清器还没有更换过。

10. 检查发动机进气系统

发动机进气系统性能的好坏，对发动机工作性能有很大影响，尤其是混合气浓度的控制，因此应仔细检查发动机进气系统。

(1) 检查进气软管（波纹管）。

1）检查进气软管是否老化变形，是否变硬，是否有损坏或烧坏处。若有这些现象，则表明需要更换进气软管。

2）如果进气软管比较光亮，可能喷过防护剂喷射液，应仔细检查，以防必须更换的零部件没有被检查出来。

(2) 检查真空软管。

1）首先用手挤压真空软管情况。这些软管应该富有弹性，而不是又硬又脆。

2）若塑料 T 型管接头破碎或裂开，则需要更换。

3）如果一根软管变硬或开裂，那么应该考虑是否需更换全部软管。

4）查看软管是否是原来出厂时那样的整齐排列，是否有软管从零件上明显被拔出、堵住或夹断。

(3) 检查空气滤清器。

空气滤清器用于清除空气中的灰尘等杂物。若空气滤清器滤芯过脏,则会降低发动机进气量,影响发动机的动力。所以,应拆开空气滤清器,检查空气滤芯(图6-14),观察其清洁情况。若空气滤清器脏污,说明此车可能经常行驶在灰尘较多的地方,保养差,车况较差。

图6-14 检查空气滤芯

(4) 检查节气门拉线。

检查节气门拉线是否阻滞,是否有毛刺等现象。

11. 检查机体附件

(1) 检查发动机支脚。

检查发动机支脚减振垫是否有裂纹。如有损坏,则发动机振动大,使用寿命会急剧下降。更换发动机支脚的费用较高。

(2) 检查正时带。

拆下正时罩,使用手电筒仔细检查齿形带内、外两侧有无裂纹、缺齿、磨损等现象。若有,则表明此车行驶了相当多的里程。对于 V 型发动机而言,更换同步齿形带的费用非常高。

(3) 检查发动机各种带传动附件的支架和调节装置是否松动,螺栓是否有丢失或裂纹等现象。

12. 检查发动机舱内其他部件

(1) 检查制动主缸及制动液。

1) 检查制动主缸是否发生锈蚀或变色。

2) 当在一张白纸上滴一些制动液后,如果看到颜色深,说明油液使用时间已长久或已被污染,应该进行更换。

3) 检查制动液中是否存在污垢、杂质或小水滴,以及是否有正确的液面。

(2) 检查离合器液压操纵机构。

应该检查油液是否和制动主缸中的油液相同。

(3) 检查继电器盒。

(4) 检查发动机线束。

1) 是否有擦破或裸露现象。

2) 是否露在保护层外。

3) 是否被固定在导线夹中。

4) 是否用非标准的胶带包裹。

5）是否有旁通原有线束的外加导线。

13. 检查驾驶操纵机构

（1）检查转向盘。

将汽车处于直线行驶的位置，左右转动转向盘，最大游动间隙由中间位置向左或向右应不超过15°。如果游动间隙超过标准，说明转向系统的各部间隙过大，转向系需要保养维修。

两手握住转向盘，将转向盘向上下、前后、左右方向摇动推拉，应无松旷的感觉。如果有松旷的感觉，说明转向机内轴承松旷，需要调整。

（2）检查加速踏板。

观察加速踏板是否磨损过度发亮。若磨损严重，说明此车行驶里程已很长。踩下加速踏板，试试踏板有无弹性（见图6-15）。若踩下很轻松，说明节气门拉线松弛，需要检修。若踩下加速踏板较费劲，说明节气门拉线有阻滞、破损，可能需要更换。

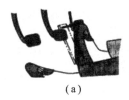 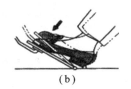

(a) (b)

图6-15 检查踏板有无弹性

（3）检查制动踏板。

检查制动踏板的踏板胶皮是否磨损过度，通常制动踏板胶皮寿命是3万km左右。如果换了新的，则说明此车已经行驶了3万km以上。

用手轻压制动踏板，自由行程应在10~20mm范围内（见图6-16）。若不在此范围内，则应调整制动踏板自由行程；踩下制动踏板全程时，检查制动踏板与地板之间是否有一定的距离。踩下液压制动系统的制动踏板时，踏板反应要适当，过软说明制动系统有故障。空气制动系统气路中的工作气压必须符合规定。

(a) (b)

图6-16 检查制动踏板运动行程

(4) 检查离合器踏板。

检查离合器踏板的踏板胶皮是否磨损过度。如果已更换了新的踏板胶皮,则说明此车已行驶了3万km以上。轻轻踩下或用手推下离合器踏板,试一试踏板有没有自由行程(见图6-17)。离合器踏板的自由行程一般在30~45mm。如果没有自由行程或自由行程小,则会引起离合器打滑。如果踩下离合器踏板几乎接触到底板时才能分离离合器,则说明离合器踏板自由行程过大,可能是由于离合器摩擦片或分离轴承磨损严重,需要检修离合器及其操纵机构。

图6-17 检查离合器踏板自由行程

(5) 检查驻车制动操纵杆。

放松驻车制动,再拉紧驻车制动,检查驻车制动操纵杆是否灵活、有效(见图6-18),锁上机构是否正常。

大多数驻车制动拉杆被拉起时,应在发出5~6次咔嗒声后使后轮制动。多次咔嗒声后不能拉起制动杆,可能是因为太紧的缘故。用驻车制动拉杆实施后轮制动时也应发出5~6次咔嗒声。如果用驻车制动拉杆施加制动时,发出更多或更少咔嗒声,说明需要检修驻车制动器。

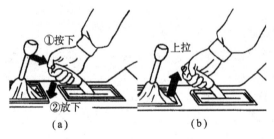

图6-18 检查驻车制动操纵杆

(6) 检查变速器操纵杆。

用手握住变速器操纵杆球头,根据挡位图,逐一将变速器换至各个挡位,检查变速器换挡操纵机构是否灵活。

观察变速器操纵机构防护罩是否破损。若有破损,就有可能有异物(如硬币)掉入了换挡操纵机构内,引起换挡阻滞,所以必须更换。

14. 检查开关、仪表等设备

(1) 检查下列开关。

点火开关、转向灯开关、车灯总开关、变光开关、刮水器开关、电喇叭开关等。

（2）检查下列仪表。

气压表、车速里程表、燃油表、机油压力表（或机油压力指示器）、水温表、电流表等。

（3）检查下列指示灯或警报灯。

制动警报灯、机油压力警报灯、充电指示灯、远光指示灯、转向指示灯、燃油残量指示灯、驻车制动指示灯、发动机故障灯、自动变速器故障灯、电控悬架故障灯，以及 ABS 故障灯、SRS 故障灯等。

电控系统的故障灯一般在仪表盘上。其检查方法是：打开点火开关，观察这些故障灯是否亮 3s 后，自动熄灭。若在 3s 内自动熄灭，则表明此电子控制系统自检通过，系统正常；若在 3s 内没有熄灭，或根本就不点亮，说明此电子控制系统没有通过自检，系统有故障。电控系统的故障较复杂，对汽车的价格影响很大。若有故障，应借助专用诊断仪来检查故障原因，以判断此系统的故障位置，确定其维修价格。

（4）检查座椅。

1）检查座椅罩是否有撕破、裂开或有油迹等情况。

2）检查座椅前后是否灵活，能否固定。

3）检查座椅高、低能否调节。

4）检查座椅后倾调节角度。

5）确保所有座椅安全带数量是否正确、在合适位置并工作可靠。

6）当坐在座椅上，若感到座椅弹簧松弛、弹力不足，说明行车繁重，已行驶了很长里程。

15. 检查地毯和地板

检查是否有霉味，是否有水危害或修饰污染的痕迹。地板垫或地毯底下是否有水。

进水六大孔：制动器和离合器踏板连杆孔、加速踏板拉锁孔、换挡拉锁孔、散热器芯软管孔、空调蒸发器管孔和连接发动机舱与仪表板下线路的大线束孔。

如果发现地板上有被水浸泡的迹象，则汽车的价格要大打折扣。

16. 检查杂物箱和托架

检查内饰最后的重要事项是仔细看看杂物箱和托架（如果装备的话）。

17. 检查电器设备

（1）检查刮水器和前窗玻璃洗涤器。

（2）检查电动车窗。　　　　　（3）检查电动外后视镜。

（4）检查电动门锁。　　　　（5）检查点烟器（见图6-19）。
（6）检查收音机和音响。　　（7）检查电动天线。
（8）检查电动天窗。　　　　（9）检查活顶。
（10）检查除雾器。　　　　　（11）检查防盗报警器。
（12）检查空调鼓风机。　　　（13）检查电动座椅。

图6-19　试用点烟器

18. 检查行李箱

（1）检查行李箱锁。

行李箱的锁只能用钥匙才能打开，观察行李箱锁有无损坏。

（2）检查气压减振器。

一般行李箱采用气体助力支柱，要检查气压减振器能否支撑起行李箱盖的重量。失效虚弱的气压减振器可能使行李箱盖自动倒下。这是很麻烦，甚至危险的。

（3）检查行李箱开关拉索或电动开关。

有些汽车在乘客舱内部有行李箱开启拉索或电动开关。确保其能够工作，并能不费劲地打开行李箱或箱盖。

（4）检查防水密封条。

行李箱防水密封条对行李箱内部贮物和地板车身的防护十分重要，所以应仔细检查防水密封条有无划痕、损坏和脱落。

（5）检查内部的油漆与外部油漆是否一致。

在打开行李箱后，对内部进行近距离全面观察，检查油漆是否相配，即行李箱区漆成的颜色是否与外部的颜色相同，行李箱盖底部的颜色是否与外部的颜色相同。

（6）检查行李箱地板。

拉起行李箱中的橡胶地板垫或地毯，观察地板是否有铁锈、修理和焊接痕迹，或行李箱密封条泄漏引起的发霉的迹象。

(7) 查备用轮胎。

如果是一辆行驶里程较短的汽车,那么其备用轮胎应该是新标记,与原车上的标记相同,而不是花纹几乎被磨光的轮胎(见图6-20)。

(8) 检查下列随车工具是否齐全。

出厂原装的千斤顶、千斤顶手柄和轮毂盖/带耳螺母拆卸工具。

(9) 检查门控灯。

行李箱上有一门控灯。当行李箱盖打开时,门控灯应点亮;否则,门控灯或门控灯开关已损坏。

图6-20 检查备用胎花纹

(10) 检查行李箱盖的对中性和闭合质量。

轻轻按下行李箱盖,不用很大力气就应能关上行李箱盖。对于一些高档轿车,行李箱盖是自动闭合的,不能用大力关行李箱盖。

行李箱盖被关闭后,行李箱盖与车身其他部分的缝隙应全部均匀,不能有明显的偏斜现象。

19. 车底部分检查泄漏

(1) 检查冷却液泄漏。

冷却液泄漏通常从上部最容易看见,但是如果暖风器芯或软管泄漏,液滴可能只出现在汽车下侧,所以应在离合器壳或发动机舱壁周围区域寻找那些冷却液污迹。

注意:不要把水滴和冷却液泄漏相混淆。

(2) 检查机油泄漏。

检查油底壳和油底壳放油螺栓区域是否有泄漏的迹象。

(3) 检查动力转向油泄漏。

动力转向油泄漏造成的污迹通常集中在动力转向泵或转向器(或齿条齿轮)本体附近。

(4) 检查变速器油泄漏。

1) 在冷却管路连接到散热器底部的地方查看是否有变速器液泄漏。沿着冷却管路本身和变速器油盘和变速器后油封周围的区域查看。

2) 返回变速器的金属冷却管应成对布置,有几个金属夹子沿着管路将它们固定。管路不应该悬下来。

3) 检查是否有人在某些地方不切断金属管而用螺丝夹安装橡胶软管作为修理。

4) 只有几种具有足够强度和足够耐油耐热的橡胶软管才可以用来连接变

速器。

（5）检查制动液泄漏。

诊断前、后制动器是否有制动油液的痕迹。查找制动钳、鼓式制动器后板和轮胎上是否有污迹。从汽车的前部到后部，循着制动钢管，寻找管路中是否有扭结或凹陷或是否有泄漏的痕迹。

（6）检查排气泄漏。

排气泄漏通常呈白、浅灰或者黑色条纹。它们可能来自排气管、催化转化器或消声器上的针孔、裂缝或孔洞。特别注意查看消声器和转化器接缝，以及两个管或排气零件的接合处。有排气垫的地方，就有排气泄漏的可能性。

20. 检查排气系统

观察排气系统上所有吊架。检查它们是否都在原来位置并且是否像原来部件。检查排放系统零件看上去是否标准，排气尾管是否曾更换。要确保它们远离制动管。

21. 检查前、后悬架

（1）检查减振弹簧。

对于钢板弹簧，应检查车辆钢板弹簧是否有裂纹、断片和碎片现象，两侧钢板弹簧的厚度、长度、片数、弧度、新旧程度是否相同，钢板弹簧 U 形螺栓和中心螺栓是否松动，钢板弹簧销与衬套的配合是否松旷。

对于螺旋弹簧，应检查有无裂纹、折断或疲劳失效等现象。检查螺旋弹簧上、下支座有无变形损坏。

（2）检查减振器。

观察 4 个减振器是否有漏油现象。如果有漏油，说明减振器已失效，需要更换。更换减振器时需要全部更换，而不是只更换一个，所以成本较高。

观察前、后减振器的生产厂家是否一致。检查减振器上下连接处有无松动、磨损等现象。

（3）检查稳定杆。

稳定杆主要用于前轮，有时也用于后轮，两端固定于悬架控制臂上。其功用是保持汽车转弯时车身平衡，防止汽车侧倾。

检查稳定杆有无裂纹，与车身连接处的橡胶衬有无损坏，与左、右悬架控制臂的连接处有无松旷现象。

22. 检查转向机构

汽车转向机构性能的好坏对汽车行驶稳定性有很大影响，因此应仔细检查转向系统，尤其是转向传动机构。检查转向系统时除了检查转向盘自由行程之外，还应仔细检查以下项目：

（1）检查转向盘与转向轴的连接部位是否松旷，转向器垂臂轴与垂臂连接部位是否松旷，纵、横拉杆球头连接部位是否松旷，纵、横拉杆臂与转向节的连接部位是否松旷，以及转向节与主销之间是否松旷。

（2）检查转向节与主销之间是否配合过紧或缺润滑油，纵、横拉杆球头连接部位是否调整过紧或缺润滑油，以及转向器是否无润滑油或缺润滑油。

（3）检查转向轴是否弯曲，其套管是否凹瘪。

（4）对于动力转向系统，还应该检查动力转向泵驱动带是否松动，转向油泵安装螺栓是否松动，以及动力转向系统油管及管接头处是否存在损伤或松动等。

23. 检查传动轴

对于后轮驱动的汽车，检查传动轴、中间轴及万向节等处有无裂纹和松动，传动轴是否弯曲，传动轴轴管是否凹陷，万向节轴承是否因磨损而松旷，以及万向节凸缘盘连接螺栓是否松动等（见图6-21）。

对于前轮驱动的汽车，要密切注意等速万向节上的橡胶套。绝大多数汽车在汽车的每一侧（左驱动桥和右驱动桥）都具有内、外万向节，而每一个万向节都是由橡胶套罩住的。它里面填满润滑脂，橡胶套保护万向节避免污物、锈蚀和潮气。更换万向节很费钱。用手弯曲或挤压橡胶套，查找是否有裂纹或擦伤（见图6-22）。如果发现等速万向节橡胶套里面已经没有润滑脂且有划痕，则说明由于污物和潮气的侵蚀而需要立即更换该万向节。

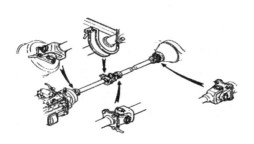

图6-21 传动轴需检查的主要部分

图6-22 用手弯曲、挤压等速万向节球笼的橡胶防尘套

24. 检查车轮

（1）检查车轮轮毂轴承是否松旷。

（2）检查轮胎磨损情况（见图6-23）。

（3）检查轮胎花纹磨损深度。

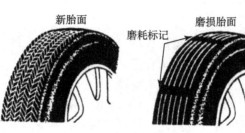

图 6-23 轮胎的磨损标记

第二节 动态检查

http://www.bitpress.com.cn/video/2014071502c.php

机动车的动态检查是指车辆路试检查。路试的主要目的在于一定条件下，通过机动车各种工况，如发动机启动、怠速、起步、加速、匀速、滑行、强制减速、紧急制动，从低速挡到高速挡，从高速挡到低速挡的行驶，检查汽车的操纵性能、制动性能、滑行性能、加速性能、噪声和废气排放情况，以鉴定二手车的技术状况（见图 6-24）。

汽车的动态检查
- 路试前的准备工作
- 发动机工作检查
  - 启动性能
  - 怠速运转情况
  - 动力性能
  - 气缸密封性能
  - 废气排放性能
  - 发动机异响
- 路试检查
  - 起步性能
  - 换挡性能
  - 加速性能
  - 滑行性能
  - 操纵稳定性能
  - 舒适性能
  - 制动性能
  - 噪声
- 自动变速器路试检查
  - 升挡检查
  - 升挡车速检查
  - 升挡发动机速度检查
  - 换挡质量检查
  - 锁止功能检查
  - 发动机制动功能检查
  - 强制降挡功能检查
- 路试后的检查

图 6-24 汽车的动态检查范围

一、路试前的准备

1. 检查机油油位

检查之前应将车停放在平坦的场地上。将启动开关钥匙拧到关闭位置,把驻车制动杆放到制动位置,并把变速杆放到空挡位置。

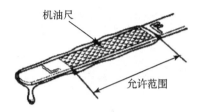

图 6-25 机油油位的检查

油位在上下刻线之间,即合适(见图 6-25)。如果超出上刻线,应放出机油;如果低于下刻线,则可从加油口处添加。待 10min 后,再次检查油位。

2. 检查冷却液液位

对于没有膨胀水箱的冷却系统,可以打开散热器盖进行检视,要求液面不低于排气孔 10mm。如果使用防冻液,则要求液面高度低于排气孔 50~70mm(这是为了防止防冻液因温度增高而溢出)。

对于装有膨胀水箱的冷却系统,应检查膨胀水箱的冷却液量是否在规定刻线(H~L)之间(见图 6-26)。

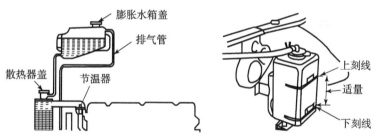

图 6-26 冷却液液位的检查

3. 检查制动液液位

制动液的液面位置应在贮液罐的上限(H)与下限(F)刻线之间或标定位置处(见图 6-27)。当液位低于标定刻线或下限位置时,应把新的制动液补充到标定刻线或上限位置。

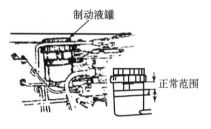

图 6-27 制动液液位的检查

在添加或更换制动液时,要严格执行厂方有关规定,否则制动液的效能将会改变,制动件会被损坏。如发现制动液量显著减少,则应注意查找渗漏部位,及时修复,防止制动失灵。

4. 检查离合器液压油液位

检查离合器液压油液位高度的方法与检查制动液的方法相同。

5. 检查动力转向液压油的油量

如果油平面高度低于油尺下限刻度，则需要添加同种的转向液压油，但不要超过上限刻度（F）。在添加之前应检查动力管路是否有渗漏现象。

6. 检查燃油箱的油量

打开点火开关，观察燃油表，了解油箱大致储油量（见图6-28）。也可打开油箱盖，观察或用清洁量尺测量，但要注意油箱盖的清洁，避免尘土、脏物等落入。

7. 检查冷却风扇传动带

检查冷却风扇传动带的紧度。用拇指以90~100N的力按压传动带中间部位时，挠度应为10~15mm，如图6-29所示。如果不符合要求，则按需要调节发动机支架固定螺栓的位置。

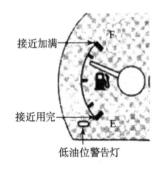

图6-28 燃油箱油量的检查

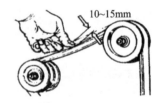

图6-29 冷却风扇皮带的检查

8. 检查制动踏板行程并确保制动灯工作

检查制动踏板是否有弹性。踩下制动踏板25~50mm，就应感到坚实而没有松软感，即使踩下0.5mm也是如此。如果踩踏制动踏板有松软感，可能是制动管路中有空气。这意味着制动系统中某处可能有泄漏。

另外，还要检查驻车制动是否工作，是否能将汽车稳固地保持住。

9. 检查轮胎气压

气压不足时，应进行充气；气压过高时，应放出部分气体（见图6-30）。

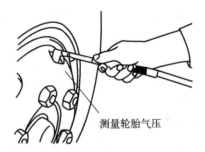

图6-30 轮胎气压的检查

二、发动机工作性能检查

1. 检查发动机启动性能

按表 6-10 检查 10 个项目。各项选择 A 均不扣分；第 65 和 66 项选择 C 扣 2 分；第 67 项选择 C 扣 1 分；第 68~71 项，选择 C 扣 0.5 分；第 72 和 73 项选择 C 扣 10 分。共计 20 分，扣完为止。

如检查第 66 项时发现仪表板指示灯显示异常或出现故障报警，则应查明原因，并在《二手车鉴定评估报告》或《二手车技术状况鉴定书》的技术状况缺陷描述中予以注明。

优先选用车辆故障信息读取设备对车辆技术状况进行检测。

表 6-10 启动检查项目作业表

序号	检查项目	A	C
65	车辆启动是否顺畅（时间少于 5s，或一次启动）	是	否
66	仪表板指示灯显示是否正常，无故障报警	是	否
67	各类灯光和调节功能是否正常	是	否
68	泊车辅助系统工作是否正常	是	否
69	制动防抱死系统（ABS）工作是否正常	是	否
70	空调系统风量、方向调节、分区控制、自动控制、制冷工作是否正常	是	否
71	发动机在冷、热车条件下怠速运转是否稳定	是	否
72	怠速运转时发动机是否无异响，空挡状态下逐渐增加发动机转速，发动机声音过渡是否无异响	是	否
73	车辆排气是否无异常	是	否
74	其他	只描述缺陷，不扣分	

影响发动机启动性的原因有很多，主要有油路、电路、气路和机械 4 个方面，如供油不畅，电动汽油泵无保压，点火系统漏电，蓄电池电极锈蚀，空气滤清器堵塞，气缸磨损致使气缸压力过低、气门关闭不严等。

2. 检查发动机怠速

发动机怠速时，若出现转速过高、过低，发动机抖动严重等现象，均表明发动机怠速不良。引起发动机怠速不良的原因多达几十种，如点火正时、气门间隙、进气系统、怠速阀、曲轴箱通风系统、废气再循环系统、活性碳罐系统、点火系统、供油系统、线束等方面出现问题均可能引起怠速不良。

3. 检查发动机异响

让发动机怠速运转，听发动机有无异响及响声大小。然后，用手拨动节气门，适当增加发动机转速，倾听发动机的异响是否加大，或是否有新的异响出现。

发动机发出的敲击声、咔嗒声、爆燃声、咯咯声、尖叫声等均是不正常的响声。如果从发动机底部传来低频隆隆声或爆燃声，则说明发动机已严重损坏，需要对发动机进行大修。

4. 检查发动机急加速性

待发动机运转正常，发动机温度达到80℃以上后，用手拨动节气门，从怠速到急加速，观察发动机的急加速性能，然后迅速松开节气门，注意发动机怠速是否熄火或工作不稳。通常急加速时，发动机发出强劲且有节奏的轰鸣声。

5. 检查发动机曲轴箱窜气量

若曲轴箱窜气量大于600L/min，则曲轴箱通风系统不能保证曲轴箱的气体完全被排出，通风系统可能结胶堵塞，曲轴箱气体压力将增大，曲轴箱前后油封可能漏油，表明此发动机已需要大修。

6. 检查排气颜色

正常的汽油发动机排出的气体是无色的，在严寒的冬季可见白色的水气；柴油发动机带负荷运转时，发动机排出气体一般是灰色的，而负荷加重时，排气颜色会深一些。

汽车排气常有3种不正常的烟雾：

（1）冒黑烟。黑烟意味着燃油系统输出的燃油太多。

（2）冒蓝烟。蓝烟意味着发动机烧机油，机油窜入燃烧室。

（3）冒白烟。白烟意味着发动机烧自身冷却系统中的冷却液（防冻液和水）。

（4）排放的气流不平稳（见图6-31）。

图6-31 用手检查排放的气流

三、汽车路试检查

按表6-11检查10个项目。各项选择

A 均不扣分,而选择 C 扣 2 分。共计 15 分,扣完为止。如果检查第 80 项时发现制动系统出现刹车距离长、跑偏等不正常现象,则应在《二手车鉴定评估报告》或二手车技术状况表的技术缺陷描述中予以注明,并提示修复前不宜使用。

表 6-11 路试检查项目作业表

序号	检查项目	A	C
75	发动机运转、加速是否正常	是	否
76	车辆启动前踩下制动踏板,保持 5~10s,踏板无向下移动的现象	是	否
77	踩住制动踏板,启动发动机,踏板是否向下移动	是	否
78	行车制动系最大制动效能在踏板全行程的 4/5 以内达到	是	否
79	行驶是否无跑偏	是	否
80	制动系统工作是否正常有效,制动不跑偏	是	否
81	变速箱工作是否正常、无异响	是	否
82	行驶过程中车辆底盘部位是否无异响	是	否
83	行驶过程中车辆转向部位是否无异响	是	否
84	其他	只描述缺陷,不扣分	

1. 检查离合器的工作状况

正常情况下,离合器应该是接合平稳,分离彻底,工作时无异响、抖动和不正常打滑等现象。

如果离合器发抖或有异响,说明离合器内部有零件损坏现象,应立即结束路试。

2. 检查变速器的工作状况

(1) 变速器换挡是否轻便灵活。

(2) 是否有异响。

(3) 互锁和自锁装置是否有效。

(4) 是否有乱挡或掉挡。

(5) 换挡时变速杆不得与其他部件互相干涉。

3. 检查汽车动力性

汽车起步后,加速行驶,猛踩加速踏板,检查汽车的加速性能。通常,急加速时，发动机发出强劲的轰鸣声，车速迅速提升。

有经验的汽车评估人员，能够了解各种常见车型的加速性能，通过路试能够检查出被检汽车的加速性能与正常的该型号汽车加速性能的差距。

4. 检查汽车制动性能

当踩下制动踏板时，若制动踏板或制动鼓发出冲击或尖叫声，则表明制动摩擦片可能磨损，路试结束后应检查制动摩擦片的厚度。

若踩下制动踏板有海绵感，则说明制动管路进入空气，或制动系统某处有泄漏，应立即停止路试。

5. 检查汽车行驶稳定性

（1）车速以 50km/h 左右中速直线行驶，双手松开转向盘，观察汽车行驶状况。

（2）车速以 90km/h 以上高速行驶，观察转向盘有无摆动现象，即所谓的"汽车摆头"。

（3）选择宽敞的路面，左右转动转向盘，检查转向是否灵活、轻便。

6. 检查汽车行驶平顺性

将汽车开到粗糙、有凸起路面行驶，或通过铁轨、公路有伸缩接缝处，感觉汽车的平顺性和乘坐舒适性。通常汽车排量越大，行驶越平顺，但燃油消耗也越多。

7. 检查汽车传动效率

在平坦的路面上，做汽车滑行试验。将汽车加速至 30km/h 左右，踩下离合器踏板，将变速器挂入空挡滑行，其滑行距离应不小于 220m。

将汽车加速至 40~60km/h 迅速抬起加速踏板，检查有无明显的金属撞击声。如果有，则说明传动系统间隙过大。

8. 检查风噪声

逐渐提高车速，使汽车高速行驶，倾听车外风噪声。风噪声过大，说明车门或车窗密封条变质损坏，或车门因变形而密封不严，尤其是整形后的事故车。

9. 检查驻车制动

选一坡路，将车停在坡中，拉上驻车制动，观察汽车是否停稳，有无滑溜现象。

四、路试后的检查

1. 检查各部件温度

（1）检查油、冷却液温度。

(2) 检查运动机件过热情况。

2. 检查"四漏"现象

(1) 在发动机运转及停车时散热器、水泵、气缸、缸盖、暖风装置及所有连接部位均无明显渗漏水现象。

(2) 机动车连续行驶距离不小于10km，停车5min后观察，不得有明显渗漏油现象。检查机油、变速器油、主减速器油、转向液压油、制动液、离合器油、液压悬架油等相关处有无泄漏。

(3) 检查汽车的进气、排气系统有无漏气现象。

(4) 检查发动机点火系统有无漏电现象。

第三节　仪器检查

当对车辆各项技术性能及各总成、部件的技术状况进行定量、客观的评价时，通常需借助一些专用仪器、设备进行。

一、汽车性能检测的主要指标及其检测设备

1. 整车性能

整车性能检测的主要指标及其检测设备如图6-32~图6-35所示。

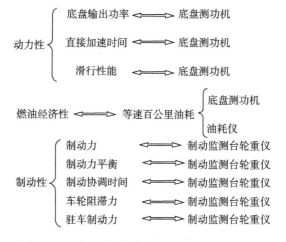

图6-32　汽车动力性能、燃油经济性能和制动性能检测的主要指标及其检测设备

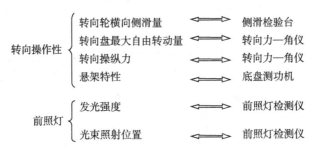

图 6-33 汽车转向操作性能和照明性能检测的
主要指标及其检测设备

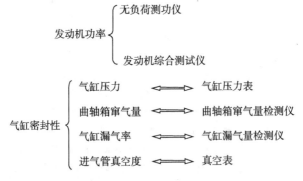

图 6-34 汽车排放性能、防雨密封性能、喇叭及仪表示值
误差等性能检测的主要指标及其检测的设备

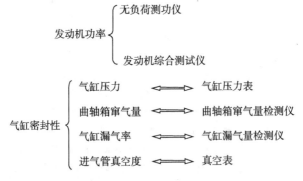

图 6-35 汽车发动机功率及气缸密封性能检测的
主要指标及其检测设备

2. 发动机部分

发动机相关性能检测的主要指标及其检测设备如图 6-36 所示。

启动系统：启动电流、蓄电池启动电压、启动转速 —— 发动机综合测试仪、汽车电器万能试验台

点火系统：点火波形、点火提前角 —— 发动机综合测试仪、专用示波器

燃油系统⟺燃油压力⟺燃油压力表

润滑系统：
- 机油压力⟺机油压力表
- 润滑油品质⟺机油品质检测仪

异响⟺发动机异响诊断仪

电子设备⟺微机故障诊断仪

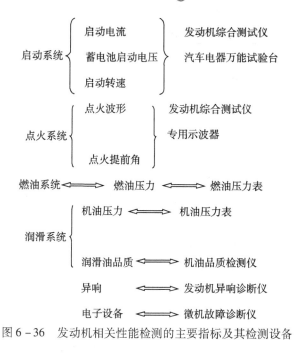

图 6－36　发动机相关性能检测的主要指标及其检测设备

3. 底盘部分

底盘部分的性能检测主要指标及其检测设备如图 6－37 所示。

底盘部分：
- 离合器打滑⟺离合器打滑测定仪
- 传动系统游动角度⟺游动角度检测仪

图 6－37　底盘部分的性能检测主要指标及其检测设备

4. 行驶系统

行驶系统的性能检测主要指标及其检测设备如图 6－38 所示。

行驶系统：
- 车轮定位⟺四轮定位仪
- 车轮不平衡⟺车轮平衡仪

图 6－38　行驶系统的性能检测主要指标及其检测设备

5. 空调系统

空调系统的性能检测主要指标及其检测设备如图 6－39 所示。

空调系统：
- 系统压力⟺空调压力表
- 空调密封性⟺卤素检漏灯

图 6－39　空调系统的性能检测主要指标及其检测设备

二、汽车主要性能检测标准

（一）车速表检测标准

车速表指示车速 V_1（单位：km/h）与实际车速 V_2（单位：km/h）之间应符合下列关系式：

$$0 \leqslant V_1 - V_2 \leqslant (V_2/10) + 4$$

将被测机动车的车轮驶上车速表检验台的滚筒上使之旋转。当该机动车车速表的指示值 V_1 为 40km/h 时，车速表检验台速度指示仪表的指示值 V_2 在 32.8～40km/h 范围内为合格。

当车速表检验台速度指示仪表的指示值 V_2 为 40km/h 时，读取该机动车车速表的指示值 V_1，V_1 的读数在 40～48km/h 范围内为合格。

（二）侧滑检测标准

GB 7258-2012《机动车运行安全技术条件》规定：汽车的车轮定位应符合该车有关技术条件。车轮定位值应在产品使用说明书中标明。对前轴采用非独立悬架的汽车，其转向轮的横向滑移量，用侧滑台检测时侧滑量值应在 ±5m/km 之间。规定侧滑量方向为外正内负。

（三）汽车制动性能检测标准

(1) 制动力要求：前轴制动力与前轴荷之比≥60%；制动力总和与整车质量之比，空载时不小于60%，满载时不小于50%；乘用车和总质量不大于 3 500kg 的货车后轴制动力与后轴荷之比≥20%。

(2) 制动平衡要求。

(3) 协调时间要求。

(4) 进行制动力检测时车辆各轮的阻滞力均不得大于该轴荷的5%。

(5) 驻车制动力总和应不小于该车在测试状态下整车质量的20%，对质量为整备质量1.2倍以下的车辆此值为15%。

(6) 汽车制动完全释放时间（从松开制动踏板到制动消除所需要的时间）不应大于 0.80s。

(7) 进行制动性能检测时的制动踏板力或制动气压应符合以下要求：

满载检验时：

1) 气压制动系统：气压表的指示气压≤额定工作气压。

2）液压制动系统：踏板力，对于乘用车不大于500N，对于其他机动车不大于700N。

空载检验时：

1）气压制动系统：气压表的指示气压≤600kPa。

2）液压制动系统：踏板力，对于乘用车不大于400N，对于其他机动车不大于450N。

（四）前照灯检测标准

1. 前照灯远光灯灯束发光强度检测标准（表6－12）

表6－12 前照灯远光灯灯束发光强度检测标准

机动车类型	检查项目			
	新注册车		在用车	
	两灯制	四灯制	两灯制	四灯制
最高设计时速小于70km/h的汽车	10 000	8 000	8 000	6 000
其他汽车	18 000	15 000	15 000	12 000

注：四灯制是指前照灯具有4个远光灯束。采用四灯制的机动车，其中两只对称的灯达到两灯制的要求时被视为合格

2. 前照灯光束偏移量检测标准

（1）在检验前照灯近光光束照射位置时，前照灯照射在距离10m的屏幕上时，乘用车前照灯近光光束明暗截止线转角或中点的高度应为（0.7~0.9）H（H为前照灯基准中心高度，下同），而其他机动车（拖拉机除外）应为（0.6~0.8）H。机动车（装有一只前照灯的机动车除外）前照灯近光光束水平方向位置向左偏不允许超过170mm，向右偏不允许超过350mm。

（2）轮式拖拉机运输机组装用的前照灯近光光束照射位置，按照上述方法检查时，要求在屏幕上光束中点的离地高度不允许大于0.7H；水平位置要求，向右偏不允许超过350mm，不允许向左偏移。

（3）在检验前照灯远光光束及远光单光束照射位置时，前照灯照射在距离10m的屏幕上，要求在光束中心离地高度，乘用车为（0.9~1.0）H，其他机动车为（0.8~0.95）H。机动车（装有一只前照灯的机动车除外）前照灯远光光束水平方向位置要求，左灯向左偏不允许超过170mm，向右偏不允许超过350mm。右灯向左或向右偏均不允许超过350mm。

(五) 汽车排放污染物的检测标准

1. 装配点燃式发动机的车辆怠速排气污染物限值 (表6-13)

表6-13 点燃式发动机的车辆怠速排气污染物限值   %

车辆类别	轻型车		重型车	
	CO含量（体积分数）	HC含量（体积分数）	CO含量（体积分数）	HC含量（体积分数）
1995年7月1日以前生产的在用汽车	4.5	1 200	5.0	2 000
1995年7月1日起生产的在用汽车	4.5	900	4.5	1 200

注：①HC体积分数值按正己烷当量。

2. 装配压燃式发动机的车辆自由加速试验排气可见污染物限值 (表6-14)

表6-14 压燃式发动机的车辆自由加速试验排气可见污染物限值

车辆类型	光吸收系数
2001年1月1日以后上牌照的在用车	2.5
2001年1月1日以后上牌照且装配废气涡轮增压器的在用车	3.0

3. 装配压燃式发动机的车辆自由加速试验烟度排放限值 (见表6-15)

表6-15 装配压燃式发动机的车辆自由加速试验烟度排放限值

车辆类型	烟度值/Rb
1995年7月1日以前生产的在用汽车	4.7
1995年7月1日以后生产的在用汽车	4.0

(六) 噪声检测标准

1. 喇叭声级的检测标准 (表6-16)

表6-16 喇叭声级的检测标准

车辆类型	喇叭声级/dB (A)
最大功率≤7kW的摩托车和轻便摩托车	80~112
其他机动车	90~115

2. 客车车内噪声的检测标准

客车以50km/h的速度均匀行驶时，客车车内噪声不应大于79dB（A）。

3. 驾驶员耳旁噪声的检测标准

汽车（三轮汽车和低速货车除外）驾驶员耳旁噪声声级不应大于90dB（A）。

（七）汽车动力性检测标准

汽车的动力性可采用底盘测功机检测汽车驱动轮输出功率和用发动机综合分析仪检测无负荷功率两种方法。

采用底盘测功机检测汽车驱动轮输出功率时，车辆动力性合格的条件是

$$\eta_{VM} \geq \eta_{Ma}$$

或

$$\eta_{VP} \geq \eta_{Pa}$$

采用发动机综合分析仪检测无负荷功率时，无负荷功率值不得小于额定值的80%。

三、具体检测方法

（一）气缸压缩压力检测

1. 检测工具

气缸压缩压力检测工具为气缸压力表。气缸压力表（图6-40）是一种专用压力表，一般由表头、导管、单向阀和接头等组成。

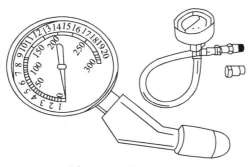

图6-40 气缸压力表

2. 检测方法

（1）发动机应运转至正常工作温度。水冷发动机水温为75℃~95℃，风

冷发动机机油温度为80℃~90℃。

（2）拆除全部火花塞或喷油器（柴油机）。

（3）把气缸压力表的锥形橡胶接头压紧在被测缸的火花塞孔内，或把螺纹管接头拧在火花塞孔上（图6-41）。

（4）用启动机带动曲轴旋转3~5s，指针稳定后读取读数，然后按下单向阀使指针回零。每个气缸的测量次数应不少于2次。

（5）按上述方法依次检测各个气缸。

图6-41 测量气缸压力

（二）进气管真空度检测

1. 检测工具

进气管真空度检测采用真空表。检测进气管真空度的真空表由表头和软管构成。软管的一头被固定在真空表上，另一头可方便地连接在进气管的接头上。

检测步骤如下：

（1）发动机预热至正常工作温度。

（2）把真空表软管与进气歧管上的检测孔连接。

（3）变速器置于空挡，发动机在怠速下稳定运转。

（4）在真空表上读取真空度读数。

（三）排放污染物检测

1. 检测设备

（1）废气分析仪。

不分光红外线CO和HC气体分析仪，是一种能从汽车排气管中采集气样，并对其中所含CO和HC的含量进行连续测量的仪器。它由废气取样装置、废气含量指示装置和校准装置等组成。

（2）烟度计。

对装配压燃式发动机的汽车，我国现行的在用车排放检测方法主要是自由加速试验排气可见污染物测量（用不透光度计）或自由加速试验烟度测量（用滤纸式烟度计）。其中滤纸式烟度计使用较广。滤纸式烟度计由采样器和检测器两部分组成。

2. 检测步骤

（1）怠速尾气排放检测。

1) 检验前仪器及车辆准备：

a. 装上长度等于 5.0m 的取样软管和长度不小于 600mm 并有插深定位装置的取样探头。

b. 仪器的取样系统不得有泄漏。

c. 受检车辆发动机进气系统应装有空气滤清器，排气系统应装有排气消声器，并不得有泄漏。

d. 测量时发动机冷却液和润滑油温度应达到汽车使用说明书所规定的热状态。

2) 检验程序：

a. 必要时在发动机上安装转速计。

b. 发动机由怠速工况加速至 0.7 额度转速，维持 60s 后降至怠速状态。

c. 发动机降至怠速状态后，将取样探头插入排气管中，深度等于 400mm，并固定于排气管上。

d. 发动机在怠速状态，维持 15s 后开始读数，读取 30s 内的最高值和最低值，其平均值即测量结果。若为多排气管时，取各排气管测量结果的算术平均值。

(2) 双怠速尾气排放检测。

1) 检验前仪器及车辆准备：

a. 装上长度等于 5.0m 的取样软管和长度不小于 600mm 并有插深定位装置的取样探头。检查取样软管和探头内残留的 HC 含量（体积分数）。

b. 仪器的取样系统不得有泄漏。

c. 受检车辆发动机进气系统应装有空气滤清器，排气系统应装有排气消声器，并不得有泄漏。

d. 测量时发动机冷却液和润滑油温度应达到汽车使用说明书所规定的热状态。

2) 检验程序：

a. 必要时在发动机上安装转速计。

b. 发动机由怠速工况加速至 0.7 额度转速，维持 60s 后降至高怠速（即 0.5 额定转速）。

c. 发动机降至高怠速状态维持 15s 后开始读数，读取 30s 内的最高值和最低值，其平均值即高怠速排放测量结果。

d. 发动机从高怠速状态降至怠速状态，在怠速状态维持 15s 后开始读数，读取 30s 内的最高值和最低值，其平均值即怠速排放测量结果。

e. 若为多排气管时，分别取各排气管高、低怠速排放测量结果的平均值。

（四）噪声检测

1. 检测设备

声级计一般都是由传声器、放大器、衰减器、计权网络、检波器和指示装置组成的（见图6-42）。

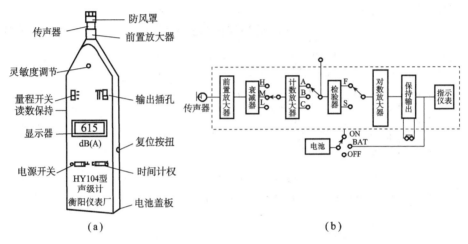

图6-42 声级计
（a）外形；（b）原理框图

根据GB 7258-2012《机动车运行安全技术条件》的规定，机动车喇叭声级在距车前2m，离地高1.2m测量时，其值对发动机最大净功率为7kW以下的摩托车和轻便摩托车为80~112dB（A），其他机动车为90~115dB（A）。

2. 检测方法

（1）喇叭声级的测量。

1）将声级计置于车前2m，离地高1.2m处，且传声器指向被检车辆驾驶员位置。

2）按使用说明书要求，调整网络开关到"A"级计权和快挡位置。

3）检测环境噪声应小于80dB（A）。

4）按喇叭连续发声3s以上，读取检测数据。

（2）发动机噪声测量。

1）传声器位置。

将传声器放置在距地面高度0.5m，朝向车辆，且没有驾驶员的车辆一侧。距车辆外廓0.5m，传声器参考轴平行地面，位于一垂直平面内。该垂直平面的位置取决于发动机的位置。前置发动机：垂直平面通过前轴。后置发动机：

垂直平面通过后轴。中置发动机：垂直平面通过前后轴距的中点。

2）发动机运转条件。

测量时，将发动机从怠速尽可能快地加速到前面所规定的转速，并用一种合适的装置保持必要长的时间。测量由怠速加速到稳定转速过程的噪声，然后记录下最高噪声。

（3）车内噪声的测量方法。

1）车辆以常用挡位 50km/h 以上不同车速均匀行驶，分别进行测量。

2）用声级计"慢"挡测量 A，C 计权声级。分别读取表头指针最大读数的平均值。

3）做车内噪声频谱分析时，应包括中心频率为 31.5Hz，63Hz，125Hz，250Hz，500Hz，1 000Hz，2 000Hz，4 000Hz，8 000Hz 的倍频带。

（五）电控发动机燃油压力检测

1. 燃油系统静态油压的检测

（1）用一根短导线将电动汽油泵的两个检测孔短接。

（2）打开点火开关（但不要启动发动机），让电动汽油泵运转。

（3）测量燃油压力。其正常油压应为 300kPa 左右。

（4）拔掉电动汽油泵检测插孔的短接线，关闭点火开关。

2. 燃油系统保持油压的测量

测量静态油压结束 5min 后，再观察油压表指示的油压。此时的压力被称为燃油系统保持压力。其值应不小于 147kPa。

3. 发动机运转时燃油压力的测量

（1）启动发动机。

（2）让发动机怠速运转，测量此时的燃油压力。其正常值为 250kPa 左右。

（3）缓慢开大节气门（踩下加速踏板），测量在节气门接近全开时的燃油压力。其正常值为 300kPa 左右。

（4）拔下油压调节器上的真空软管，并用手堵住，让发动机怠速运转，测量此时的燃油压力。该压力应和节气门全开时的燃油压力基本相等。

4. 注意事项

（1）燃油管道及各部件内始终都保持着一定的油压。为了检测，需要断开系统的连接时，应先卸除压力。

（2）注意不要让燃油流入气缸，以防止侵蚀电气部件。

（3）测试时严禁作业区附近有明火。

(4)擦拭时严禁使用掉纤维的抹布。

(5)拆装燃油喷射和点火系统各线时,必须关断电源或开关。

(6)不同车型燃油系统的燃油压力各不相同,应查找相应说明书。

(7)单点喷射(SPI)燃油系统的油压较低,一般低于100kPa。

(8)若测得油压过高,则说明燃油压力调节器或真空软管有故障。

(9)若测得油压过低,则说明电动汽油泵,或汽油滤清器,或燃油压力调节器有故障。

第七章

二手车鉴定评估价值计算方法

我国对二手车估价方法主要参照资产评估的方法,并按照以下4种方法进行:重置成本法、收益现值法、现行市价法和清算价格法。

第一节 重置成本法

一、重置成本法的基本原理

重置成本法是指以评估基准日的当前条件下重新购置一辆全新状态的被评估车辆所需的全部成本(完全重置成本,简称重置全价),减去该被评估车辆的各种陈旧性贬值后的差额作为被评估车辆评估价格的一种评估方法。

重置成本法的基本计算公式如下:
$$P = B - (D_S + D_G + D_J)$$
或
$$P = BC$$

式中:P——被评估汽车的评估值。

B——重置成本。

D_S——实体性贬值。

D_G——功能性贬值。

D_J——经济性贬值。

C——成新率。成新率评估参数见表5-3。

重置成本是购买一项全新的与被评估车辆相同的车辆所支付的最低金额。按重新购置车辆所用的材料和技术的不同，可把重置成本区分为复原重置成本（简称复原成本）和更新重置成本（简称更新成本）。复原成本是指用与被评估车辆相同的材料、制造标准、设计结构和技术条件等，以现时价格复原购置相同的全新车辆所需的全部成本。更新成本指利用新型材料、新技术标准和新设计等，以现时价格购置相同或相似功能的全新车辆所支付的全部成本。

一般情况下，在进行重置成本计算时，如果同时可以取得复原成本和更新成本，则应选用更新成本；如果不存在更新成本，则再考虑用复原成本。

实体性贬值也叫有形损耗，是指汽车在存放和使用过程中，因机件磨损和损耗等原因而导致的车辆实体发生的价值损耗，亦即指由于自然力的作用而发生的损耗。投入交易的汽车一般都不是全新状态，因此都存在实体性贬值。

功能性贬值是指由于科学技术和生产力的发展导致的车辆贬值，即无形损耗。这类贬值可能是由于技术进步引起劳动生产率的提高、生产成本的降低，而造成重新购置一辆全新状态的被评估车辆所需的成本降低而引起的车辆价值的贬值。对于营运车辆，也可能由于技术进步，出现了新的性能更优的车辆，致使原有车辆的功能、生产率和收益能力相对新车型已经落后而引起其价值贬值，具体表现为原有车辆在完成相同工作任务的前提下，在燃料、人力和配件材料等方面的消耗增加，形成了一部分超额运营成本。

经济性贬值是指由于宏观经济政策、市场需求、通货膨胀和环境保护等外部环境因素的变化所造成的车辆贬值。这些外界因素对车辆价值的影响不仅是客观存在的，而且对车辆价值的影响还相当大，在汽车的评估中不可被忽视。

通过对重置成本法计算公式的分析不难发现，要合理运用重置成本法评估汽车的交易价格，必须正确确定车辆的重置成本、实体性贬值、功能性贬值、经济性贬值和成新率。

二、重置成本的估算

重置成本的计算在资产评估学中有加合分析法、功能系数法、物价指数法和统计分析法等几种方法。对于汽车鉴定评估定价，计算重置成本一般采用加合分析法和物价指数法。

（一）加合分析法

加合分析法也称直接法或重置核算法。它是按待评估车辆的成本构成，以现行市价为标准,将车辆按成本构成分成若干组成部分,先确定各组成部分的现时价格,然后相加得出待评估车辆的重置全价的一种评估方法。

1. 重置成本的构成

汽车的重置成本构成的计算方法如下:

$$B = B_1 + B_2$$

式中:B——车辆重置成本。

B_1——购置全新车辆的市场成交价。

B_2——车辆购置价格以外国家和地方政府一次性缴纳的税费总和,如车辆购置附加税和注册税(牌照)等。

重置成本构成不应包括车辆拥有阶段和使用阶段的税和费,如车辆拥有阶段的年审费、车船使用税和消费税,以及车辆使用阶段的保险费、燃油税和路桥费等。

2. 进口车重置成本的构成

根据海关税则和收费标准,进口轿车的重置成本(即现行价格)由以下税费构成:

(1)报关价。报关价即到岸价,又称 CIF 价格。它与离岸价 FOB 的关系如下:

$$CIF = FOB + 途中保险费 + 国外运杂费$$

由于这部分费用是以外汇支付的,所以在计算时,需要将报关价格换算成人民币。外汇汇率采用评估基准日的外汇汇率进行计算。

(2)关税。关税的计算方法如下:

$$关税 = 报关价 \times 关税税率$$

自 2006 年 7 月 1 日起,小轿车的关税税率为 25%。

(3)消费税。消费税的计算方法如下:

$$消费税 = \frac{(报关价 + 关税)}{1 - 消费税率} \times 消费税率$$

根据轿车排量不同,消费税率亦不同。排量在 1.0L 以下的为 3%,1.0~2.2L 的为 5%,2.2L 以上的为 8%。

(4)增值税。增值税的计算方法如下:

$$增值税 = (报关价 + 关税 + 消费税) \times 增值税率$$

各种进口增值税率均为 17%。

(5)其他费用。除了上述费用之外,进口车价还包括通关、商检、运输、银行、选装件价格、经销商和进口许可证等非关税措施造成的费用。

一般而言,车辆重置成本大多是依靠市场调查搜集而来的,并不需要进行十分复杂的计算;但是对于市场上尚未出现的那些新车型(特别是进口新车型)或淘汰车型,由于其价格信息有时不容易获得,这时则需要按照其重置成本的构成进行估算。

根据不同评估目的,汽车重置成本全价的评估还要区别对待。属于所有权转让的经济行为或司法行为,执法部门提供证据的鉴定行为,可将被评估车辆的现行市场成交价格作为被评估车辆的重置全价,其他费用略去不计;属于企业产权变动的经济行为,如企业合资、合作经营和合并兼并,其重置成本构成除了考虑被评估车辆现行市场购置价格外,还应考虑国家和地方政府对车辆加收的合理税费。

(二) 物价指数法

物价指数法也叫价格指数法,是指根据已掌握历年来的价格指数,在汽车原始成本的基础上,通过现时指数确定其重置成本。其计算公式为:

$$B = B_Y \times \frac{I_1}{I_2}$$

或

$$B = B_Y \times (1 + \lambda)$$

式中:B——车辆重置成本。

B_Y——车辆原始成本。

I_1——车辆评估时物价指数。

I_2——车辆购买时物价指数。

λ——车辆价格变动指数。

当被评估车辆已停产或是进口车辆,而无法找到现时市场价格时,物价指数法是一种很有用的方法;但应用时必须注意,一定要先检查被评估车辆的账面购买原价。如果购买原价不准确,则不能用物价指数法。

车辆价格变动指数是通过掌握的车辆历年的价格指数,找出车辆价格变动趋势和速度的指标。

车辆价格变动指数的取得是选择与被评估车辆已使用年限相适应的,近5年内市场占有率为前3名的品牌车型,分别以现时购买车价与原始购买车价之比的算术平均值作为车辆价格变动指数。

车辆价格变动指数要尽可能选用有法律依据的国家统计部门、物价管理部门以及政府机关发布和提供的数据,也可以取自中国汽车流通协会定期发布或有权威性的国家政策部门所管辖单位的数据,不能选用无依据、不明来源的数据。

第七章 二手车鉴定评估价值计算方法

三、车辆贬值的估算

1. 车辆实体性贬值估算

汽车的实体性贬值是由于使用和自然力损耗形成的贬值，也称有形损耗或有形值，一般可以采取观察法、使用年限法和修复费用法等方法进行估算。

（1）观察法，也称成新率法。观察法指汽车价格评估人员根据自己的专业知识和工作经验，通过对汽车实体各主要部件进行观察，并且使用仪器测量等方式进行技术鉴定，综合分析车辆的设计、制造、使用、磨损、维护、修理、大修理、改装情况和经济寿命等因素，将评估对象与其全新状态相比较，从而判断被评估汽车的实体性贬值的一种方法。其数学公式表达为：

$$D_P = B\eta$$

式中：D_P——车辆实体性贬值。

B——车辆重置成本。

η——有形损耗率。

（2）使用年限法是指通过确定被评估汽车已使用年限与该车辆预期可使用年限的比率来确定汽车有形损耗。其计算公式为：

$$D_P = (B - Z)YG$$

式中：Y——已使用年限。

Z——残值。在汽车鉴定评估中，残值一般忽略不计。

G——规定使用年限。

（3）修复费用法，也叫功能补偿法。通过确定被评估汽车恢复原有的技术状态和功能所需要的费用补偿，来直接确定汽车的有形损耗。

2. 功能性贬值估算

功能性贬值包含一次性功能贬值和营运性功能贬值。

（1）一次性功能贬值的估算。从理论上讲，对于同样的车辆，其复原重置成本与更新重置成本之差即该车辆的一次性功能贬值；但在实际工作中，具体计算某车辆的复原重置成本是比较困难的。因此，对目前在市场上能购买到的且有制造厂家继续生产的全新车辆，一般就用更新重置成本（市场价）考虑其一次性功能贬值。

如果待评估车辆的型号是现已停产或已淘汰的车型，这样就没有实际市场价，而只能采用参照车辆的价格用类比的方法来估算。参照车辆一般采用替代型号的车辆。这些替代型号的车辆功能通常比原车型有所改进和增加，故其价值通常会比原车型的价格高（功能性贬值大时，价格也可能降低）。因此，在与参照车辆比较，用类比法对原车型进行价值评估时，一定要了解参照车辆在功能方面改进或提高的情况，再按其功能变化情况测算原车辆的价值。

（2）营运性功能贬值的估算。测定营运性功能贬值时，首先选定参照车辆，并与其进行比较，找出营运成本差别的内容和差别的量值。然后确定原车辆尚可继续使用的年限和应上缴的所得税税率及折现率，通过计算超额收益或成本降低额算出营运性功能贬值。

3. 车辆经济性贬值估算

汽车鉴定评估中所涉及的经济性损耗（贬值）也是无形损耗的一种，是由车辆以外的各种因素所造成的损耗（贬值）。这样的例子可以举出很多，如由于车辆排放标准要求的提高，同一车辆的排放水平在过去可能被认为是可以接受的，但现在无法满足现行排放标准的要求。这一标准对车辆的所有者来讲就是制约，除非达到规定的要求，否则车辆就无法继续使用。

因此，对车辆的所有者而言，不管是采取措施力求达到标准，还是使车辆被迫停用，都需花费成本。这一成本从评估的角度上看便是经济损耗。概括地讲，外部因素不论多少，对车辆价值的影响不外乎表现为营运成本上升，或车辆闲置。

对于营运性车辆来讲，通常采用以下两种方式计量其经济性损耗：一种是利用车辆年收益损失额折现累加计算；另一种是通过车辆利用率的变化来估算。

（1）利用年收益损失额折现累加计算。如果外界因素变化导致的车辆营运收益的减少额或投入成本的增加额能够估算出来，则可直接按车辆继续使用期间每年的收益损失额折现累加，以求得车辆的经济性损耗。用数学式表示为：

$$车辆的经济性损耗 = 车辆年收益损失额 \times (1 - 所得税率) \times \frac{(1+i)^n - 1}{i(1+i)^n}$$

式中；i——折现率；

n——收益年期限（剩余经济寿命的年限），常以年表示。

使用上述公式时，应注意年收益损失额只能因外界因素来计量，而不能把因技术落后等自身因素所造成的收益损失额归入此类。

【例7-1】 某人欲出售一辆已使用了5年的出租车。由于国家行业政策及检测标准的变化，目前每年较过去平均需增加投入成本3 000元，方能满足有关的规定要求。试估算该出租车的经济性损耗。

解：根据国家规定，出租车的使用年限为8年。从购车登记日起，至该车的评估基准日止，该车已使用年限为5年。该车的剩余使用年限为3年。

取所得税率为33%，适用的折现率为10%，则车辆的经济性损耗：

$$车辆的经济性损耗 = 3\,000\,元 \times (1 - 33\%) \times \frac{(1 + 10\%)^3 - 1}{10\% \times (1 + 10\%)^3}$$

$$= 3\,000\,元 \times 67\% \times 2.4869$$

$$\approx 5\,000\,元$$

（2）通过车辆利用率的变化估算经济性损耗。如果外部因素导致车辆的利用率下降，则可按照以下公式估算车辆的经济性损耗率。

$$车辆经济性损耗率 = \left[1 - \left(\frac{汽车的实际工作量}{汽车的正常工作量}\right)^x\right] \times 100\%$$

式中，x 为规模效益指数（$0 < x < 1$）。其调整计算的结果，说明车辆的运输量与投入成本之间并非呈线性关系。当车辆的运输量降至正常运输量的一半时，其投入成本也降至正常投入成本的一半。x 一般在 0.6~0.7。

四、重置成本法的特点

通过对重置成本、实体性贬值、功能性贬值和经济性贬值的分析，已经能够运用重置成本法确定汽车的评估价格。在使用中尽管工作量大，难以计算经济性贬值，但它充分地考虑了车辆的损耗，评估结果公平合理，在不易计算车辆未来收益或难以取得二手车交易市场参照车辆条件下可被广泛应用。

五、重置成本法评估实例分析

【例 7-2】 有一辆私人面包车 WHB6320，发动机为 462Q。经核对相关证件，证照齐全有效。该车出厂时间为 2008 年 6 月。初次登记日期是 2008 年 7 月，购买价为 22 000 元。经现场勘察，车身外观较好，无漆面脱落现象。经点火试驾，发动机运转平稳，无异响，挡位清晰，制动性能良好，累计行驶 10 万 km。维护保养较好，技术状况尚好，评估基准日为 2013 年 7 月。评估时，该车型的现行市场新车销售价为 21 000 元。车辆购置税为 1 800 元，牌照费是 200 元，其他税费不计，试评估该车的价值。

解：

（1）根据已知条件，采用重置成本法来计算该车的重置成本，运用综合调整系数法来确定其成新率。

（2）该车已使用 5 年，共 60 个月。因为该车属 9 座一下载客微型面包车，规定使用年限为 15 年，共计 180 个月。

（3）综合调整系数为：

技术状况好，取 0.9，权重 30%。

维修保养较好，取 0.9，权重 25%。

制造质量为国产非名牌，取0.8，权重20%。
工作性质商务用车，取0.85，权重15%。
工作条件为中、小城镇，取0.85，权重10%。

（4）该车成新率计算如下：

$$成新率 = (1 - 60 \div 180) \times 86.75\% \times 100\% = 57.9\%$$

（5）该车的重置成本为：

$$重置成本 = 21\,000 + 1\,800 + 200 = 23\,000（元）$$

（6）该车的评估值为：

$$评估值 = 23\,000 \times 57.9\% = 13\,317（元）$$

【例7-3】 两项差别约使车价上升0.4万元。该车技术等级被评定为二级车，未发现有重大事故痕迹。该车外表有多处轻微事故痕迹，需修理与做漆，约需0.1万元。行驶里程6万km。请计算其评估值。

解：根据题意有：

（1）重置成本 = 10 - 0.4 + (10 - 0.4)/1.17 × 10% = 10.42（万元）。

（2）使用年限为15年，采用年限法双倍余额计算折旧率。

$$第一年折旧率 = \frac{2}{15}\left(1 - \frac{2}{15}\right)^{1-1} = 0.133\,3$$

$$第二年折旧率 = \frac{2}{15}\left(1 - \frac{2}{15}\right)^{2-1} = 0.115\,6$$

$$第三年折旧率 = \frac{2}{15}\left(1 - \frac{2}{15}\right)^{3-1} = 0.100\,2$$

$$第四年折旧率 = \frac{2}{15}\left(1 - \frac{2}{15}\right)^{4-1} = 0.086\,8$$

$$第五年折旧率 = \frac{2}{15}\left(1 - \frac{2}{15}\right)^{5-1} = 0.075\,2$$

$$第六年折旧率 \approx \frac{6}{12} \times \frac{2}{15}\left(1 - \frac{2}{15}\right)^{6-1} = 0.032\,6$$

（3）采用年限法双倍余额折旧后的年限计算成新率。

(1 - 0.133 3 - 0.115 6 - 0.100 2 - 0.086 8 - 0.075 2 - 0.032 6) × 100% = 45.63%

（4）鉴定调整系数。

因为是二级车，技术状况调整系数取1.0。

未见重大事故，重大事故调整系数取1.0。

修理费用0.1万元，重置成本10.42万元，需要修理情况调整系数取0.7。

捷达车为合资名牌车，考虑地域因素，品牌调整系数取 1.5。
年平均行驶里程为 1.1 万 km，使用强度调整系数取 1.0。
鉴定调整系数 = 1 × 30% + 1 × 25% + 0.7 × 20% + 1.5 × 15% + 1 × 10%
= 1.03

（5）评估值 = 10.42 × 45.63% × 1.03 ≈ 4.9（万元）

【例 7 - 4】 某公司 2000 年 6 月购得一汽 - 大众奥迪 A6 型（排量 2.4L）轿车一辆作为公务用车，2004 年 6 月在北京交易。2004 年 6 月北京市场上该型号车纯车价是 40 万元。该车技术等级被评定为二级车，无重大事故痕迹。该车外表有少数划痕但无须进行修理。行驶里程 15 万 km。请计算其评估值。

解：根据题意有：
（1）重置成本 = 40 + 40/1.17 × 10% = 43.4（万元）
（2）使用年限为 15 年，采用年份数求和法计算成新率。

$$C_f = \left[1 - \frac{2}{G(G+1)} \sum_{n=1}^{Y}(G+1-n)\right] \times 100\%$$

$$= \left[1 - \frac{2}{15(15+1)} \sum_{n=1}^{4}(15+1-n)\right] \times 100\%$$

$$= 55\%$$

（3）鉴定调整系数：
因为是二级车，技术状况调整系数取 1。
无重大事故，重大事故调整系数取 1。
无须修理，需要修理情况调整系数取 1。
一汽 - 大众奥迪车为合资名牌车，品牌调整系数取 1.1。
年平均行驶里程为 3.75 万 km，使用强度调整系数取 1。
鉴定调整系数 = 1 × 30% + 1 × 25% + 1 × 20% + 1.1 × 15% + 1 × 10%
= 1.015

（4）评估值 = 43.4 × 55% × 1.015 ≈ 24.2（万元）

第二节　收益现值法

一、收益现值法的基本原理

1. 定义

收益现值法是将被评估的车辆在剩余寿命期内的预期收益用适当的折现率折现为评估基准日的现值，并以此确定评估价格的一种方法。汽车的价格评估一般很少采用收益现值法,但对一些特定目的,有特许经营权的汽车,人们购买的目的往往不是在于车辆本身,而是车辆获利的能力。因此,对于营运车辆的评估采用收益现值法比较合适。

2. 基本原理

收益现值法是基于这样的假设,即人们之所以购买某车辆,主要是考虑这辆车能为自己带来一定的收益。采用收益现值法对汽车进行评估所确定的价值,是指为获得该汽车以取得预期收益的权利所支付的货币总额。它以车辆投入使用后连续获利为基础。如果某车辆的预期收益小,车辆的价格就不可能高;反之,车辆的价格肯定高。

3. 收益现值法的应用前提

被评估的汽车必须是经营性车辆,且具有继续经营和获利的能力。继续经营的收益能够而且必须能够用货币金额来表示。经营过程中的风险因素能够转化为数据加以计算,体现在折现率和资本转化率中。非盈利的汽车不能用收益法评估。

二、收益现值法的计算方法

收益现值法的评估值的计算,实际上就是对被评估车辆未来预期收益进行折现的过程。被评估车辆的评估值等于剩余寿命期内各收益期的收益现值之和。其基本计算公式为:

$$P = \sum_{t}^{n} \frac{A_t}{(1+i)^t}$$

$$= \frac{A_1}{(1+i)} + \frac{A_2}{(1+i)^2} + \cdots + \frac{A_n}{(1+i)^n}$$

当 $A_1 = A_2 = \cdots = A_n$ 时,即 t 从 $1 \sim n$,未来收益分别相同,且为 A 时,则有:

$$P = A \cdot \left[\frac{1}{(1+i)} + \frac{1}{(1+i)^2} + \cdots + \frac{1}{(1+i)^n} \right]$$

$$= A \cdot \frac{(1+i)^n - 1}{i \cdot (1+i)^n}$$

式中:P——被评估物的评估值。

A_t——被评估物未来第 t 个收益期的预期收益额。旧汽车的收益期是有限的,A_t 中还包括收益期末汽车的残值,估算时一般忽略不计。

i——折现率。

n——收益年期限(剩余经济寿命的年限),常以年表示。

t——收益期，一般以年计。

三、收益现值法中各评估参数的确定

1. 剩余经济寿命期的确定

剩余经济寿命期指从评估基准日到车辆到达报废年限所剩余的使用寿命。如果剩余经济寿命期估计过长，就会高估车辆价格；反之，则会低估车辆价格。因此，必须根据车辆的实际状况对剩余寿命做出正确的评定。

在车辆技术状况基本正常的情况下，可按国家规定的报废标准确定车辆的剩余使用寿命。如果车辆的技术状况很差，则应根据车辆的实际状况，判定车辆的剩余使用寿命。汽车报废标准如下：

（1）9座（含9座）以下非营运载客汽车（包括轿车，含越野型）使用15年。

（2）旅游载客汽车和9座以上非营运载客汽车使用10年。

（3）上述车辆达到报废年限后需继续使用的，必须依据国家机动车安全、污染物排放有关规定进行严格检验，检验合格后可延长使用年限；但旅游载客汽车和9座以上非营运载客汽车可延长使用年限最长不超过10年。

（4）对延长使用年限的车辆，应当按照公安交通部门和环境保护部门的规定，增加检验次数。一个检验周期内连续3次检验不符合要求的，应注销登记，不允许再上路行驶。

（5）营运车辆转为非营运车辆或非营运车辆转为营运车辆，一律按营运车辆的规定报废。

2. 预期收益额的确定

在运用收益现值法的过程中，收益额的确定是关键。收益额是指由被评估对象在使用过程中产生的超出其自身价值的溢余额。对于收益的确定应把握两点：

（1）收益额是指车辆使用带来的未来收益期望值，通过预测分析获得。无论对于所有者，还是购买者，判断某车辆是否有价值，都应首先判断该车辆是否带来收益。对其收益的判断，不仅仅是看现在的收益能力，更重要的是预期的收益能力。

（2）收益额的构成，以企业为例，目前有3种观点：

1）企业所得税后利润。

2）企业所得税后利润与提取折旧额之和扣除投资额。

3）利润总额。

关于选择哪一种作为收益额，针对汽车的评估特点与评估目的，为估算方

便，推荐选择第一种观点，目的是准确反映预期收益额。为了避免计算错误，一般应列出车辆在剩余寿命期内的现金流量表。

3. 折现率的确定

折现率是将预期收益折算成现值的比率，是换算车辆现值与预期收益的有效工具。

从评估的观点看，折旧率的选择事实上是在对车辆预期收益评价的基础上对现值的确定。不同折现率的选择将影响车辆的价值。从折现率本身来说，它是一种在特定条件下的收益率，说明了车辆取得该项收益的收益率水平。收益率越高，意味着单位资产的增值率越高。在收益一定的情况下，所有者拥有资产的价值越低。

在选择和计量折现率时，应注意折现率与预期收益的匹配。如收益的计量指标有净现金流量和税后利润两种，在选择折现率时，就需注意与所选的计量指标相适应。

此外，在计量折现率时，必须考虑到风险因素的影响，否则，就可能过高地估计车辆的价值。当考虑到风险因素后，评估观点上的折现率应当包括无风险利率、风险报酬率和通货膨胀率3个方面，即：

$$折现率 = 无风险利率 + 风险报酬率 + 通货膨胀率$$

无风险利率是指资产在一般无风险经营条件下的获利水平。风险报酬率是指承担投资风险的投资所获得的超过无风险报酬率以上的部分的投资回报率，一般随投资风险递增而加大。风险收益能够计算，而为承担风险所付出的代价为多少却不好确定。因此，风险收益率不容易计算出来，只要求选择的收益率中包含这一因素即可。每个行业、每个企业都有具体的资金收益率。

因此，在利用收益法对汽车鉴定评估选择折现率时，应该进行本企业、本行业历年收益率指标的对比分析，但是最后选择的折现率应该起码不低于国家债券或银行存款的利率。

此外，还应注意，在使用资金收益率这一指标时，要充分考虑年收益率的计算口径与资金收益率的口径是否一致。若不一致，将会影响评估值的正确性。

四、收益现值法的特点

收益现值法与投资决策相结合，能真实和较准确地反映车辆投资的未来收益的本金化价格，易于被交易双方所接受，但预期收益额的预测难度大。

第七章 二手车鉴定评估价值计算方法

五、收益现值法评估应用实例

【例7-5】 某人拟购一辆桑塔纳普通型出租车,作为个体出租车经营使用。该车各项数据和情况如下:

(1) 评估基准日:2012年12月15日。

(2) 初次登记年月:2008年12月。

(3) 技术状况:正常。

(4) 每年营运天数:350天。

(5) 每天毛收入:500元。

(6) 日营业所得税:50元。

(7) 每天燃、润油费:120元。

(8) 每年日常维修、保养费:6 000元。

(9) 每年保险及各项规费:12 000元。

(10) 营运证使用费:18 000元。

(11) 两名驾驶员劳务、保险费:60 000元。

用收益现值法求评估值是多少。

解:首先,求预计年收入:350×500=175 000(元)

预计年支出情况如下:

税费:350×50=17 500(元)

油费:350×120=42 000(元)

维修、保养费:6 000元

保险及规费:12 000元

营运证使用费:18 000元

驾驶员劳务、保险费:60 000元

年收入=17.5-1.75-4.2-0.6-1.2-1.8-6=1.95(万元)

其次,根据目前银行储蓄和贷款利率、债券、行业收益等情况,确定资金预期收益率为10%,风险报酬率为5%,折现率为15%。该车剩余使用年限为4年,假定每年的年收入相同,则由收益现值法公式:

$$P = \sum_{t}^{n} \frac{A_t}{(1+i)^t}$$

得

$$评估值 = \frac{1.95}{(1+0.15)^1} + \frac{1.95}{(1+0.15)^2} + \frac{1.95}{(1+0.15)^3} + \frac{1.95}{(1+0.15)^4} = 5.57(万元)$$

第三节 现行市价法

一、现行市价法的基本原理

1. 定义

现行市价法又称市价法、市场价格比较法或销售对比法，是指通过比较被评估车辆与最近出售类似车辆的异同，并将类似车辆市场价格进行调整，从而确定被评估车辆价值的一种评估方法。

2. 基本原理

现行市价法的基本原理是通过市场调查，选择一个或几个与被评估车辆相同或类似的车辆作为参照车辆，分析参照车辆的结构、配置、功能、性能、新旧程度、地区差别、交易条件及成交价格等，并与待评估车辆——对照比较，找出两者的差别及差别所反映的价格上的差额，经过调整，计算出被评估汽车的评估价格。

二、现行市价法的应用前提

运用现行市价法对汽车进行价格评估必须具备以下两个前提条件：

（1）需要有一个成熟、活跃的汽车交易市场，即汽车交易公开市场。在这个市场上有众多的卖者和买者，有充分的参照车辆可取，这样可以排除交易的偶然性。市场成交的汽车价格可以准确反映市场行情，这样，评估结果更加公平公正，易于被双方接受。

（2）评估中参照的汽车与被评估的汽车有可比较指标，并且这些可比较指标的技术参数的资料是可收集到的，价值影响因素明确，可以量化。

运用市价法，重要的是能够找到与被评估汽车相同或类似的参照车辆，但与被评估汽车完全相同的车辆很难找到。这就要求对类似参照车辆进行调整，而有关调整的指标和技术参数能否获取，是决定市场运用与否的关键。

三、现行市价法的计算方法

运用现行市价法确定单台车辆价值通常采用直接法和类比法。

（一）直接法

直接法是指在市场上能找到与被评估车辆完全相同的车辆的现行市价，并依其价格直接作为被评估车辆评估价格的一种方法。所谓完全相同是指车辆型号、使用条件和技术状况相同，生产和交易时间相近。

寻找这样的参照车辆一般来讲是比较困难的。通常如果参照车辆与被评估车辆类别相同，主参数相同，并且结构和性能相同，只是生产序号不同，并只做局部改动的车辆，可作为评估过程中的参照车辆。其评估值是按参照车辆的市场价格直接确定被评估车辆的价值。评估公式为：

$$P = P'$$

式中：P——评估值。

P'——参照车辆的市场价格。

（二）类比法

1. 计算模型

类比法是指评估车辆时，在公开市场上找不到与之完全相同但能找到与之相类似的车辆时，以此为参照车辆，并根据车辆技术状况和交易条件的差异对价格做出相应调整，进而确定被评估车辆价格的评估方法。其基本计算公式为：

$$P = P' + P_1 - P_2$$

或

$$P = P' \times K$$

式中：P——评估值。

P'——参照车辆的市场价格。

P_1——评估对象比参照车辆优异的价格差额。

P_2——参照车辆比评估对象优异的价格差额。

K——差异调整系数。

2. 评估步骤

运用类比法评估汽车价值时，应按下列步骤进行：

搜集交易实例，选取参照车辆，进行交易情况修正，进行交易日期修正，进行地区因素修正，进行个别因素修正并求出评估值。

（1）搜集交易实例。运用类似比较法评估，应准确搜集大量交易实例，掌握正常市场价格行情。搜集交易实例应包括下列内容：车辆型号、制造厂家、使用性质、使用年限、行驶里程、实际技术状况、经济环境、市场环境、车辆所处的地理位置、成交数量、成交价格、成交日期和付款方式等。

（2）选取参照车辆。根据被评估车辆状况和评估目的，应从搜集的交易实例中选取3部以上的参照车辆。选取的参照车辆应符合下列要求：

1）与被评估车辆型号相同或类似。

2）成交日期与评估时点相近，不宜超过3个月。

3）成交价格为正常价格或可修正为正常价格。

(3) 进行交易情况修正。进行交易情况修正时，应排除交易行为中的特殊因素所造成的参照车辆成交价格偏差，将参照车辆的成交价格调整为正常价格。

1）有下列情形之一的交易实例不宜选为参照车辆：

有利害关系人之间的交易，急于出售或购买情况下的交易，受债权债务关系影响的交易，交易双方或一方对市场行情缺乏了解的交易，交易双方或一方有特权偏好的交易，特殊方式的交易，交易税费非正常负担的交易，或其他非正常的交易。

2）当可供选择的交易实例较少，确需选用上述情形的交易实例时，应对其交易情况进行修正。

3）对交易税费非正常负担的修正，应将成交价格调整为依照政府有关规定，交易双方负担各自应负担的税费下的价格。

(4) 进行交易日期修正。进行交易日期修正时，应将参照车辆的成交日当天的价格调整为评估时点的价格。交易日期修正宜采用类似车型的价格变动率或指数进行调整。在无类似车型的价格变动率或指数的情况下，可根据当地汽车价格的变动情况和趋势做出判断，给予调整。

(5) 进行地区因素修正。进行地区区域市场因素修正时，应将参照车辆在其他区域市场的价格调整为被评估车辆所在地区的区域价格。

(6) 进行个别因素修正。进行个别因素修正时，应将参照车辆与被评估车辆的个别因素逐项进行比较，找出由于个别因素所造成的价格差异，并进行调整。

交易情况、交易日期、地区因素和个别因素的修正，视具体情况可采用百分率法、差异法或回归分析法。每项修正对参照车辆成交价格的调整不得超过10%，综合调整不得超过20%。选取的多个参照车辆的价格经过上述各种修正之后，应根据具体情况计算出一个综合结果，并将其作为评估值。市价法的原理和技术也可用于其他评估方法中有关参数的求取。

用市价法评估应该说已包含了该车辆的各种贬值因素，包括有形损耗的贬值、功能性贬值和经济性贬值。这是因为市场价格综合反映了车辆贬值的各种因素。车辆的有形损耗及功能陈旧而造成的贬值，自然会在市场价格中体现出来。经济性贬值的主要表现为供求关系的变化对市场价格的影响，因而用市价法评估不再专门计算功能性贬值和经济性贬值（虽然经济性贬值和功能性贬值客观上存在，但在实践计算的过程中常常无法计算）。

因此，推荐采用市场比较法，在国外的评估机构也通常优先采用市场比较法。在我国中等以上城市，特别是经济较为发达的地区和城市，一般情况下，每年成交的各种汽车少则几千辆，多则几万辆，甚至十几万辆，这为市场比较法的应用奠定了良好的市场条件，因此通常总能够找到成交案例作为市场参照车辆。虽然我国的汽车生产厂家较多，各种品牌林立，规格品种众多，但由于近几年来市场交易活跃，特别是各个城市都有较多的经纪公司、置换公司并逐渐形成了各自的主营品牌，所以大部分车型都有交易案例。

在美国没有旧机动车鉴定估价师，旧车价格不是由原车价格（如制造成本、原销售价格、后增加的功能配置、维修成本等）来确定的，而是决定于这辆车现在还能卖多少钱。也就是说，按评估学原理，不是由重置成本法决定其价格，而是采用市场比较法。通常车行或卖车人都会去翻一翻二手车价格手册。常用的价格手册是《N. A. D. A.（美国汽车经销商）旧车价格指南》，是较为权威的一本，每月发行一本。地区对价格有影响。按东、西、南、北把美国分为9个地区，而各地有不同的版本。旧车价格除主要受供求关系影响外，还受天气、关税、战争等因素的影响。因此，各地区的版本每月更新一次，不断地修订。最近，中国汽车流通协会编写的《中国二手车价格手册》（价格分册）（C. A. D. A.）就是参照美国 N. A. D. A. 的标准，根据市场比较法的原理，收集全国各旧机动车交易市场的成交价格案例，来指导评估人员，按市场法评估各种类型旧机动车，向与国际接轨迈出了坚实的一步。因此，评估机构和评估人员应不断收集各种品牌、车型的成交案例，将其作为各种评估对象的市场参照车辆，并将资料存档。它是评估人员对市场价格信息的积累。

四、现行市价法的特点

运用现行市价法对汽车价格进行评估，能够比较客观地反映汽车目前的市场情况。其评估的参数和指标直接从市场获得，评估值能反映市场现实价格，评估结果易被各方面理解和接受。其不足之处是必须有成熟、公开和活跃的市场作为基础。另外，由于旧车的可比因素多而且复杂，即使是同一个生产厂家生产的同一型号的产品，同一天登记也可能由于使用强度、使用条件和维护水平的不同，而带来车辆技术状况的不同和评估值的差异。

五、现行市价法评估实例

【例7-6】 某捷达车现行市价法评估实例。其技术经济参数见表7-1。

表 7-1 捷达汽车技术经济参数

序号	技术经济参数	参照物 I	参照物 II	被评估汽车
1	车辆型号	捷达 FV7160CL	捷达 FV7160CIX	捷达 FV7160CIX
2	销售条件	公开市场	公开市场	公开市场
3	交易时间	2012 年 12 月	2013 年 6 月	2012 年 6 月
4	使用年限/年	15	15	15
5	初次登记年月	2007 年 6 月	2007 年 6 月	2007 年 12 月
6	已使用时间	5 年 6 个月	6 年	5 年 6 个月
7	成新率	53%	48%	50%
8	交易数量	1	1	1
9	付款方式	现款	现款	现款
10	地点	北京	北京	北京
11	物价指数	1	1.03	1.03
12	价格	5.0 万元	5.5 万元	求评估值

解：(1) 以参照物 I 为参照做各项差异量化和调整。

1) 结构性能差异量化与调整。参照物 I 车身为老式车身，被评估物为新式改款车身，评估基准时点该项结构价格差异为 0.8 万元；参照物 I 发动机为化油器式两气门发动机，被评估物发动机为电喷式五气门发动机。评估基准时点该项结构价格差异为 0.6 万元。该项调整数为：

$$(0.8 + 0.6) \times 50\% = 0.7 \text{（万元）}$$

2) 销售时间差异量化与调整。参照物 I 成交时物价指数为 1，而被评估物被评估时物价指数为 1.03。该项调整系数为：

$$\frac{1.03}{1} = 1.03$$

3) 新旧程度差异量化与调整。该项调整数为：

$$5.0 \times (50\% - 53\%) = -0.15 \text{（万元）}$$

销售数量和付款方式无差异。

$$\text{评估值} = (5.0 + 0.7 - 0.15) \times 1.03 = 5.72 \text{（万元）}$$

(2) 以参照物 II 为参照做各项差异量化和调整。

1) 结构性能差异量化与调整。参照物 II 发动机为电喷两阀发动机，被评估物为电喷五阀发动机。评估基准时点该项结构价格差异为 0.3 万元。该项调整数为：
$$0.3 \times 50\% = 0.15 \text{（万元）}$$

2）新旧程度差异量化与调整。该项调整数为：
$$5.5 \times (50\% - 48\%) = 0.11 \text{（万元）}$$

销售时间、数量和付款方式无差异。
$$\text{评估值} = 5.5 + 0.15 + 0.11 = 5.76 \text{（万元）}$$

综合参照物Ⅰ和参照物Ⅱ，被评估物评估值为 5.74 万元。

第四节 清算价格法

一、清算价格法的基本原理

清算价格法是以清算价格为标准，对汽车进行的价格评估。所谓清算价格，是指由于破产或其他原因，要求在一定的期限内将车辆变现，在企业清算之日预期出卖收回的快速变现价格。主要根据汽车技术状况，运用现行市价法估算其正常价值，根据处置情况和变现要求，乘以一个折扣率，最后确定评估价格。

清算价格法在原理上基本与现行市价法相同，所不同的是迫于停业或破产，清算价格往往大大低于现行市场价格。这是由于企业被迫停业或破产，急于将车辆拍卖和出售。从严格意义上讲，清算价格法不能算为一种基本的评估方法以及收益现值法的具体运用。

二、清算价格法的适用范围

清算价格法适用于企业破产、抵押及停业清理时要售出的车辆。

1. 企业破产

企业破产是指当企业或个人因经营不善造成严重亏损，资不抵债时，企业应依法宣告破产，法院以其全部财产依法清偿其所欠的债务，不足部分不再清偿。

2. 抵押

抵押是指企业或个人为了进行融资，用自己特定的财产为担保，向对方保证履行合同义务的担保形式。提供财产的一方为抵押人，而接受抵押财产的一方为抵押权人。抵押人不履行合同时，抵押权人有权将抵押财产在法律允许的范围内变卖，从变卖抵押物价款中优先获得赔偿。

3. 清理

清理是指企业由于经营不善导致严重亏损，已临近破产的边缘或因其他原因而无法继续经营下去，为弄清企业财物现状，对全部财产进行清点、整理和核查，为经营决策（破产清算或继续经营）提供依据，以及因资产损毁和报废而进行清理、拆除等的经济行为。

在上述 3 种经济行为中若需要对汽车进行评估，则可用清算价格作为标准，但在评估时要注意：评估车辆必须以具有法律效力的破产处理文件或抵押合同及其他有效文件为依据；车辆在市场上可以快速出售变现，所卖收入足以补偿因出售车辆而产生的附加支出总额。

三、决定清算价格的主要因素

由于采用清算价格进行评估的车辆，通常要在较短的期限内被变现，因此其价格往往低于现行市价。这是由快速变现原则决定的。清算价格的高低一般与以下 4 方面因素有关：

1. 企业破产形式

如果企业完全丧失车辆的处置权，无法讨价还价，占有主动权的买方必然会尽力压低价格，以从中获益；如果企业尚有讨价还价的余地，则车辆的价格就有可能高些。

2. 车辆拍卖时限

车辆的拍卖时限越短，车辆的清算价格就可能越低；反之，若拍卖的时限较长，车辆的价格就可能高些。

3. 车辆现行市价

与被拍卖车辆相同或类似的车辆的现行市价越高，被拍卖车辆的清算价格通常也越高；反之，被拍卖车辆的清算价格就越低。

4. 车辆拍卖方式

若车辆与破产企业的其他资产一起被整体拍卖，其拍卖值可能会高于包括车辆在内的各单项资产变现价值之和。

四、清算价格法评估实例

【例 7-7】 一辆旧桑塔纳普通型轿车，经调查类似的旧车在二手车交易市场上成交价在 5 万元左右。根据销售情况调查，折价 20% 可以当即出售，则该车的清算价格为：$5 \times (1 - 20\%) = 4$（万元）。

【例 7-8】 某市进行公车改革，采用公开拍卖的形式，连续在省内各大平面媒体刊登拍卖公告，说明竞买规则，拍卖各种车辆约 800 辆，预展 7 天。

第七章 二手车鉴定评估价值计算方法

某评估机构对其进行价值评估,确定拍卖底价,见表7-2。

表7-2 公车改革拍卖目录(2004年10月为评估基准日)

序号	品牌型号	上牌日期	年审至	养路费交至	保险费交至	评估底价/元	拍卖成交价/元
1	普通桑塔纳LX	1999.9	2008.9	2007.12	2007.8	35 000	44 000
2	帕萨特1.8	2004.8	2009.8	2007.12	2008.6	110 000	123 000
3	桑塔纳2000GLS	2000.6	2008.6	2007.12	2007.10	58 000	69 000
4	捷达GIX	2005.1	2009.1	2007.12	2008.9	62 000	72 000
5	桑塔纳2000GLI	2001.11	2009.11	2007.12	2007.4	70 000	78 000
6	别克赛欧SLX	2006.2	2009.2	2007.12	2008.3	49 000	62 000
7	红旗7180AE2	2004.3	2009.3	2007.12	2007.12	78 000	88 000
8	桑塔纳2000GSI	2005.1	2009.1	2007.12	2008.7	82 000	99 000
9	依维柯客车40-10	2000.7	2007.7	2007.9	2007.9	35 000	56 000
10	长安面包车SC6331B	2004.7	2009.7	2007.9	2008.7	9 000	16 000
11	奥迪四缸	1997.9	2008.7	2007.12	2008.7	32 000	48 000
12	奥迪五缸	1997.3	2008.7	2007.12	2008.4	30 000	45 000

从表7-2中可以看出,评估底价与拍卖成交价均有一定差距,从几千元到几万元不等。评估底价是利用清算价格法的原理,在市场比较法或重置成本法的基础上确定的,然后根据快速变现的要求分不同情况后再乘以各自的快速

变现系数。例如，依维柯客车快速变现系数为0.6，奥迪五缸车虽然上牌时间比奥迪四缸车晚，退出市场的售价也比奥迪四缸车售价高，但由于故障率高，维修成本高，市场认可程度远不如奥迪四缸车，因此不论是拍卖底价，还是成交价，均低于奥迪四缸车。

如何确定评估价、评估底价及快速变现系数，需要评估人员通过市场操作不断积累经验。

第五节 二手车鉴定评估方法的对比分析

一、二手车鉴定评估方法优、缺点分析

4种二手车鉴定评估方法各有优、缺点，具体操作时应根据具体情况按照有关法规或雇主需求进行评估。表7-3为4种评估方法的优、缺点。

表7-3 4种评估方法的优、缺点

方法	优点	缺点	不同使用因素的方法选择
重置成本法	充分考虑车辆的各种贬值因素，评估结果公平合理	工作量大，经济性贬值不易被确定	对于存在各种贬值因素的车辆的估价均适合，所以其实用性比较广泛
收益现值法	易被各方接受，真实准确反映车辆价格	预期收益额预测难度较大	此法主要针对营运二手车；只要剩余经济寿命期、预期收益额及折现率易确定，此法便能得到很好的运用；使用范围较窄
现行市价法	能客观反映市场行情，评估结果易于被各方理解和接受	需以公开及活跃的市场作为基础（与目前我国的二手车市场现状不符），可比因素多而复杂	主要通过被评估车辆与参照车辆的时间因素、功能因素及交易因素的比较来得到被评估车的价格，适用于各种使用因素的机动车评估；使用范围最广
清算价格法	对濒临破产的企业来说，是其资产迅速变现的捷径	无有效的理论依据	主要依赖于前述3种评估方法

二、四种评估方法的区别与联系

1. 重置成本法与收益现值法

重置成本法与收益现值法的区别在于：前者是历史过程，而后者是预期过程。

如果没有对被评估车辆的历史判断和记录，那么运用重置成本法评估车辆的价值是不可能的。收益现值法所考虑和侧重的是被评估对象未来能给予投资者带来多少收益。

2. 重置成本法与现行市价法

理论上讲，重置成本法也是一种比较方法。它是将被评估车辆与全新车辆进行比较的过程，而且，这里的比较更侧重于性能方面。由于现行市价法比较侧重价格分析，因此对现行市价法的运用便十分强调市场化程度。

运用重置成本法时，也许只需有一个或几个类似的参照物即可；但是运用现行市价法时，必须有更多的市场数据。

3. 收益现值法与现行市价法

通过把现行市价法和收益现值法结合起来评估车辆的价值，在市场发达的国家应用得相当普遍。

把收益现值法和现行市价法结合起来使用的目的在于降低评估过程中的人为因素，更好地反映客观实际，从而使车辆的评估更能体现市场观点。

4. 清算价格法与现行市价法

利用现行市价法确定的车辆价格，如果被出售者接受，而不被购买者接受，则出售者有权拒绝交易；但利用清算价格法确定的清算价格，若不能被买方接受，清算价格就失去意义。

三、二手车鉴定评估方法的选择

对二手车鉴定估价前，确定其估价目的和价格定义非常重要。一般来说，鉴定估价目的决定其价格定义，而不同的价格定义需选择不同的鉴定方法。因此，不同的估价目的决定了不同的价格定义，也形成了不同的鉴定估价方法。对于同一估价标的，估价目的不同，基准日相同，其估价结论也往往是不同的。

（1）市场价为价格定义的，通常是以车辆购置、转让、维修为目的。这种情形的鉴定估价适用现行市价法，即以当时市场同样的车的实际成交价格为主要参考依据，来鉴定委托评估车的价格（一般的裸车价格）。

（2）成本价为价格定义的，通常是以车辆保值、补偿为目的。这种情形的鉴定估价适用重置成本法，即委托评估车的现时重置成本扣减其各项损耗价值来确定其现值。

（3）以拍卖底价为定义的，通常是以车辆抵债等短时间变现为目的。这种情形的鉴定估价适用拍卖（清算）保留价格法，即先确定委托评估车现值，再考虑拍卖变现这种特殊的交易方式和市场供求情况、批量的因素，扣减一定比例的变现差率后，确定拍卖保留价（底价）。

（4）以收益价为价格定义的，通常是以车辆营运为目的。这种情况的鉴定估价适用收益现值法，即通过估算委托评估车未来预期收益并折算成现值，从而确定其鉴定值。

第八章

事故车辆的损伤评估

http://www.bitpress.
com.cn/video/
2014071506c.php

事故车的损伤评估是二手车鉴定评估业务中经常遇到的案例,而掌握和理解事故车损伤评估方法是二手车鉴定评估师一项重要的技术素质。

第一节 事故车辆损伤机理

一、事故二手车的含义

依据《二手车鉴定评估技术规范》,只有当图 8-1 所示车辆车体结构件发生了如表 8-1 所列的损伤或者技术状况鉴定评定分数为五级时,才定为事故二手车。

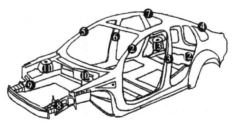

图 8-1 车体结构示意图

2—左 A 柱　　6—右 B 柱　　10—左减振器悬挂部位
3—左 B 柱　　7—右 C 柱　　11—右减振器悬挂部位
4—左 C 柱　　8—左纵梁　　12—左后减振器悬挂部位
5—右 A 柱　　9—右纵梁　　13—右后减振器悬挂部位

表 8-1 车辆缺陷状态描述对应表

代表字母	BX	NQ	GH	SH	ZZ
缺陷描述	变形	扭曲	更换	烧焊	折皱

二、汽车碰撞事故的分类及特征

汽车碰撞事故可分为单车事故和多车事故。

1. 单车事故

单车事故可分为翻车事故和与障碍物碰撞事故

(1) 翻车事故一般是驶离路面或高速转弯造成的。其严重程度主要与事故车辆的车速和路况有关。

(2) 与障碍物碰撞事故主要可分为前撞、尾撞和侧撞事故。其中前撞和尾撞事故较为常见，而侧撞事故较少发生。

2. 多车事故

多车事故为两辆以上的汽车在同一事故中发生碰撞（见图 8-2）。

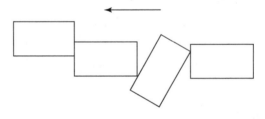

图 8-2 多车事故

尽管在多车事故中，可能有两辆以上的汽车同时相撞，但讨论其特征时可只考虑两辆车相撞的情形，如图 8-3 所示。

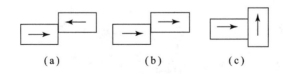

(a)　　　　(b)　　　　(c)

图 8-3 两车相撞情形

(1) 在多车事故中，一般没有来自上、下方向的冲击载荷。

(2) 给事故汽车施加冲击力的均为其他车辆。尽管不同车辆的刚性不一样，但没有单车事故中障碍物的刚性变化大。

三、汽车碰撞机理分析

1. 碰撞冲击力

在汽车碰撞过程中，碰撞冲击力的方向总是同某点冲击力特定角度相关。因此，冲击合力可以分成分力，通过汽车向不同方向分散。

冲击力造成大面积的损坏也同样取决于冲击力与汽车质心相对应的方向。一种情况为冲击力指向汽车非质心，产生使汽车发生横摆的力，如图 8-4（a）所示。

另一种情况是，冲击力指向汽车的质心，汽车不会旋转，大部分能量将被汽车零件吸收，造成的损坏是非常严重的，如图 8-4（b）所示。

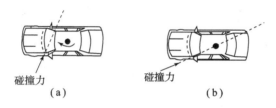

图 8-4　碰撞方向与汽车质心的关系

驾驶员的反应经常影响到冲击力的方向，尤其是正面碰撞。

驾驶员意识到碰撞不可避免时，其第一反应就是旋转方向盘，以避免正面碰撞，如图 8-5（a）所示。驾驶员的第二反应就是试图制动。汽车进入制动状态，使汽车从前保险杠向下俯冲，如图 8-5（b）。

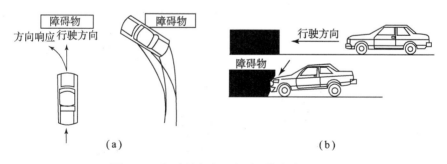

图 8-5　驾驶员方向反应对碰撞方向的影响

2. 碰撞接触面积

假设汽车以相同的速度和相近的载货量行驶，碰撞的类型不同，损坏的程度也就不同。

接触面积越小，损坏就越严重。在图 8-6（b）中，保险杠、发动机罩、散热器等都发生严重的变形。发动机向后移动,碰撞所带来的影响甚至扩展到后悬架。

另一种情况是,一辆汽车撞击另一辆正在运动的汽车。

还有许多其他类型的碰撞和混合碰撞的类型,而要做出精确的损失评估,弄清楚汽车碰撞是如何发生的是非常重要的。

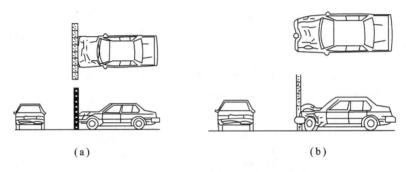

图 8-6 不同的碰撞接触面积产生的损伤

3. 冲击力的传递原理

现代汽车车身上有许多焊接缝。这些焊接缝可以作为汽车结构的刚性连接点。这些刚性连接点将冲击力传递给整个汽车上与之连接的钣金件和汽车零部件,因此大大降低了汽车的结构变形。

要想完全掌握现代汽车,特别是承载式车身汽车的碰撞损坏,了解汽车的冲击力传递原理是非常重要的(图8-7),否则就不能理解轻微损坏可能会引起汽车在操纵控制和运行性能上发生严重故障的事实。

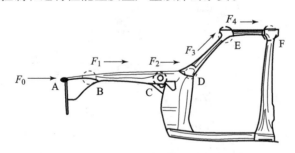

图 8-7 车辆碰撞冲击力传递原理

四、汽车碰撞损伤类型

按汽车碰撞行为,汽车碰撞损伤可分为直接损伤(或一次损伤)和间接损伤(或二次损伤)。

第八章 事故车辆的损伤评估

直接损伤是指车辆直接碰撞部分出现的损伤。

间接损伤是指二次损伤,是离碰撞点有一段距离的损伤。

按汽车碰撞后导致的损伤现象不同,汽车碰撞损伤可归纳为五大类,即侧弯、凹陷、折皱或压溃、菱形损伤和扭曲,如图8-8所示。

1. 侧弯

汽车的前部、中部或后部在冲击力的作用下,偏离原来的行驶方向发生的碰撞损坏被称为侧弯,如图8-8(a)所示。

2. 凹陷

凹陷指汽车的前罩区域出现比正常规定低的情况。损坏的车身或车架背部呈现凹陷形状。凹陷一般由于正面碰撞或追尾碰撞引起的,有可能发生在汽车的一侧或两侧,如图8-8(b)所示。

3. 折皱或压溃

折皱就是在车架上(非承载式汽车车身)或侧梁上(承载式汽车车身)的微小弯曲。如果仅仅考虑车架或侧梁上的折皱位置,则是另一种类型损坏。

压溃是一种简单的、具有广泛性的折皱损坏。这种损坏使得汽车框架的任何部分都比规定要短,如图8-8(c)所示。

在决定严重压溃损坏的修理方法时,必须记住:在承载式车身上,高强度钢加热后易于拉伸,但这种方法要严格限制,因为这些钢材加热处理不当,会使其强度降低。

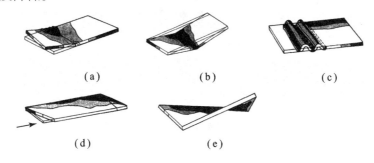

图8-8 汽车损伤种类

(a)侧弯;(b)凹陷;(c)折皱或压溃;(d)菱形损坏;(e)扭曲

4. 菱形损坏

菱形损坏就是一辆汽车的一侧向前或向后发生位移,使车架或车身不再是方形,如图8-8(d)所示。

5. 扭曲

扭曲,即汽车的一角比正常的要高,而另一角要比正常的低,如图8-8

(e) 所示。当一辆汽车以高速撞击到路边或高级公路中间分界之安全岛时，有可能发生扭曲型损坏。

只有非承载式汽车车身才能真正发生菱形损坏，承载式汽车车身前后横梁并没有连接，因此并不存在真正意义上的"菱形损坏"。

第二节 碰撞损伤的检验与测量

一、碰撞损伤分区检验

通常将汽车分为5个区域，分别是：

区域1：直接碰撞损伤区，又称一次损伤区，如图8-9（a）所示。

区域2：间接碰撞损伤区，又称二次损伤区，如图8-9（b）所示。

区域3：机械损伤区，即汽车机械零件、动力传动系统零件、附件等损伤区，如图8-9（c）所示。

区域4：乘员舱区，即车厢的各种损坏，包括内饰件、灯、附件、控制装置、操纵装置和饰层等，如图8-9（d）所示。

区域5：外饰和漆面区，即车身外饰件及外部各种零部件的损伤，如图8-9（e）所示。

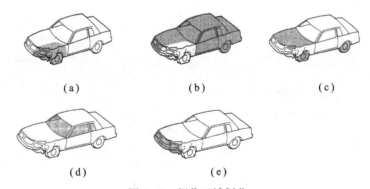

图8-9 损伤区域划分

(a) 区域1（一次损伤区）；(b) 区域2（二次损伤区）；(c) 区域3（机械损伤区）；(d) 区域4（乘员舱区）；(e) 区域5（外饰和漆面区）

当使用检验区概念时，应遵从下列原则：

(1) 检查应从车前到车后（在追尾碰撞的情况下，从车后到车前）。

(2) 检查应从车外到车里。

(3) 首先列出主要总成，然后列出比较小的部件以及未包含在总成里的附件。

二、区域1（一次损坏区）的检验与测量

该区域系统性检验的第一步是检视，然后列出汽车碰撞直接接触点的车身一次损坏，如图8-10所示。在前部碰撞的情况下，检查区域还包括（可能更多）保险杠系统、散热器格栅、发动机罩等。

图8-10 区域1（一次损坏区）检验

区域1检验应首先检查外板和塑料镶板、玻璃、漆面和外板下的金属结构件，如保险杠、车灯、玻璃、车门、车轮、油液泄漏等。

检查损坏区域时，注意检查裂痕、边缘损坏、点焊崩开、金属交形等各项。应特别注意结构件。

三、区域2（二次损伤区）的检验与测量

（一）二次损伤机理

二次损伤是指发生在区域1之外，并离碰撞点有一段距离的损坏。二次损伤是在碰撞力向汽车移动的过程中形成的，也就是碰撞力从冲击区域延伸到车身毗连区，并且碰撞能在向毗邻钣金件移动的过程中被吸收。

二次损伤也可由传动系统和后桥的惯性力造成。由于车辆因碰撞突然停止，惯性质量还在向前运动，机械零部件的惯性力全部作用到固定点和支撑构件上。

（二）二次损伤的标志

二次损伤常见标志有钣金件皱曲、漆面褶皱和伸展、钣金件缝隙错位、接口撕裂和开焊等（见图8-11）。

对于遭受猛烈的前部碰撞，应检查前风窗玻璃立柱和车门窗框前上角区域

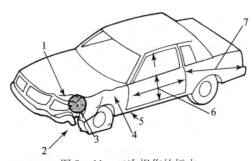

图 8-11 二次损伤的标志

1—漆面裂痕和皱曲迹象;2—碰撞力作用方向角;3—撞力;4—吸能构件强度;
5—开焊;6—车门、车窗和盖板的校准;7—密封件的破裂或裂缝

之间的缝隙是否增大。

检查外板是否翘曲。严重的碰撞通常会导致车顶盖在中心向后翘曲。

开启发动机罩和行李舱盖,检查漆面是否存在油漆皱纹,覆盖焊点的保护层是否开裂。

(三) 二次损伤的测量

1. 测量工具

测量二次损伤部位可使用钢卷尺和滑规式测尺(见图 8-12)进行。

2. 车身前部的测量

当车身前部因碰撞损坏时,应测量前部钣金件的尺寸,以确定损坏的程度。即使车身只有一侧受到碰撞,但另一侧通常也会损坏。因此,必须测量变形的程度,注意检查那些对称的尺寸。

当用滑规式测尺检查汽车前部尺寸时,测量点的最好区域应选在悬架系统装配点和机械构件上,因为这些点对正确定位调整至关重要,如图 8-13 所示。

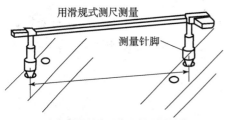

图 8-12 滑规式测尺

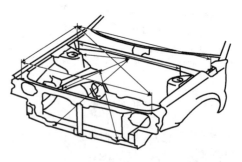

图 8-13 车身前部的测量

第八章 事故车辆的损伤评估

3. 车身侧面的测量

车身侧面结构的任何毁坏和变形都能在打开和关闭车门时发现，应注意因变形位置不同而可能造成的漏水问题。因此，一定要采取正确的测量方法，主要用追踪式滑规测尺来测量车身侧板。

4. 车身后部的测量

当打开和关闭行李舱盖时，车身后部的任何损坏都可以通过外形的改变和不对称粗略地加以评估（如拍摄照片）。由于变形的位置特殊或可能漏水，因此必须采用正确的测量方法（见图 8 – 14）。

当使用滑规式测尺时，必须注意下列要点：

（1）测量点应为车辆上的装配点，如螺栓、螺塞或孔口。

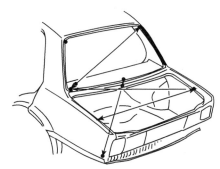

图 8 – 14　车身后部的测量

（2）点到点的测量是两点间的实际测量尺寸。

（3）滑规杆应该与车身平行。

四、区域 3（机械损伤区）的检验与测量

完成车身一次损坏和二次损坏的检查后，应把注意力集中到区域 3——车辆机械零部件损伤区。

根据碰撞的严重程度，发动机和变速器也可能会发生损坏。若可能，则应启动发动机，并使发动机暖机至正常工作温度。

打开空调并确定是否工作正常。检查仪表灯、充电指示灯、机油压力指示灯等。发动机自检指示灯及其他设备也可以指示发动机罩下面是否发生机械和电气故障。越来越多的新式汽车装备了可进行自诊断的发动机计算机控制系统。计算机系统中的自诊断电路已编程，在某些工作条件下会输出故障码。

机械损坏有时不是由直接碰撞造成的，而是二次损伤的结果。

在检查发动机罩下的情况之后，举升车辆并用支架支撑车辆。然后依次检查转向系统零部件和悬挂系统零部件是否弯曲，制动软管是否弯折，制动管、燃料管以及接头是否泄漏。

五、区域 4（乘员舱区）的检验与测量

乘员舱损坏可能是碰撞造成的直接结果，如侧面碰撞。内饰和配件的损坏也可能是由车厢内的乘员或物体造成的。

检查方向盘是否损坏。

检查各把手、操纵杆、挡风玻璃和内饰是否损坏。

检查座椅是否损坏。

检查车门是否损坏。扶手、内饰板和门内板可能因乘员动量损坏。

检查乘员约束系统。如果汽车装备了被动约束系统,则应确定安全带收紧和释放是否完全自如,有无黏滞或滞后现象。

六、区域5(外饰和漆面区)的检验与测量

接通车灯并检查前照灯、尾灯、转向信号指示灯和闪光灯。

如果漏检了区域1或区域2的减振器,则现在应该检查它们。

仔细地检视漆面情况。

第三节 主要零部件的损伤评估

一、车身板件损伤评估

1. 保险杠

保险杠的功能是保护车辆避免因汽车低速碰撞造成车身前部和后部损坏(见图8-15)。

传统保险杠由厚弹簧钢板材制成并镀铬。镀铬弹簧钢保险杠现在仍被用于高级轿车、厢式汽车和货车,但大多数轿车已装备了塑料保险杠。这些塑料可以是氨基甲酸酯、聚合碳纤维或合成材料。

镀铅保险杠损坏后,通常应予以更换。镀铬装饰件承受冲击时容易破裂、碎裂。

钢制保险杠损坏后,可用碰撞修复设备矫正和修复。铝制保险杠受轻微碰撞时也可被矫正。

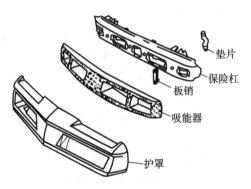

图8-15 保险杠

塑料保险杠损坏后,经常伴随护罩的损坏。这些塑料部件可以用原厂件、拆车旧件或LKQ件更换。

保险杠评估工时主要分为拆卸和更换工时,以及保险杠大修工时。

拆卸和支装工时包括拆卸和重装保险杠总成的时间。拆卸和安装是更换吸能器或修理车身围板所必需的作业。拆卸和安装工时也被包括在车辆上对保险杠总成进行校正的工时之中。

大修工时包括从车辆上拆卸保险杠总成、分解保险杠、更换损坏部件、解体零部件和把保险杠重新安装到车辆上等的工时。

2. 发动机罩

发动机罩位于发动机舱两侧翼子板之间，用于保护发动机免受灰尘和湿气侵袭，也能吸收发动机噪声。

典型的发动机罩（见图8-16）由一块外板和内板构成，内、外板外部边缘通过点焊连接，内外板的结合面用胶黏剂粘接到一起。

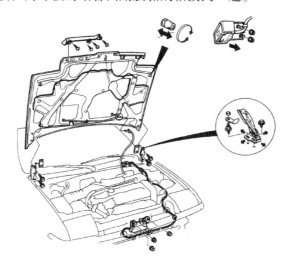

图8-16 发动机罩

双板结构发动机罩的变形很难校正。当发动机罩必须更换时，原厂件、修复件或同类同品质件皆可。

发动机罩的拆卸和更换工时包括拆卸和更换发动机罩、拆卸和安装发动机罩降噪层，以及将发动机罩装到铰链上加以调整的工时。

铰链轻微损坏后可以修理，而当铰链严重歪曲或扭曲时就需要更换。

3. 翼子板

车辆翼子板（见图8-17）用螺栓固定在临近的支撑结构板上。对于承载式车身，翼子板被固定在侧围板、护板、散热器支架以及挡泥板上。翼子板与发动机罩、前板和保险杠总成一起形成车身前端的外表面轮廓。

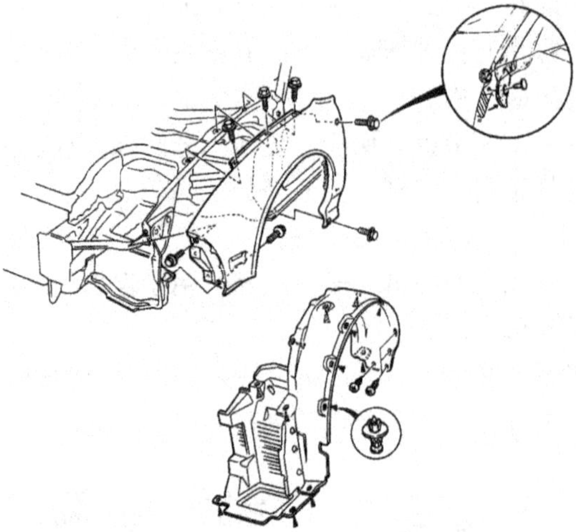

图 8–17 翼子板

翼子板拆卸和更换工时包括如下作业：
（1）翼子板的拆卸和更换。
（2）松开保险杠和装填板件（必要时）。
（3）与翼子板相连接的所有部件的拆卸和安装。
（4）标准配备车灯（辅助标志等）的拆卸和安装。

下列这些作业所需工时未被包含在翼子板拆卸和更换工时之内：
（1）表面修整。
（2）从损坏件上拆下粘接嵌条、商标、厂标和车标，然后装到新件上。
（3）胶带、图案或覆盖层作业。
（4）安装天线。
（5）拆卸和更换内板件和轮罩。
（6）调整前照灯。
（7）为安装嵌条、商标、天线钻孔。
（8）拆卸和安装后视镜。
（9）涂漆和防腐材料的作业。

4. 风窗玻璃

近年来，多数汽车上采用的玻璃不是层压玻璃就是回火玻璃。

层压玻璃由两层薄玻璃片和一层位于它们之间的透明塑料组成，用于风窗玻璃。

回火玻璃是一单层热处理过的玻璃，破碎时将散落成一些小片。

层压玻璃和回火玻璃都可以染色。着色玻璃包括遮光的乙烯树脂材料，可以滤去大部分的太阳光。

玻璃上也可安装除霜系统或天线。自动除霜玻璃有导电栅格，虽然看不见，但能够传导电流，以加热玻璃。

在车损报告中列出正确的玻璃类型是重要的。碰撞评估指南包含玻璃的清晰度、色调、色差、加热装置等信息，同时应说明玻璃中有无被引入或嵌入的天线。

在许多承载式车身车辆上，风窗玻璃被视为承载式结构的一部分。它使车身更加坚固。这些风窗玻璃用氨基甲酸乙酯胶黏剂固定。

车损报告必须包括胶黏剂和其他安装材料的费用。如果风窗玻璃由氨基甲酸乙酯固定，则碰撞评估报告会给出胶黏剂的价格。此费用必须被包含在车损报告中。

5. 车门

车门是最复杂和最昂贵的车身板件之一。典型车门是由内板件和外板件（也叫外壳）组成的。板件通常由金属薄板制成，但外壳也可用金属材料、玻璃纤维或塑料制成。

车门外面板拆卸和更换的作业包含如下：
（1）车门的拆卸和安装。
（2）内装饰板的拆卸和安装。
（3）连接件的拆卸和更换。
（4）车门外把手、锁芯、车门边缘风雨密封条的拆卸和更换或拆卸和安装。
（5）更换夹式嵌条。

车门外面板的拆卸和更换所列工时不包括以下作业：
（1）门玻璃、金属件、后视镜、导槽的拆卸和更换或拆卸和安装。
（2）更换隔音材料。
（3）锁芯重新编码。
（4）粘接类型的外部饰条的拆卸和安装，或安装新的粘接饰条。
（5）安装饰条、贴纸、更换件或涂层。
（6）为安装外部饰条钻孔。
（7）整修板件。

二、机械零部件损伤评估

1. 动力传动系统

动力传动系统一般分为前轮驱动式和后轮驱动式两种。

(1) 发动机。

前轮驱动汽车安装横置发动机，一般分为直列四缸、V型六缸或V型八缸。碰撞可能对发动机内部零件造成破坏。

曲轴带轮通过传动带将能量传递给其他辅助设备，如空调压缩机、动力转向泵以及水泵。发动机支座将发动机固定在一个特定的位置上并且有效进行隔振。

对于侧面碰撞，下纵梁有足够的移动量而使带轮弯曲，然后再反弹回原位。

发动机支座可能在正面或侧面碰撞中遭受严重的损坏。在碰撞中，下纵梁和散热器支架以及附在其上面的任何零件都可发生易位。发动机支座经常以这种方式弯曲。观察支座、发动机以及纵梁的位置。通常，支座与发动机和纵梁以直角方式连接。除了直角以外，任何角度均表示发动机或纵梁发生了位移。

如果正时罩盖或油底壳是冲压薄板材料制作的，并存在轻微碰痕，则可以将其拆卸下来进行修理并对表面抛光。

(2) 变速器。

1) 手动变速器。很多汽车都安装了5个前进挡，包括1个超速挡和1个倒挡的5速变速器。变速器被安装在铸铝壳体内。

2) 自动变速器。自动变速器由一组或多组行星齿轮、制动带、伺服机构、离合器、半轴齿轮和油泵组成。这些零部件均被安装在变速器壳和盖里。

如果变速器外部零件受损，或者怀疑内部零件已损坏，则应将变速器解体并加以检查，因为磨损可引起变速器不能正常工作。

(3) 传动轴（半轴）。

前轮驱动汽车发动机发出的动力经两个传动轴或半轴传到驱动轮。为了能使车轮转向，每个半轴都有两个等速（CV）万向节。半轴的两端均与相应的万向节相连接。每个等速万向节均由球笼、轴承、驱动件或三销轴、壳体和防尘罩组成。

2. 冷却系统

冷却系统主要由散热器、水泵、水套、风扇、散热器盖、软管、节温器、水温表、风扇罩等零件组成。

对于碰撞修理来说，冷却系统中最容易损坏的零件是散热器。这是由于它位于散热器格栅与发动机之间。

风扇既可能仅仅打坏散热器芯的表面（一般容易修复），也可能彻底损坏散热器芯。这取决于碰撞的严重程度。有时散热器似乎在碰撞中没有任何眼见的损坏。

更换散热器的作业工时包括：

（1）排放冷却液，检查和重新加注冷却液。

（2）拆卸和重新连接软管。

（3）拆卸和重新装配电动风扇总成。

（4）拆卸和重新连接传输管路。

（5）拆卸和重新安装风扇罩。

不要重新修复或者使用一个已弯曲或损坏的风扇叶片。已损坏或者弯曲的叶片应该用一个新叶片予以更换。

由于传动带和软管是柔性的，所以一般不会因碰撞而损坏，但有时需要将完好的传动带从损坏的带轮上剪下来。

3. 空调系统

汽车空调主要由压缩机、冷凝器、储液/干燥器、制冷控制器、蒸发器等组成。

空调的大部分零部件在碰撞中都容易损坏。有些零件可以修复，而有些则需要用新件更换。

当压缩机在碰撞中被损坏时，首先会造成离合器和带轮总成的损坏。

冷凝器所处的位置，决定了它在汽车正面碰撞时容易损坏。其空气流动散热片就像散热器上的一样，也可以进行清洗或矫形，而其泄漏可采用锡焊加以修理。

当冷凝器损坏时，也应该检查集液器（干燥器）是否已损坏。

蒸发器、调温膨胀阀以及吸入节流阀在碰撞中很少损坏。

无论何时进行任何操作，都需要拆卸一条制冷剂管，并且附加操作时间必须包括排空系统和填充系统需要的时间。

4. 前悬架

有些轿车上采用扭杆式前悬架。这种悬架系统的弹簧被安置在控制臂和前横梁上，通过弹簧支架与横梁相连。

在有些轿车上，前悬架系统采用球铰链和弹簧悬架系统，其弹簧位于上控制臂和扭杆之间。扭杆可一直进入轿车前护板裙部内。

有些轿车（如 Chrysler 轿车）采用球铰链悬架系统。它与扭杆悬架系统一样，其下控制臂被安置在扭杆上，控制臂的一端被牢固地固定在支架上，而另一端可以移动。

总之，在修理轿车前部时，应该没有任何部件被冷校或任何转向系统的连接杆件或前悬架部件被热校。

5. 转向系统

现代轿车上大多采用齿轮—齿条式转向系统。它可以是无助力的或带有转向助力器的。在少数轿车上也有采用循环球式转向器的。循环球式转向器多用于无助力的转向系统上。它由循环的网形滚道、钢球、螺杆、螺母副和齿条扇齿等组成。在螺杆螺母之间装有钢球,钢球一般分为两组,钢球随方向盘的转动而在螺杆螺母之间的滚道上滚动,并经各自的导管做循环运动,钢球驱动螺母使其在螺杆上上下移动。

对于采用齿轮—齿条式动力或非动力转向的转向器,其转向力是由方向盘经转向器轴和柔性联轴器传给螺旋形小齿轮的。

当汽车前部发生碰撞事故时,必须检查齿条和齿轮是否损坏,以及固定支架是否变形。

三、汽车修理工时费用的确定

$$汽车修理工时费 = 配件费 + 工时费$$
$$工时费 = 工时定额 \times 工时费率$$

其中:工时定额可查阅厂家工时手册,而工时费率按当地汽车修理厂类别(分为一类维修企业、二类维修企业及三类维修企业)根据实际情况确定。

第四节 车辆损伤评估报告的撰写

一、车损评估报告格式

当完成车辆损伤鉴定与核查后,需要列出具体损伤零件和所需维修工时,编写车辆损伤评估报告。

二、车损报告的具体内容

1. 基本信息

车损报告中的基本信息主要是指车主姓名、地址、电话号码、保险信息、车辆17位代码、油漆代码、牌照号、行驶里程等。

2. 确定是否有重要选装件

(1) 特定大小的发动机尺寸或其他。

(2) 汽车天窗。

(3) 中波/调频收音机、立体声音响、录音机及CD播放器(仅限原装件)。

（4）遥控门锁、车窗自动升降器和座椅自动调节器。

（5）巡航控制与倾斜式方向盘。

（6）真皮座椅、特制轮箍罩盖、行李舱（原装件）和专用修理包。

3. 判断事故前损坏

（1）旧划痕和凹痕。

（2）锈、腐蚀或喷漆抛光的缺口和瑕疵。

（3）在保险杠、框架、护罩上的塑料件和橡胶件的裂缝、凹痕。

（4）座椅或内饰撕裂口。

（5）座椅、地毯和内部表面的污点和损坏。

（6）玻璃或后视镜的破碎和裂纹。

（7）轮箍罩盖或装饰条的损坏或缺失。

（8）灯罩开裂或破碎，以及灯泡烧损。

（9）单独选配设备的损坏，如空调、暖风、后防霜等。

4. 确定更换零件及其价格

根据碰撞方向和程度，确定受损零件。其确定方法是：

从直接碰撞点开始检查，向内检查整个损坏区域，列出受影响的全部零件。按照冲击力贯穿全车的路径进行检查。在最常见的前端碰撞事故中，检查过程是从汽车前端开始，逐渐向后。

5. 确定维修项目及价格

对于需要维修的板件和车架，必须合理确定维修项目，分别列出需维修矫正的零件。

三、填写车损评估表注意事项

（1）避免缩写。除非缩写已在评估报告中被定义，否则不要过多地使用缩写。

（2）字迹要整洁。干净、整洁的表格会给用户和理赔员留下深刻的印象。这很好理解，也容易做到。

（3）特殊说明。任何特殊说明都应当清楚地在输入项中予以注明。

（4）顾客要求。如果用户希望进行条款未规定的附加作业（如修复事故前的损坏），则应被视为"顾客要求"修理。

（5）审阅车损报告。在完成车损报告编制并汇总和核查数字后，与用户共同审阅报告。

（6）拍照记录。一般事故车损坏处的摄影照片属于车损报告的一部分。

四、车损评估表示例

某辆桑塔纳轿车发生了正前面碰撞事故,观察现场及车损情况后填写了评估表,如表8-2所示。

表8-2 车损评估表

报案号:×××　　　　　　　　　　条款类别:×××　承保公司:×××

被保险人:吉林省长春市×××	出险时间:2014年4月12日
保险单号:×××	出险地点:长春市亚泰大街
保险金额:8 000元	事故责任:□全部■主要□同等
牌照号码:×××	□次要□无责□单方
厂牌型号:奥迪牌 FV7203BBCWG　奥迪 A4L	
制造年份:2013年12月7日	定损时间:2014年5月19日
车架号码(VIN号):×××	定损地点:长春市亚太大街
发动机型号:2.0T	变速箱类型:□手动■自动
送修时间:×××修复竣工时间:×××	报价公司:□总公司□省公司□地市公司
损坏部位及程度概述: 右前门……后门、右后翼子板刮伤。	
维修费总计金额:(大写)伍仟柒百捌拾元整 (¥:5,780元) 残值作价金额:(大写)柒拾元整　　　　　　(¥:70元)	

第五节　事故车碰撞贬值损失

一、事故车贬值损失含义

车辆碰撞贬值损失是指车辆发生交通事故受损,经修复后使用性能虽已恢复,但车辆的使用寿命、安全性能、操控性能等很难恢复到以前状态,实际价值必然降低而形成的损失,即因事故导致车辆价值降低而形成的损失。

二、评估依据

随着整个社会公民法律意识的不断增强,索赔车辆贬值损失已经发生在我们的周围,而且这种要求也得到了法律的认可。目前还没有关于车辆贬值损失的相关标准和法规可以参考，只能通过正规的二手车鉴定评估机构进行评估，法院也只能以评估机构的评估结果作为判决的依据。

车辆碰撞贬值损失是一种客观存在的直接财产损失，故无过错方的索赔要求应得到支持。车辆被撞后估价比事故前要低是客观事实。无过错方的合法权益应该得到保护。法院的判决体现了法律对公民可得利益的保护。

根据《民法通则》第117条规定："损害国家、集体的财产或者他人财产的，应当恢复或者折价。"也就是说，应当受损的物件恢复到物件原有的功能、价值等，无法恢复的，则应对相关损失依法给予折价赔偿、补偿等。

民事侵权赔偿以赔偿全部损失为原则。尽管我国道路交通安全法等有关法律中没有"车辆贬值损失"这一赔偿项目，但这并不意味着出现车辆贬值损失就不应该赔偿。只要车辆贬值损失属于受害人遭受的损失，侵害人就应该赔偿。

三、车辆碰撞贬值损失评估司法流程

交通事故中无责受害方可按以下程序办理：
（1）去机动车鉴定评估机构咨询车辆碰撞贬值损失的额度。
（2）去所在地法院立案。
（3）去法院摇号，选出负责本次的车辆贬值损失案件的鉴定评估机构。
（4）鉴定评估机构对车辆进行现场查勘鉴定。
（5）接到鉴定结果，等待调解或判决。
（6）接受调解或得到判决结果。

四、需要准备的材料

一般需要准备机动车行驶证、机动车登记证书、机动车购车发票、交通事故责任认定书、车辆维修结算单、车辆维修说明、事故现场照片、车辆维修历史等相关资料。

五、车辆碰撞贬值损失评估过程

确定事故车辆碰撞贬值损失之前，应首先确定该车辆事故前的价值，因为车辆的贬值损失是相对于该车辆事故前的评估价值而言的。车辆事故前的评估价值比较好确定。先确定好事故前车辆的价值后，根据被评估车辆的碰撞部位、事故程度及维修质量，结合市场对于此种事故车辆的交易价格并借鉴有经验的评估师的从业经验，确定出事故之后的车辆价值，从而确定车辆碰撞贬值损失的额度。

六、评估考虑的主要因素

汽车碰撞贬值损失涉及因素比较广,在对车辆做碰撞贬值损失评估时应该考虑的主要因素如表 8-3 所示。

表 8-3 碰撞贬值损失评估考虑的主要因素表

车辆价值	车辆价值越高,车辆贬值损失越高	
使用年限	使用年限越高,车辆贬值损失越低	
累计行驶里程	累计行驶里程越多,车辆贬值损失越低	主要因素
碰撞部位	所占权重越大,车辆贬值损失越高	
修复质量	修复质量越高,车辆贬值损失越低	
事故维修历史	涉及事故越严重,车辆贬值损失越低	

还需要注意的是,车辆使用年限和使用里程超过国家规定中建议的报废年限 1/3 的或曾经出现过严重碰撞事故的,一般不建议进行碰撞贬值损失评估。车辆价值较高,古董车、特种车则根据实际情况而定。

车辆被碰撞部位为车身部分的 13 个车身覆盖件(如图 8-18 所示车身部位),而没有伤到车身骨架的,一般不予进行车辆碰撞贬值损失评估。

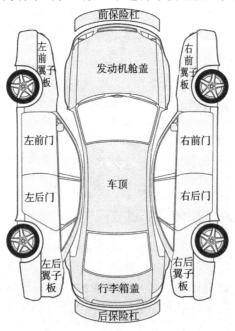

图 8-18 车身覆盖件部位示意图

车辆碰撞部位涉及图 8-19 所示的车身关键结构件的 13 个部位中的 2 处及以上的,可以进行碰撞贬值损失评估。

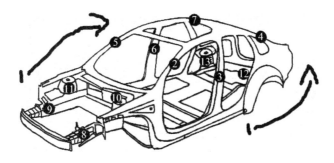

图 8-19 车身关键结构件示意图

1—车体左右对称性
2—左 A 柱　　6—右 B 柱　　10—左减振器悬挂部位
3—左 B 柱　　7—右 C 柱　　11—右减振器悬挂部位
4—左 C 柱　　8—左纵梁　　12—左后减振器悬挂部位
5—右 A 柱　　9—右纵梁　　13—右后减振器悬挂部位

七、碰撞贬值损失的评估计算方法

碰撞贬值损失的评估计算公式:$D_B = (P_Q - P_H) \times \eta$

式中:D_B——车辆碰撞贬值损失价值。

P_Q,P_H——分别为车辆碰撞前、碰撞修复后的评估价格,且应为二手车经销者所能接受的价格,称之为收购价格或市场价格,而不是卖给个人用户或企业的零售价格;可采用重置成本法、现行市价法、直接比较法估算车辆重置成本和车辆碰撞前及车辆碰撞后的评估价格。

η——碰撞贬值评估计算专家调整系数。专家调整系数受车辆价值、使用年限、累计行驶里程、碰撞损伤部位、维修质量及事故维修历史等因素影响,具体取值参见表 8-4。

表 8-4　碰撞贬值损失专家调整系数 η

影响因素	因素分级	调整系数	权重/%
车辆价值	150 万元以上	1	25
	70 万~150 万元	0.95	
	35 万~70 万元	0.9	
	15 万~35 万元	0.85	
	15 万元以下	0.8	

续表

影响因素	因素分级	调整系数	权重/%
使用年限	1年以内	1	25
	1~2年	0.95	
	2~3年	0.9	
	3年以上	0.85	
碰撞部位	3处以上	1	20
	2处	0.95	
	1处	0.9	
修复质量	较差	1	15
	一般	0.9	
	较高	0.8	
事故维修历史	无事故维修历史	1	15
	有，未在本次损伤部位	0.9	
	有，在本次损伤部位	0.8	

参照表使用方法注释：因素分级中车辆价格及其年限包括起点，而不含终点。例如："70~150"是指车价在大于等于70万元而小于150万元的区间。

【碰撞贬值损失案例】

2011年的路虎神行者2（见图8-20），型号为圣诞新年特别版SE，排量为3.2L，行驶里程为1.2万km，购买时间为2011年12月5日，交通事故时间为2012年6月8日。受委托方×××地方法院的委托，对该车在2013年9月7日进行车辆碰撞贬值损失评估。

图8-20 整车外形图

经现场勘查鉴定，该车在发生事故时侧翻，导致被评估车辆右侧 A 柱、B 柱及 C 柱位置损伤严重（见图 8-21~图 8-24）。维修费用合计 76 600 元，其中右侧两个车门 18 000 元，工时费 40 000 元，油漆费 15 600 元，其他材料费 3 000 元。

图 8-21　右侧 A 柱损伤图

图 8-22　右侧 B 柱损伤图（一）

图 8-23　右侧 B 柱损伤图（二）

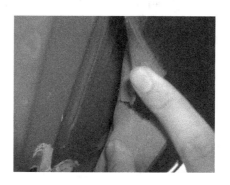

图 8-24　右侧 C 柱损伤图

由于被评估车辆车身骨架处有损伤修复痕迹，根据《二手车鉴定评估技术规范》中对事故车的定义，该车为事故车。

该车购车发票日期为 2011 年 12 月 5 日。发票显示原值为 568 000 元。现已改款，新款车型市场最低售价为 498 000 元。

计算被评估车辆发生事故前的评估价格：

(1) 采用重置成本法计算被评估车辆的重置成本 B = 车辆的购买价格 + 购置税价格 = 498 000 + (498 000 × 8.547%) = 498 000 + 42 564 = 540 564(元)

(2) 采用综合分析法计算被评估车辆事故发生前的成新率 C_Z = (1 - 已使用年限/建议使用年限) × 综合调整系数 × 100%

被评估车辆2011年12月5日购买,2012年6月8日发生事故,已使用6个月。

被评估车辆技术状况较好,取值0.8,权重30%。

被评估车辆保养情况较好,取值0.8,权重25%。

被评估车辆为进口车,取值0.8,权重20%。

被评估车辆使用性质为非营运,取值0.7,权重15%。

被评估车辆工作条件较好,取值0.7,权重10%。

计算综合调整系数:K = 0.8 × 30% + 0.8 × 25% + 0.8 × 20% + 0.7 × 15% + 0.7 × 10% = 0.83

综合成新率 C_Z = (1 - 6/180) × 0.72 × 100% = 0.69

(3) 事故前的评估价格 P_Q = 重置成本 × 综合成新率 = 540 564 × 0.69 = 372 900(元)

(4) 确定被评估车辆碰撞修复后的收购价格 P_H:

采用直接比较法,根据5家二手车收购公司的询价(见表8-5),计算出被评估车辆碰撞修复后的收购价格 P_H = (285 000 + 280 000 + 292 000 + 287 000 + 282 000) ÷ 5 = 285 200(元)。

表8-5 评估车辆市场询价表

询价公司	询价时间	收购价格/元	联系人	联系电话
×××二手车市场	2013年9月7日	285 000	×××	×××
×××二手车经销公司		280 000	×××	×××
×××二手车拍卖公司		292 000	×××	×××
×××二手车经纪公司		287 000	×××	×××
×××二手车销售公司		282 000	×××	×××

(5) 确定专家调整系数 η:

被评估车辆现款车型最低售价498 000元,车辆价值取值0.9;现使用6个月,不足1年,取值1;事故碰撞部位涉及3处车身骨架,取值1;事故修复质量一般,取值0.9;经查询该车历史出险记录,该车曾在2012年4月12日出现过事故,导致前保险杠和左前大灯更换,维修费用18 500元,取值 0.9。

计算碰撞贬值损失专家调整系数 η：

$\eta = 0.9 \times 25\% + 1 \times 25\% + 1 \times 20\% + 0.9 \times 15\% + 0.9 \times 15\% = 0.945$

（6）计算被评估车辆的贬值损失价值 D_B：

D_B =（车辆事故前的评估价格 – 车辆事故修复后的评估价格）× 专家调整系数

    =（372 900 – 285 200）× 0.945

    = 82 877（元）

第九章

二手车鉴定评估报告的撰写

第一节 二手车鉴定评估报告的基本制度

二手车鉴定评估报告制度，是规定二手车鉴定评估机构在完成二手车鉴定评估工作后，应向委托方出具鉴定评估报告书的一系列有关的制度，包括二手车鉴定评估报告的编制，二手车鉴定评估报告的确认和复议，二手车鉴定评估报告书的档案管理等相关内容。

一、鉴定评估报告的编制

编制二手车鉴定评估报告书是完成评估工作的最后一道工序，也是评估工作中的一个很重要的环节。评估人员通过评估报告不仅要真实准确地反映评估工作情况，而且表明评估者在今后一段时期里对评估的结果和有关的全部附件资料承担相应的法律责任。二手车鉴定评估报告是记述鉴定评估成果的文件，是鉴定评估机构向委托者和二手车鉴定评估管理部门提交的主要成果。鉴定评估报告质量的高低，不仅反映鉴定评估人员的水平，而且直接关系到有关各方的利益。这就要求编制报告的评估人员要思路清晰，做到文字简练准确，格式规范，有关的取证与调查材料和数据真实可靠。为了达到这些要求，评估人员应按下列步骤进行评估报告的编制。

1. 评估资料的分类整理

被评估汽车的有关背景资料、技术鉴定情况资料及其他可供参考的数据记录等评估资料是编制二手车鉴定评估报告的基础。一个较复杂的评估项目是由两个或两个以上评估人员合作完成的，评估过程中需将评估资料进行分类整理，包括评估鉴定作业表的审核，评估依据的说明，最后形成评估的文字材料。

2. 鉴定评估资料的分析讨论

在完成资料整理工作后，应召集参与评估工作的有关人员，对评估的情况和初步结论进行分析讨论。如果发现其中提法不妥、计算错误、作价不合理等方面的问题，特别是涉及机动车的配置、维护保养情况及技术状况，以及品牌在市场中的影响力等方面的问题，就必须及时进行必要的调整。若采用两种不同评估方法并得出两个结论的，需要在充分讨论的基础上得出一个正确的结论。

3. 鉴定评估报告的撰写

评估报告编制负责人应根据评估资料讨论后的修正意见，进行资料的汇总编排和评估报告书的撰写工作。然后将二手车鉴定评估的基本情况和评估报告书初稿的初步结论与委托方交换意见。听取委托方的反馈意见后，在坚持客观、公正、科学、可行的前提下，认真分析委托方提出的问题和意见，考虑是否修改评估报告书。对报告书中存在的疏忽、遗漏和错误之处进行修正后，最后形成正式的二手车鉴定评估报告书。

4. 评估报告的审核

先由项目负责人审核评估报告，再报评估机构经理审核签发，同时要二手车鉴定评估人员盖章并加盖评估机构公章。送达客户签收时，要提醒客户签收并填写回执。

二、二手车鉴定评估报告的确认

对于二手车鉴定评估报告，一般情况下由委托方确认，涉及国有资产的，除资产占有方确认外，还必须由上级主管部门认可。

关于二手车鉴定评估报告的确认，因委托方的不同和委托目的的不同，大致可以分成以下几种情况：

（1）交易类的二手车鉴定评估由买卖双方和二手车交易机构确认。

（2）抵押类的二手车鉴定评估由抵押人和银行共同确认。

（3）司法鉴定类的二手车鉴定评估经法庭质证后写入判决书或调解书，即表示确认。其中，刑事案件中的二手车鉴定评估须先经公安机关和检察机关确认后，再经法庭质证后最终确认，而有些二手车鉴定评估报告还要经过二审程序。按国家法律规定有时评估鉴定人员还被要求作为鉴定人或证人上庭，详细叙述鉴定过程和鉴定结论并回答法官、律师及原、被告的提问。因此，司法鉴定类的二手车鉴定评估是最为复杂的一种，要求极高。

（4）置换类的二手车鉴定评估由车主和汽车经销商共同确认。

（5）拍卖类的二手车鉴定评估要求确定委托拍卖底价，因此由拍卖企业和委托拍卖人共同确认。

（6）企业合并、分设等资产重组类的二手车鉴定评估由董事会或管理层确认。

三、二手车鉴定评估报告的复议和管理

1. 二手车鉴定评估报告的复议

旧机动车鉴定评估机构出具二手车鉴定评估报告后，由于各种原因委托方往往对评估结论，即评估报告持有异议，因此在复议的有效期内可以委托原评估机构对原出具的二手车鉴定评估报告进行复议，也可以委托另一家资质较高的二手车鉴定评估机构进行复议或重新评估。

2. 二手车鉴定评估报告书的档案管理

与二手车鉴定评估报告书相关的档案管理制度包括二手车鉴定评估报告书的归档制度、保管制度、保密制度和借阅利用档案制度。

二手车鉴定评估报告书是记录、描述或反映整个二手车鉴定评估过程和结果的各类文件的统称。它属于专门业务文书，主要有以下三种：

（1）二手车鉴定评估委托书。委托书是一种合同契约文件，由委托方与受托方共同签字。委托书应如实提供标的的详细资料，如机动车登记证书、机动车行驶证、附加税完税凭证、道路运输证、养路费缴纳凭证等，将其作为委托书的附件。

（2）二手车鉴定评估的调查资料：①以国家有关法律、法规中与该项业务直接或间接相关的条款作为二手车鉴定评估的法律依据。②委托标的的详细资料及有关证明材料。对于重要的标的，还应附有照片、图像资料（特别是机动车受损较为严重的部位），必要时要有汽车修理厂或保险公司的修理清单。③与二手车鉴定评估有关的其他资料，如相关机动车的价格行情、价格指数，以及汇率、利率、参照车辆等。

（3）二手车鉴定评估报告书是反映评估过程和成果的综合性文件，是二手车鉴定评估的成果形态。二手车鉴定评估报告书一般根据委托方的要求和二手车鉴定评估业务的具体情况来确定基本内容，包括结论书正文和附件两部分。其主要内容是阐述价格鉴定的基本结论。二手车鉴定评估报告书成立是前提条件，得出结论是主要过程、方法和依据，并附上必要的文件资料。

第二节 二手车鉴定评估报告书的作用和类型

一、二手车鉴定评估报告书的概念

二手车鉴定评估报告是指二手车鉴定评估机构按照评估工作制度有关规定，在完成鉴定评估工作后向委托方和有关方面提交的说明二手车鉴定评估过程和结果的书面报告。它是按照一定格式和内容来反映评估目的、程序、依据、方法、结果等基本情况的报告书。广义的报告还是一种工作制度。它规定评估机构在完成二手车鉴定评估工作之后必须按照一定的程序和要求，以书面形式向委托方报告鉴定评估过程和结果。狭义的鉴定评估报告，即鉴定评估结果报告书，既是二手车鉴定评估机构完成对二手车的作价，提交给委托方的具有公正性的报告，也是二手车鉴定评估机构履行评估合同情况的总结，还是二手车鉴定评估机构为其所完成的鉴定评估结论承担相应法律责任的证明文件。

按照二手车鉴定评估报告的有关规定，二手车鉴定评估报告书应该包括二手车鉴定评估报告书正文以及相关附件。

二、二手车鉴定评估报告书的作用

二手车鉴定评估报告书对管理部门及各类交易的市场主体都是十分重要的。一份二手车鉴定评估报告书，特别是涉及国有资产的评估报告资料，不仅是一份评估工作的总结，而且是其价格的公证性文件和资产交易双方认定资产价格的依据。由于目的的不同，其作用可从两个方面进行分析。

1. 委托方（客户）对二手车鉴定评估报告书作用的理解

（1）作为产权变动交易作价的基础材料。二手车鉴定评估报告书的结论可以作为车辆买卖交易谈判底价的参考依据，或作为按比例出资的投资证明材料，特别是对涉及国有资产的二手车的客观公正的作价，可以有效地防止国有资产流失，确保国有资产价格的客观、公正和真实。

（2）作为各类企业进行会计记录的依据，按评估值对会计账目所做的调整必须由相关机关批准。

（3）作为法庭辩论和裁决时确认财产价格的举证材料。尤其是涉财产纠纷案件的二手车鉴定评估，其评估结果可作为法庭做出裁决的证明材料。

（4）作为支付评估费用的依据。当委托方（客户）收到评估资料及报告后没有提出异议，也就是说评估的资料及结果符合委托书的条款，委托方应以此为前提和依据向受托方，即评估机构付费。

（5）二手车鉴定评估报告书是反映和体现评估工作情况，明确委托方、受托方及有关方面责任的根据。受托方采用文字的形式，将二手车鉴定评估的目的、背景、产权、依据、程序、方法等内容，以及评定的结果进行说明和总结，体现了评估机构的工作成果。同时，二手车鉴定评估报告也反映和体现了受托的二手车鉴定评估机构与鉴定评估人员的权利和义务，并依此来明确委托方和受托方的法律责任。撰写评估结果报告书还行使了二手车鉴定评估人员在评估报告书上签字的权利。

2. 评估机构对二手车鉴定评估报告书作用的理解

（1）它是评估机构工作成果的体现，是一种动态管理的信息资料，体现了评估机构的工作情况和工作质量。

（2）二手车鉴定评估报告书是建立评估档案，归集评估档案资料的重要信息来源。

三、二手车鉴定报告书的类型

二手车鉴定报告书有定型式、自由式和混合式3种。

（1）定型式。定型式二手车鉴定评估报告书又称封闭式二手车鉴定评估报告书，采用固定格式。评估人员必须按要求填写，不得随意增减。其优点是通用性好，写作省时省力；缺点是不能根据评估对象的具体情况而深入分析某些特殊事项。如果能针对不同的评估目的和不同类型的机动车做相应的调整，则可以在一定程度上弥补这一缺点。

（2）自由式。自由式二手车鉴定评估报告书又称开放式二手车鉴定评估报告书，是由评估人员根据评估对象的情况而自由创作的无一定格式的评估报告书。其优点是可深入分析某些特殊事项，但缺点是易遗漏一般事项。

（3）混合式。混合式二手车鉴定评估报告书是兼取前两种二手车鉴定评估报告书的格式，兼顾了定型式和自由式两种报告书的优点。一般来说，专办案件以采用自由式二手车鉴定评估报告书为优，而例行案件以采用定型式二手车鉴定评估报告书为佳。

不论二手车鉴定评估报告书的形式如何，均应客观、公正、翔实地记载评估结果和过程。如果仅以结论告知，必然会使委托评估者或二手车鉴定评估报告书的其他使用者心理上的信任度降低。二手车鉴定评估报告书的用语要力求准确、肯定，避免模棱两可或易生误解的文字，而对于难以确定的事项，则应在报告书中说明，并描述其可能影响二手车价格的情形。

第三节　二手车鉴定评估报告撰写规范

一、二手车鉴定评估报告书的基本内容

所撰写的二手车鉴定评估报告书，不管是定型式，还是自由式，或是混合式，其基本内容都是相同的，主要包括以下内容：

1. 封面

二手车鉴定评估报告书的封面须载明下列内容：二手车鉴定评估报告书名称，鉴定评估机构出具鉴定评估报告的编号，二手车鉴定评估机构全称和鉴定评估报告提交日期等。有服务商标的，评估机构可以在报告封面载明其图形标志。

2. 首部

鉴定评估报告书正文的首部应包括标题和报告书序号。

（1）标题。

标题应简练清晰，含有"×××（评估项目名称）鉴定评估报告"字样，位置居中偏上。

（2）报告书序号。

报告书序号应符合公文的要求，包括评估机构特征字、公文种类特征字（例如"评报""评咨"和"评函"。评估报告书正式报告应用"评报"，评估报告书预报告应用"评预报"）、年份和文件序号。例如：×××评报字（1998）第18号，位置本行居中。

3. 绪言

写明该评估报告委托方全称、受委托评估事项及评估工作整体情况，一般应采用包含下列内容的表达格式：

"×××（鉴定评估机构）接受×××的委托，根据国家有关资产评估的规定，本着客观、独立、公正、科学的原则，按照公认的资产评估方法，对×××（车辆）进行了鉴定评估。本机构鉴定评估人员按照必要的程序，对委托鉴定评估车辆进行了实地查勘与市场调查，对其在××××年××月××日所表现的市场价值做出了公允反映。现将车辆评估情况及鉴定评估结果报告如下……"

4. 委托方与车辆所有方简介

应写明委托方、委托方联系人、车主的名称、联系电话及住址。

5. 评估目的

应写明本次资产评估是为了满足委托方的何种需要，及其所对应的经济行为类型。

6. 评估对象

须简要写明纳入评估范围车辆的厂牌型号、号牌号码、发动机号、车辆识别代号、车架号、注册登记日期、年审检验合格有效日期、购置附加税（费）证号、车船使用税缴纳有效期。

7. 鉴定评估基准日

写明车辆鉴定评估基准日的具体日期，式样为：鉴定评估基准日是×××ד年××月××日。

8. 评估原则

写明评估工作过程中遵循的各类原则以及本次鉴定评估遵循国家及行业规定的公认原则。对于所遵循的特殊原则，应做适当阐述。

9. 评估依据

评估依据一般可划分为行为依据、法律法规依据、产权依据和取价依据等。行为依据主要是指二手车鉴定评估委托书、法院的委托书等经济行为文件。法律、法规依据应包括车辆鉴定评估涉及的有关法律、法规等。产权依据是指被评估车辆的机动车登记证书或其他能够证明车辆产权的文件等。评定及取价依据应为鉴定评估机构收集的国家有关部门发布的统计资料和技术标准资料，以及评估机构收集的有关询价资料和参数资料等。对评估中所采用的特殊依据应在本节内容中披露。

10. 评估方法及计算过程

简要说明评估人员在评估过程中所选择并使用的评估方法，简要说明选择评估方法的依据或原因。如对某车辆评估采用一种以上的评估方法，应适当说明原因并说明该资产评估价值确定方法。对于所选择的特殊评估方法，应适当介绍其原理与适用范围。写明各种评估方法计算的主要步骤等。

11. 评估过程

评估过程应反映二手车鉴定评估机构自接受评估委托之日起至提交评估报告的工作过程，包括接受委托、验证、现场查勘、市场调查与询证、评定估价、提交报告等内容。

12. 评估结论

13. 特别事项说明

评估报告中陈述的特别事项是指在已确定评估结果的前提下，评估人员揭示在评估过程中已发现可能影响评估结论，但非评估人员执业水平和能力所能评定估算的有关事项；提示评估报告使用者应注意特别事项对评估结论的影响；揭示鉴定评估人员认为需要说明的其他问题。

14. 评估报告的法律效力

揭示评估报告的有效日期，特别提示评估基准日的期后事项对评估结论的影响以及评估报告的使用范围等。

15. 鉴定评估报告提出日期

写明评估报告提交委托方的具体时间。原则上应在确定的评估基准日后一周内提出评估报告。

16. 附件

附件应包括二手车鉴定评估委托书、二手车鉴定评估作业表、车辆行驶证、购置附加税（费）、车辆登记证书复印件、二手车鉴定评估人员资格证书影印件、鉴定评估机构营业执照影印件、鉴定评估机构资质影印件、二手车照片等。

17. 尾部

写明出具评估报告的评估机构名称，并盖章；写明评估机构法定代表人姓名并签名；二手车鉴定评估人员盖章并签名；高级二手车鉴定估价师审核签章，以及报告日期。

二、二手车鉴定评估报告书撰写技术要点

二手车鉴定评估报告书的技术要点是指在二手车鉴定评估报告中的主要技能要求。它具体包括了文字表达方面、格式和内容方面的技能要求，复核与反馈等方面的技能要求等。

1. 文字表达方面的技能要求

二手车鉴定评估报告书既是一份对被评估的车辆价值有咨询性和公证性作用的支持材料，又是一份用来明确鉴定评估机构和评估人员工作职责的文字依据，所以它的文字表达技能要求既要清楚、准确，又要提供充分的依据说明，还要全面地叙述整个鉴定评估的过程。其文字表达必须清楚，不得使用模棱两可的措词。其陈述既要简明扼要，又要把有关问题说明清楚，不得带有任何诱导、恭维和推荐性的陈述。当然，在文字表达上也不能带着大包大揽的语句，尤其是涉及承担责任条款的部分。

2. 格式和内容方面的技能要求

对二手车鉴定评估报告书格式和内容方面的技能要求，必须严格遵循原国家经济贸易委员会颁发的《关于规范二手车鉴定评估工作的通知》行事。

3. 鉴定评估报告书的复核与反馈方面的技能要求

鉴定评估报告书的复核与反馈也是鉴定评估报告书制作的具体技能要求。

通过对工作底稿、作业表、技术鉴定资料和鉴定评估报告书正文的文字、格式及内容的复核和反馈，可以将有关错误、遗漏等问题在出具正式报告书之前就加以修正。对鉴定评估人员来说，由于知识、能力、经验、阅历及理论方法的限制，难免会产生工作盲点和疏忽，所以，对鉴定评估报告书初稿进行复核就成为必要。对鉴定评估的车辆的情况熟悉程度来说，大多数车辆评估委托方和占有方对委托鉴定评估车辆的成新、使用强度、保养、车辆性能、维修、事故等情况可能比评估机构和评估人员更熟悉，所以，在出具正式报告之前征求委托方意见、收集反馈意见也很有必要。

对鉴定评估报告进行复核，必须明确复核人的职责，防止复核时流于形式。收集反馈意见主要是通过委托方或所有方熟悉车辆具体情况的人员来完成。对委托方或车辆所有方意见的反馈信息，应慎重对待，应本着独立、客观、公正的态度去接受其反馈意见。

三、撰写鉴定报告书应注意的事项

二手车鉴定评估报告书的编制者除了需要掌握上述3个方面的技术要点外，还应注意以下事项：

（1）实事求是，切忌出具虚假报告。报告书必须建立在真实、客观的基础上，不能脱离实际情况，更不能无中生有。报告拟定人应是参与鉴定评估并全面了解被评估车辆的主要鉴定评估人员。

（2）坚持一致性做法，切忌出现表里不一。报告书文字、内容要前后一致，正文、评估说明、作业表、鉴定工作底稿、格式，甚至数据，要相互一致，不能出现相互矛盾、各谈各调的不一致的情况。

（3）提交报告书要及时、齐全和保密。在正式完成二手车鉴定评估报告编制工作后，应按合同书的约定时间及时将报告书送交委托方。送交报告书时，报告书及有关文件要送交齐全。

四、二手车鉴定评估报告书的示范文本

二手车鉴定评估报告（示范文本）

××××鉴定评估机构评报字（20　　年）第××号

一、绪言

（鉴定评估机构）接受（委托方）的委托，根据国家有关评估及《二手车流通管理办法》和《二手车鉴定评估技术规范》的规定，本着客观、独

立、公正、科学的原则，按照公认的评估方法，对牌号为_____的车辆进行了鉴定。本机构鉴定评估人员按照必要的程序，对委托鉴定评估的车辆进行了实地勘查与市场调查，并对其在____年____月____日所表现的市场价值做出了公允反映。现将该车辆鉴定评估结果报告如下：

二、委托方信息

委托方：　　委托方联系人：　　联系电话：　　车主姓名/名称：（填写机动车登记证书所示的名称）

三、鉴定评估基准日

____年____月____日。

四、鉴定评估车辆信息

厂牌型号：　　　　　　　　　牌照号码：
发动机号：　　　　　　　　　车辆VIN码：
车身颜色：　　表征里程：　　初次登记日期：
年审检验合格至：　年　月　　交强险截止日期：年　月
车船税截止日期：　年　月
是否查封、抵押车辆：□是□否　　车辆购置税（费）证：□有□无
机动车登记证书：□有□无　　机动车行驶证：□有□无
未接受处理的交通违法记录：□有□无
使用性质：□公务用车 □家庭用车 □营运用车 □出租车 □其他：

五、技术鉴定结果

技术状况缺陷描述：

重要配置及参数信息：
技术状况鉴定等级：　　等级描述：

六、价值评估

价值估算方法：□现行市价法□重置成本法□其他
价值估算结果：车辆鉴定评估价值为人民币　　元，金额大写：

七、特别事项说明[1]

八、鉴定评估报告法律效力

本鉴定评估结果可以作为作价参考依据。本项鉴定评估结论有效期为90天，自鉴定评估基准日至　　年　　月　　日止。

九、声明

（1）本鉴定评估机构对该鉴定评估报告承担法律责任；

（2）本报告所提供的车辆评估价值为评估基准日的价值；

（3）该鉴定评估报告的使用权归委托方所有，其鉴定评估结论仅供委托方为本项目鉴定评估目的使用和送交二手车鉴定评估主管机关审查使用，不适用于其他目的，否则本鉴定评估机构不承担相应法律责任；因使用本报告不当而产生的任何后果与签署本报告书的鉴定评估人员无关；

（4）本鉴定评估机构承诺，未经委托方许可，不将本报告的内容向他人提供或公开，否则本鉴定评估机构将承担相应法律责任。

附件：

一、二手车鉴定评估委托书

二、二手车技术状况表

三、车辆行驶证、机动车登记证书复印件

四、被鉴定评估二手车照片（要求外观清晰，车辆牌照能够辨认）

二手车鉴定评估师（签字、盖章）　　　复核人[2]（签字、盖章）

年　　月　　日　　（二手车鉴定评估机构盖章）

　　　　　　　　　　　　　　　　　　年　　月　　日

[1] 特别事项是指在已确定鉴定评估结果的前提下，鉴定评估人员认为需要说明在鉴定过程中已发现可能影响鉴定评估结论，但非鉴定评估人员执业水平和能力所能鉴定评定估算的有关事项以及其他问题。

[2] 复核人是指具有高级二手车鉴定评估师资格的人员。

备注：1. 本报告书和作业表一式三份，委托方二份，受托方一份；

2. 鉴定评估基准日即《二手车鉴定评估委托书》签订的日期。

二手车鉴定评估委托书（示范文本）

委托书编号：_____

委托方名称（姓名）：　　　法人代码证（身份证）号：

鉴定评估机构名称：　　　　法人代码证：

委托方地址：　　　　　鉴定评估机构地址：
联系人：　　　　　　　电话：
　　因 □交易 □典当 □拍卖 □置换 □抵押 □担保 □咨询 □司法裁决需要，委托人与受托人达成委托关系，对号牌号码为_____，车辆类型为_____，车架号（VIN码）为_____的车辆进行技术状况鉴定并出具评估报告书，　　年　　月　　日前完成。

委托评估车辆基本信息

车辆情况	厂牌型号		使用用途	营运 □ 非营运 □
	总质量/座位/排量		燃料种类	
	初次登记日期	年　月　日	车身颜色	
	已使用年限	年　个月	累计行驶里程（万公里）	
	大修次数	发动机（次）	整车（次）	
	维修情况			
	事故情况			
价值反映	购置日期	年　月　日	原始价格（元）	
备注：				

委托方：（签字、盖章）　　　　　　　　受托方：（签字、盖章）

　　　　　　　　　　（二手车鉴定评估机构盖章）

年　月　日　　　　　　　　　　　　　　　年　月　日

1. 委托方保证所提供的资料客观真实，并负法律责任。
2. 仅对车辆进行鉴定评估。
3. 评估依据：《机动车运行安全技术条件》《二手车鉴定评估技术规范》等。
4. 评估结论仅对本次委托有效，不做他用。

5. 鉴定评估人员与有关当事人没有利害关系。

6. 委托方如对评估结论有异议，可于收到《二手车鉴定评估报告》之日起10日内向受托方提出，受托方应给予解释。

二手车技术状况表（示范文本）

车辆基本信息	厂牌型号		牌照号码	
	发动机号		VIN码	
	初次登记日期	年 月 日	表征里程	万公里
	品牌名称	□国产 □进口	车身颜色	
	年检证明	□有(至 年 月)□无	购置税证书	□有 □无
	车船税证明	□有(至 年 月)□无	交强险	□有(至 年 月)□无
	使用性质	□营运用车 □出租车 □公务用车 □家庭用车 □其他		
	其他法定凭证、证明	□机动车号牌 □机动车行驶证 □机动车登记证书 □第三者强制保险单 □其他		
	车主名称/姓名		企业法人证书代码/身份证号码	
重要配置	燃料标号	排量	缸数	
	发动机功率	排放标准	变速器形式	
	气囊	驱动方式	ABS	□有 □无
	其他重要配置			
是否为事故车	□是 □否	损伤位置及损伤状况		
鉴定结果	分值		技术状况等级	
车辆技术状况鉴定缺陷描述	鉴定科目	鉴定结果(得分)	缺陷描述	
	车身检查			
	发动机检查			
	车内检查			
	启动检查			
	路试检查			
	底盘检查			

第九章 二手车鉴定评估报告的撰写

二手车鉴定评估师： 鉴定单位： ___（盖章）
鉴定日期： 年 月 日

声明：
　　本二手车技术状况表所体现的鉴定结果仅为鉴定日期当日被鉴定车辆的技术状况表现与描述。若在当日内被鉴定车辆的市场价值或因交通事故等原因导致车辆的价值发生变化，对车辆鉴定结果产生明显影响，则本技术状况鉴定说明书不作为参考依据。

说明：
　　本二手车技术状况表由二手车经销企业、拍卖企业、经纪企业使用，作为二手车交易合同的附件。车辆展卖期间，放置在驾驶室前挡风玻璃左下方，供消费者参阅。

五、经典二手车鉴定评估报告示例

评估报告案例（图9-1）

图9-1　被评估车辆基本信息

二手车鉴定评估委托书

委托书编号：<u>0001</u>

委托方名称（姓名）：×××　　法人代码证（身份证）号：××××××

鉴定评估机构名称：×××机动车鉴定评估公司　　法人代码证：×××

委托方地址：×××　　鉴定评估机构地址：×××

联系人：×××　　电话：×××

因 ■交易 □典当 □拍卖 □置换 □抵押 □担保 □咨询 □司法裁决需要，委托人与受托人达成委托关系，对号牌号码为×××，车辆类型为<u>小型轿车</u>，车架号（VIN码）为×××的车辆进行技术状况鉴定并出具评估报告书，<u>2014</u>年<u>6</u>月<u>6</u>日前完成。

委托评估车辆基本信息

车辆情况	厂牌型号	奥迪牌 FV7203BBCWG	使用用途	营运 □ 非营运 ■
	总质量/座位/排量	1600kg/5/2.0T	燃料种类	汽油
	初次登记日期	2014年1月3日	车身颜色	白色
	已使用年限	4个月	累计行驶里程（万公里）	0.3
	大修次数	发动机（次）	无	整车（次）	无
	维修情况	1次		
	事故情况	1次		
价值反映	购置日期	2014年1月2日	原始价格（元）	329 900
备注：该车在2014年2月16号发生一次事故，右侧前、后车门，后轮轮眉刮伤，经保险理赔已经修复				

委托方：（签字、盖章）　　　　　　　　　　　　受托方：（签字、盖章）

　　　×××　　　　　　　　　　　　　　　　　　　　×××

　　　　　　　　　　　　　　　　　　　　　　（二手车鉴定评估机构盖章）

2014年6月2日　　　　　　　　　　　　　　　　2014年6月2日

1. 委托方保证所提供的资料客观真实，并负法律责任。
2. 仅对车辆进行鉴定评估。
3. 评估依据：《机动车运行安全技术条件》《二手车鉴定评估技术规范》等。
4. 评估结论仅对本次委托有效，不做他用。
5. 鉴定评估人员与有关当事人没有利害关系。
6. 委托方如对评估结论有异议，可于收到《二手车鉴定评估报告》之日起10日内向受托方提出，受托方应给予解释。

二手车鉴定评估报告

××××鉴定评估机构评报字（2014年）第0001号

一、绪言

×××（鉴定评估机构）接受×××的委托，根据国家有关评估及《二手车流通管理办法》和《二手车鉴定评估技术规范》的规定，本着客观、独立、公正、科学的原则，按照公认的评估方法，对牌号为×××的车辆进行了鉴定。本机构鉴定评估人员按照必要的程序，对委托鉴定评估的车辆进行了实地勘查与市场调查，并对其在2014年6月2日所表现的市场价值做出了公允反映。现将该车辆鉴定评估结果报告如下：

二、委托方信息

委托方：×××　　委托方联系人：×××　　联系电话：×××
车主姓名/名称：×××

三、鉴定评估基准日

2014年6月2日

四、鉴定评估车辆信息

厂牌型号：奥迪牌FV7203BBCWG　　　　牌照号码：×××
发动机号：×××　　　　　　　　　　车辆VIN码：×××
车身颜色：白色　表征里程：0.3万公里　初次登记日期：2014年1月3日
年审检验合格至：2016年1月　　交强险截止日期：2015年1月
车船税截止日期：2015年1月
是否查封、抵押车辆：□是 ■否　　车辆购置税（费）证：■有 □无
机动车登记证书：■有 □无　　无机动车行驶证：■有 □无
未接受处理的交通违法记录：□有 ■无
使用性质：□公务用车 ■家庭用车 □营运用车 □出租车 □其他

五、技术鉴定结果

技术状况缺陷描述：经现场勘查鉴定，该车右侧前、后车门，后轮轮眉，有重新做漆修复迹象，且无色差，凹坑，维修整备质量较高。

重要配置及参数信息：真皮座椅、多功能方向盘、定速巡航、前排座椅加热、感应式雨刷、后排侧气囊。

技术状况鉴定等级：一级　　　　　　等级描述：鉴定总分　93.5 分

六、价值评估

价值估算方法：□现行市价法　　■重置成本法　　□其他

价值估算结果：车辆鉴定评估价值为人民币 285 000 元，金额大写：贰拾捌万伍仟元整。

七、特别事项说明[1]

八、鉴定评估报告法律效力

本鉴定评估结果可以作为作价参考依据。本项鉴定评估结论有效期为 90 天，自鉴定评估基准日至 2014 年 9 月 1 日止。

九、声明

（1）本鉴定评估机构对该鉴定评估报告承担法律责任；

（2）本报告所提供的车辆评估价值为评估基准日的价值；

（3）该鉴定评估报告的使用权归委托方所有，其鉴定评估结论仅供委托方为本项目鉴定评估目的使用和送交二手车鉴定评估主管机关审查使用，不适用于其他目的，否则本鉴定评估机构不承担相应法律责任；因使用本报告不当而产生的任何后果与签署本报告书的鉴定评估人员无关；

（4）本鉴定评估机构承诺，未经委托方许可，不将本报告的内容向他人提供或公开，否则本鉴定评估机构将承担相应法律责任。

附件：

一、二手车鉴定评估委托书

二、二手车技术状况表

三、车辆行驶证、机动车登记证书复印件

四、被鉴定评估二手车照片（要求外观清晰，车辆牌照能够辨认）

二手车鉴定评估师（签字、盖章）　　　　　复核人[2]（签字、盖章）

×××　　　　　　　　　　　　　　　　　×××

2014 年 6 月 3 日　　（二手车鉴定评估机构盖章）

2014 年 6 月 3 日

第九章 二手车鉴定评估报告的撰写

[1] 特别事项是指在已确定鉴定评估结果的前提下,鉴定评估人员认为需要说明在鉴定过程中已发现可能影响鉴定评估结论,但非鉴定评估人员执业水平和能力所能鉴定评定估算的有关事项以及其他问题。

[2] 复核人是指具有高级二手车鉴定评估师资格的人员。

备注:1. 本报告书和作业表一式三份,委托方二份,受托方一份;
　　　2. 鉴定评估基准日即《二手车鉴定评估委托书》签订的日期。

二手车技术状况表

车辆基本信息	厂牌型号	奥迪牌 FV7203BBCWG	牌照号码	×××
	发动机号	×××	VIN 码	×××
	初次登记日期	2014 年 1 月 3 日	表征里程	0.3万公里
	品牌名称	奥迪 A4L ■国产 □进口	车身颜色	白色
	年检证明	■有(至2016年1月) □无	购置税证书	■有 □无
	车船税证明	■有(至2015年1月) □无	交强险	■有(至2015年1月) □无
	使用性质	□营运用车　□出租车　□公务用车　■家庭用车　□其他		
	其他法定凭证、证明	■机动车号牌　■机动车行驶证　■机动车登记证书 ■第三者强制保险单　■其他:原始购车发票、附加车内装饰发票		
	车主名称/姓名	×××	企业法人证书代码/身份证号码	×××
重要配置	燃料标号	97	排量	2.0T	缸数	4
	发动机功率	132kW	排放标准	国四	变速器形式	8挡无级变速
	气囊	7	驱动方式	前驱	ABS	■有 □无
	其他重要配置	真皮座椅、多功能方向盘、定速巡航、前排座椅加热、感应式雨刷				
是否为事故车	□是 ■否	损伤位置及损伤状况		
鉴定结果	分值		技术状况等级	一级

续表

	鉴定科目	鉴定结果(得分)	缺陷描述
车辆技术状况鉴定缺陷描述	车身检查	13.5	18XF3,20XF3,22XF3
	发动机检查	20	
	车内检查	10	
	启动检查	20	
	路试检查	15	
	底盘检查	15	

二手车鉴定评估师：×××　　　　鉴定单位：(盖章)×××

鉴定日期：2014年6月2日

声明：

　　本二手车技术状况表所体现的鉴定结果仅为鉴定日期当日被鉴定车辆的技术状况表现与描述。若在当日内被鉴定车辆的市场价值或因交通事故等原因导致车辆的价值发生变化，对车辆鉴定结果产生了明显影响，则本技术状况鉴定说明书不作为参考依据。

说明：

　　本二手车技术状况表由二手车经销企业、拍卖企业、经纪企业使用，作为二手车交易合同的附件。车辆展卖期间，放置在驾驶室前挡风玻璃左下方，供消费者参阅。

第十章

二手车交易实务

第一节 二手车交易制度与流程

一、出售二手车需要准备的证件

出售二手车需要准备的证件有机动车行驶证、机动车登记证书、机动车安全技术检验合格标志、机动车环保检验合格标志、机动车交通事故责任强制保险（交强险）、车辆购置税完税证明，以及车主身份证原件（公司车辆需提供企业代码证和公章）。

1. 机动车行驶证

机动车行驶证（见图10-1）俗称"行车证"，是机动车取得合法行使权的凭证，是由公安车辆管理机关依法对车辆进行注册登记而核发的证件。

根据2001年10月1日起实施的《中华人民共和国机动车登记办法》第三条规定，在中华人民共和国境内道路上行驶的机动车，应当按照本办法的规定，经机动车登记机构办理登记，核发机动车号牌、机动车行驶证和《机动车登记证书》。未领取机动车号牌和机动车行驶证的，不准上道路行驶。

《中华人民共和国道路交通安全法》第十一条规定，驾驶机动车上道路行驶，应当悬挂机动车号牌，放置检验合格标志、保险标志，并随车携带机动车行驶证。机动车行驶证也是车辆上路行驶必需的证件。

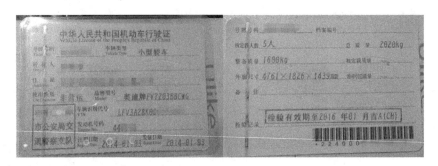

图 10-1　机动车行驶证

2. 机动车登记证书

机动车所有人申请办理机动车各项登记业务时均应出具《机动车登记证书》（见图 10-2）；当登记信息发生变动时，机动车所有人应当及时到车辆管理所办理相关手续；当机动车所有权转移时，原机动车所有人应当将《机动车登记证书》随车交给现机动车所有人。目前《机动车登记证书》还可以作为有效资产证明，到典当行、银行等机构办理抵押贷款。

图 10-2　机动车登记证书

《机动车登记证书》同时也是机动车的"户口本"，所有机动车的详细信息及机动车所有人的资料都记载在上面，包括机动车从"生"到"死"的一套完整记录。证书上所记载的原始信息发生变化时，机动车所有人应携带《机动车登记证书》等相关手续到车辆管理所做变更登记。

《机动车登记证书》的核发单位是公安车辆管理部门。从 2001 年 10 月 1 日之后，所有新购买的机动车在办理注册登记时都核发《机动车登记证书》。

在 2001 年 10 月 1 日之前购买的机动车，当时没有实行《机动车登记证书》制度，未办理《机动车登记证书》，但机动车所有者必须按规定补办《机动车登记证书》。

3. 机动车安全技术检验合格标志

机动车必须上检车线进行安全技术检验，检验合格后，公安机关发放合格标志（见图 10 - 3）。合格标志上的检验日期应与机动车行驶证副页上的检验日期一致。

图 10 - 3　机动车检验合格标志与环保检验合格标志

根据《中华人民共和国道路交通安全法实施管理条例》，应将机动车检验合格标志粘贴在机动车前窗右上角。

机动车安全技术检验由机动车安全技术检验机构实施。机动车安全技术检验机构应当按照国家机动车安全技术检验标准对机动车进行检验，对检验结果承担法律责任。

质量技术监督部门负责对机动车安全技术检验机构实行资格管理和计量认证管理，对机动车安全技术检验设备进行检定，对国家机动车安全技术检验标准的执行情况进行监督。机动车安全技术检验项目由国务院公安部门会同国务院质量技术监督部门确定。

机动车应当从注册登记之日起，按照下列期限进行安全技术检验：

（1）营运载客汽车 5 年以内每年检验 1 次；超过 5 年的，每 6 个月检验 1 次。

（2）载货汽车和大型、中型非营运载客汽车 10 年以内每年检验 1 次；超过 10 年的，每 6 个月检验 1 次。

（3）小型、微型非营运载客汽车 6 年以内免检；超过 6 年的，每年检验 1 次；超过 15 年的，每 6 个月检验 1 次。

（4）摩托车 4 年以内每 2 年检验 1 次；超过 4 年的，每年检验 1 次；拖拉机和其他机动车每年检验1次。

(5) 营运机动车在规定检验期限内经安全技术检验合格的,不再重复进行安全技术检验。

4. 机动车环保检验合格标志

根据2009年7月22日国家污染防治司印发的〔2009〕87号文件《关于印发〈机动车环保检验合格标志管理规定〉的通知》,按照国家有关在用机动车污染物排放标准,经定期检验合格的机动车,从2009年10月1日起核发机动车环保检验合格标志(见图10-3)。

机动车环保检验合格标志的有效期规定如下:

(1) 5年以内的营运载客汽车,有效期为1年;超过5年的,有效期为6个月。

(2) 10年以内的载货汽车和大型、中型非营运载客汽车,有效期为1年;超过10年的,有效期为6个月。

(3) 6年以内的小型、微型非营运载客汽车,有效期为2年;超过6年的,有效期为1年;超过15年的,有效期为6个月。

(4) 摩托车、轻便摩托车、三轮汽车和低速货车,有效期为1年。

新购置机动车环保检验合格标志核发程序:

(1) 新购置机动车注册登记前,机动车所有者应当在拟注册登记地申请核发环保检验合格标志。

(2) 环保检验合格标志核发人员应当依据环保达标车型查询系统的查询结果,凭机动车整车出厂合格证明或者进口机动车进口凭证以及机动车购置发票,核发环保检验合格标志。

5. 机动车交通事故责任强制保险

机动车交通事故责任强制保险,简称"交强险"(见图10-4),为应《道路交通安全法》的实行推出的针对机动车的险种,于2006年7月1日正式施行,根据配套措施的最终确立,于2007年7月1日正式普遍推行,根据被保险人在交通事故中所承担的事故责任来确定其赔偿责任。无论被保险人是否在交通事故中负有责任,保险公司均将按照《交强险条例》以及交强险条款的具体要求在责任限额内予以赔偿。《交强险条例》对于维护道路交通通行者人身财产安全,确保道路交通安全具有重要的

图10-4 交强险标志

作用，同时有助于减少法律纠纷，简化处理程序，确保受害人获得及时有效的赔偿。

6. 车辆购置税完税证明

车辆购置税，是由车辆购置附加费演变而来的。中华人民共和国国务院令（第294号）《中华人民共和国车辆购置税暂行条例》规定，从2001年1月1日起，我国将开始征收车辆购置税。车辆购置税的征收范围包括汽车、摩托车、电车、挂车和农用运输车。具体征收范围依照本条例所附《车辆购置税征收范围表》执行。征收范围的调整，由国务院决定并公布。车辆购置税税率为10%，不包括增值税税款。车辆购置税计税价格＝发票价÷1.17，然后再按10%的税率计征车辆购置税。比如，消费者购买一辆10万元的国产车，去掉增值税部分后按10%纳税。计算公式为：$100\ 000 \div 1.17 \times 0.1 = 8\ 547$（元）。也可以直接用发票价格×8.547%。如果消费者买的是进口私车，计税价格的计算公式为：计税价格＝关税完税价格＋关税＋消费税。

二、二手车交易过户、转籍手续的办理及流程

通常我们说的二手车过户、转籍手续其实是两种手续，即一种是二手车过户，另一种为二手车转籍。

1. 二手车过户手续

二手车过户手续并不复杂，只要提供所需的相关资料，通过车辆管理所的验车和查验档案，便能顺利过户。

如个人过户给个人：需要买、卖双方携带身份证原件、机动车行驶证和《机动车登记证书》；但如果是外地个人购车，则需要提供身份证及有效期内的居住证。

如果是单位过户给单位：需要携带买、卖双方单位的组织机构代码证原件、单位公章、机动车行驶证和《机动车登记证书》。如果单位注销了，还需要去工商部门开具单位注销证明。

如果交易双方是个人对单位：需要携带个人的身份证原件、单位的组织机构代码证原件、单位公章、机动车行驶证和《机动车登记证书》。

2. 二手车转籍手续

二手车转籍需要提供买、卖双方身份证原件、机动车行驶证和《机动车登记证书》。单位买、卖车辆的，需提供单位组织机构代码证原件及公章。在转入地要凭转出地车辆管理所封装的档案在本市申请号牌等。这个环节要特别注意：现在有些大城市，如北京、上海、深圳等，车虽能转入，可是牌照需要通过摇号或拍卖取得，手中无牌照不能落籍。还要注意，很多城市对转籍和过

户的车辆规定了最低汽车尾气排放标准，如国 3，国 4 标准，达不到标准的不允许落籍。

三、二手车报废手续的办理

汽车报废手续是指到公安机关车辆管理部门办理注销登记手续。公安机关车辆管理部门凭车辆回收单位据实填写的报废汽车回收证明和相关证件办理汽车注销手续。为方便办理汽车报废手续的单位或个人，回收单位代公安机关车辆管理部门收取车牌、机动车行驶证、《机动车登记证书》等。不同时期，国家会出台某些鼓励车辆报废的相关补贴政策，符合标准的车辆按规定报废，车主会获得政策规定的相应补贴。办理二手车报废手续的具体步骤如下：

（1）报废汽车产权单位或个人交售报废机动车需提供《机动车登记证书》、号牌和机动车行驶证。报废汽车属于单位的，需提供代码证复印件并加盖公章；属于个人的，需提供车主身份证复印件。

（2）公司业务部门专管员负责接收报废机动车并填写机动车停驶、复驶注销登记表，单位加盖公章，个人车主签字。专管员、保管员验车拍摄照片，涂磨发动机号、车架号。

（3）专管员、保管员验车，合格后，专管员负责填写公司内部印制的报废汽车报告单，分别由交售人、专管员、保管员、科长、主管经理、总经理签字后，保管员对其进行登记，办理入库手续，然后由专管员将相关证件转交办公室专管员登记。

（4）公安机关车辆管理部门专人定期到公司验车，验车合格后签字盖章，办公室专管员到市政府一站式商业局窗口开具报废汽车回收证明。

（5）经公安机关车辆管理部门验车后方可对报废汽车进行拆解。大、中型以上货车和营运车辆在公安机关车辆管理部门监督下进行拆解，并拍摄照片，填写报废机动车监销登记表。

（6）专管员在机动车解体 7 日内将机动车停驶/复驶注销登记表、《机动车登记证书》、号牌、机动车行驶证和报废汽车回收证明副本、报废机动车监销登记表一并送交公安机关车辆登记管理部门办理注销登记。

（7）办理注销登记后，通知车主领取报废汽车回收证明、注销登记手续和残值款。

四、二手车买卖合同的签订

2007 年，国家工商行政管理总局制定了《二手车买卖合同范本》。二手车买卖双方，需根据其内条款或直接使用该合同范本签订合同。合同内容如下：

使用说明：

1. 本合同文本是依据《中华人民共和国合同法》《二手车流通管理办法》等有关法律、法规和规章制定的示范文本，供当事人约定使用。

2. 本合同所称二手车，是指从办理完注册登记手续到达到国家强制报废标准之前进行交易并转移所有权的汽车（包括三轮汽车、低速载货汽车，即原农用运输车）、挂车和摩托车。

3. 本合同签订前，买卖双方应充分了解合同的相关内容。卖方应向买方提供车辆的使用、修理、事故、检验以及是否办理抵押登记、缴纳税费、报废期等真实情况和信息；买方应了解、查验车辆的状况。

4. 双方当事人应结合具体情况选择本合同协议条款中所提供的选择项，空格处应以文字形式填写完整。

5. 本合同"其他约定"条款，供双方当事人自行约定。

6. 本合同示范文本由国家工商行政管理总局负责解释，并在全国范围内推行使用。

二手车买卖合同

合同编号：

卖方：

住所：　　　　　　　　　　　　法定代表人：

（如为自然人）身份证号码：　　　电话号码：

买方：

住所：　　　　　　　　　　　　法定代表人：

（如为自然人）身份证号码：　　　电话号码：

根据《中华人民共和国合同法》《二手车流通管理办法》等有关法律、法规、规章的规定，就二手车的买卖事宜，买卖双方在平等、自愿、协商一致的基础上签订本合同。

第一条　车辆基本情况

1. 车主名称：　　　　　　　；车牌号码：　　　　　　　；
厂牌型号：　　　　　　　。

2. 车辆状况说明见附件一。

3. 车辆相关凭证见附件二。

第二条　车辆价款、过户手续费及支付时间、方式

1. 车辆价款及过户手续费

本车价款（不含税费或其他费用）为人民币：　　　元（小写：　　元）。

过户手续费（包含税费）为人民币：　　　元（小写：　　　元）。

2. 支付时间、方式

待本车过户、转籍手续办理完成后　　　个工作日内，买方向卖方支付本车价款。（采用分期付款方式的可另行约定）

过户手续费由　　　方承担。　　　方应于本合同签订之日起　　　个工作日内，将过户手续费支付给双方约定的过户手续办理方。

第三条　车辆的过户、交付及风险承担

　　　方应于本合同签订之日起　　　个工作日内，将办理本车过户、转籍手续所需的一切有关证件、资料的原件及复印件交给　　　方，该方为过户手续办理方。

卖方应于本车过户、转籍手续办理完成后　　　个工作日内在　　　（地点）向买方交付车辆及相关凭证（见附件一）。

在车辆交付买方之前所发生的所有风险由卖方承担和负责处理；在车辆交付买方之后所发生的所有风险由买方承担和负责处理。

第四条　双方的权利和义务

1. 卖方应按照合同约定的时间、地点向买方交付车辆。

2. 卖方应保证合法享有车辆的所有权或处置权。

3. 卖方保证所出示及提供的与车辆有关的一切证件、证明及信息合法、真实、有效。

4. 买方应按照合同约定支付价款。

5. 对转出本地的车辆，买方应了解、确认车辆能在转入所在地办理转入手续。

第五条　违约责任

1. 卖方向买方提供的有关车辆信息不真实，买方有权要求卖方赔偿因此造成的损失。

2. 卖方未按合同的约定将本车及其相关凭证交付买方的，逾期每日按本车价款总额的　　　%向买方支付违约金。

3. 买方未按照合同约定支付本车价款的，逾期每日按本车价款总额　　　%向卖方支付违约金。

4. 因卖方原因致使车辆不能办理过户、转籍手续的，买方有权要求卖方返还车辆价款并承担一切损失；因买方原因致使车辆不能办理过户、转籍手续的，卖方有权要求买方返还车辆并承担一切损失。

5. 任何一方违反合同约定的，均应赔偿由此给对方造成的损失。

第六条　合同争议的解决方式

因本合同发生的争议，由当事人协商或调解解决；协商或调解不成的，按下列第　　种方式解决：

1. 提交　　仲裁委员会仲裁；
2. 依法向人民法院起诉。

第七条　合同的生效

本合同一式　　份，自双方当事人签字或盖章之日起生效。

第八条　其他约定

附件一：车辆状况说明书（车辆信息表）

附件二：车辆相关凭证

1. 《机动车登记证书》
2. 机动车行驶证
3. 有效的机动车安全技术检验合格标志
4. 车辆购置税完税证明
5. 车船使用税缴付凭证
6. 车辆保险单
7. 购车发票

卖方：　　　　　　　　（签章）　　卖方开户银行：
　　　　　　　　　　　　　　　　　账号：
　　　　　　　　　　　　　　　　　户名：
买方：　　　　　　　　（签章）　　买方开户银行：
　　　　　　　　　　　　　　　　　账号：
　　　　　　　　　　　　　　　　　户名：

签订地点：

　　　　　　　　　　　　签订日期：　　年　　月　　日

填写说明

一、车辆基本信息：

（一）"表征里程"项的内容，按照车辆里程表实际显示总里程数填写。

（二）"其他法定凭证、证明"项的内容，根据实际提交证明文件，在对应项前"□"内打"√"，未列明的填入"其他"项中。

二、重要技术配置及参数：

"其他重要参数"：根据实际情况如实填写相关配置信息。

三、是否为事故车：

如实明示是否为事故车，在对应项前"□"内打"√"。如果"是"，需在"损伤位置及损伤状况"项中描述损伤位置及损伤状况。损伤位置为可以影响到车辆整体结构的位置，主要为A，B，C，D柱、翼子板内板、前纵梁、地板等。损伤状况包括：变形、烧焊、扭曲、锈蚀、折皱、更换过等。

如果"否"，则无须填写后项内容。

四、车辆状况描述：

仅描述静态状况，应包括如下内容：

（一）车身外观状况：需描述外观的损伤位置及损伤状况。

损伤位置包括：翼子板、车门、行李箱盖、行李箱内侧、车顶、保险杠、格栅、玻璃、轮胎、备胎等。

损伤状况包括状态和程度两部分。

损伤状态包括：伤痕、凹陷、弯曲、波纹、锈斑、腐蚀、裂纹、小孔、调换、做漆、痕迹、条纹等。

损伤程度包括：一元硬币可覆盖，10cm×10cm 至 20cm×20cm 可覆盖，A4纸可覆盖，A4纸无法覆盖，花纹深度少于1.6mm（轮胎损伤）。

（二）发动机舱内状况：需描述发动机外观状态、各液面状态及线路状况。

（三）车内及电器状况：需描述内饰是否有破损，车内是否清洁，仪表是否正常，各部分电器是否工作正常，车窗密封及工作状况是否正常等。

（四）底盘状况：发动机油底壳、变速箱和减振器是否有渗漏油现象，转向臂球销和三角臂球销是否松动，传动轴防尘罩是否有破损。

以上部分，如果无任何问题，填写"车辆状况良好"。有任何问题均需明确注明。

（五）质量保证：

明示车辆是否提供质量保证，在对应项前"□"内打"√"。如果"是"，需在"质保范围"项中填写质保内容。如果"否"，则无须填写后项内容。

五、二手车贷款的手续和流程

随着国内汽车保有量的不断增长，越来越多的人选择购买二手车。近几年二手车交易量不断上升，二手车贷款业务也悄然而生。二手车贷款就是银行或金融机构向借款人发放的，用于购买消费自用二手车并以所购车辆为借款抵押物并抵押的贷款。目前，很多银行和金融机构都开展二手车贷款业务。在选购二手车时，很多人也都希望可以通过二手车贷款，来缓解自己购车的资金压力。尤其是有些购买豪华高档二手车的消费者，更是希望可以办理二手车贷款业务。但是考虑到二手车贬值快、风险高等因素，目前银行或金融机构在开展二手车贷款业务时，对借款人的要求都较高，一般要求借款人要有正当的职业和稳定的收入，具有按期偿还的能力，以及良好的个人信用度，还对车辆的价值和车龄有相关的硬性要求。

1. 二手车贷款申请条件

①具有完全民事行为能力，且年龄在18～60周岁之间的自然人；②城镇常住户口或有效居留身份；③有正当的职业和稳定的经济收入，具有按期偿还贷款本息的能力；④在当地有房产；⑤具有良好的个人社会信用；⑥合作机构所规定的其他条件。

2. 二手车贷款申请资料

申请贷款需要准备的资料包括：借款申请书、购车本人的身份证、户口本、住房证明原件，并提供复印件；职业和经济收入证明，包括但不限于单位开具的收入证明、银行存单、信用卡对账单、纳税证明等；与卖方签订的购车协议、合同或者购车意向书；担保所需的证明或文件，包括抵（质）押物清单和有处分权人（含财产共有人）同意抵、质押的证明，有权部门出具的抵押物所有权或使用权证明、书面估价证明（车辆发票价格结合二手车市场或二手车鉴定评估机构所做的书面估价）、同意保险的文件；质押物需交付质押物或权利证明文件；保证人同意履行连带责任保证的保证合同、有关资信证明材料；或满足信用贷款条件的证明文件；已缴付首期购车款的相关证明，要求提供的其他文件资料。

3. 二手车贷款流程

（1）购车人到银行营业网点进行咨询。网点为用户推荐已与银行签订《二手汽车消费贷款合作协议书》的特约经销商。

（2）到经销商处选定拟购二手汽车，与经销商签订购车协议，明确车型、数量、颜色等。

（3）到银行网点提出贷款申请。到银行网点提出贷款申请必需的资料有：

个人贷款申请书、有效身份证件、职业和收入证明以及家庭基本状况、购车协议、担保所需的证明文件、贷款人规定的其他条件。

（4）银行审核用户资信。银行在贷款申请受理后 15 个工作日内通知购车借款人，与符合贷款条件的借款人签订《二手汽车消费借款合同》。二手汽车消费贷款额度最高不超过购车款的 60%~80%（各贷款银行有所不同），贷款期限不得超过 3~5 年（各贷款银行有所不同，以北京市为例，二手车贷款必须首付 50%，贷款期限最长为 3 年）。

（5）签订借款和担保合同。若申请人符合贷款条件，银行与其签订借款合同和有关担保合同。担保方式及相应手续：

1）用户提供第三方连带责任保证方式（银行、保险公司除外）的，保证人与银行签订保证合同，也可以由保险公司提供连带责任履约保证或由银行提供保函。

2）用户以抵押或质押方式担保，应与银行签订抵押或质押合同。以房屋作抵押的，须经指定评估机构评估确认后，由银行会同抵押人到房屋所在区县房地产登记处办理抵押登记，在取得权证后合同生效。以质押方式担保的，质押合同以权利凭证移交给银行后合同生效。

3）以上手续完成后，银行应及时向特约经销商发出贷款通知书。

4）以所购二手汽车作抵押的，银行应及时向特约经销商发出贷款通知书，并在所购二手汽车上牌后由银行统一到车辆管理所办理抵押登记。

（6）银行发放贷款，用户办理车辆保险、提车。特约经销商在收到贷款通知书 15 天内，将客户购车发票、缴费单据及行驶证（复印件）等移交银行。银行在客户办理财产保险手续后发放贷款。险种包括：车辆损失险、第三者责任险、盗抢险和自燃险等。各类保险期限均不得短于贷款期限。

第二节　二手车置换业务

一、二手车置换的概念

二手车置换一般是指消费者在购买新车时，用现有二手车的评估价值折抵部分新车款，从某品牌 4S 店购买新车的业务。4S 店由于具备良好的信誉，所以能够给进行置换业务的消费者带来信任感和更加透明、安心、便利的服务，而且置换某些品牌还能享受生产厂家提供的置换补贴。拿德系车为例，10 万元左右的新车一般能享受 0.3 万~0.5 万元的置换补贴，所以现在越来越多想买新车的消费者都会选择二手车置换这项业务。除此之外，"以旧换旧"也是二手车置换的另一种形式。

二、国内品牌二手车置换及认证业务介绍

1. 一汽丰田安心二手车业务

2005年年末，一汽丰田导入二手车置换认定店制度，正式开始二手车置换业务。一汽丰田置换认定店以"安心"为核心（图10-5），具有全品牌、全车型置换、标准化的待客流程、系统化的评估、价格明示等特征，为顾客提供了良好的服务，深得用户的好评。通过这项业务的办理，任何品牌的二手车都能在一汽丰田的特约销售店进行评估和置换一汽丰田旗下的车型。

图10-5　一汽丰田安心二手车标志

一汽丰田对零售二手车的品质要求可谓严苛，能够通过SMILE认证的二手车必须经过专业的选拔和测试。首先，车源必须是一汽丰田自有品牌，在收车时认证店都会对每辆车的行驶公里数、出险记录等进行审核，以此来保证此车确实是在6年/12万km以内以及没有发生过碰撞和水浸事故，保证车型骨架无异常，以此从源头上保持车辆质量。此外，每一辆SMILE认证二手车都要进行包括发动机系统、制动系统、照明系统等在内的170项专业技术检测，从硬件上给消费者提供了全面的安心保障。最后，还要对车辆进行清洁和消毒。如果你认为只是简单的表面清洗那就错了。SMILE认证车拥有严格的汽车清洁流程，保证每个细节都接近，甚至和新车一样的清洁程度。例如空调蒸发箱，由于平日热交换，结水汽，易附着尘土，所以我们经常会在开空调时闻到异味。为此，对SMILE认证车使用原厂专业的清洁工具、清洗剂清洁空调蒸发箱。经过了这样一系列严格筛选并通过认证的SMILE认证二手车，就具备了和新车一样的优良品质。

2. 梅赛德斯—奔驰星睿二手车业务

2009年11月11日，梅赛德斯—奔驰"星睿二手车业务"正式启动（见图10-6）。奔驰的星睿二手车业务主要的口号就是"保证高质量、高品质"。对于竞争对手来说，除了高效和快速，更主要的是对所销售的二手车商品本身有一套可以保证高品质的认证过程。通过星睿二手车业务收回或者售出的每一辆二手奔驰车都必须确认车况良好，无结构性损伤，行驶4年以内或者不超过10万km的里程，并通过158项检测认证。这个认证过程除了奔驰4S店本身，还有第三方——德克尔认证公司来同时进行。德克尔公司全称是"欧洲机动

车监督协会",专业进行产品的评估和认证。这样,经销商的审核加上第三方的审核,可以向客户提供更安心的产品。

图 10-6 奔驰星睿认证二手车标志

3. 宝马尊选二手车业务

2006 年 BMW 将尊选二手车品牌(图 10-7)带入中国,将领先的行业标准引入到中国豪华二手车市场。凭借着出色的性能和优质的服务标准,BMW 尊选二手车业务在中国取得了令人满意的发展。截至 2012 年,BMW 尊选二手车销售累计近 3.5 万辆,在中国豪华二手车市场占有领先的地位。目前,全国尊选二手车经销商数量已经有 106 家及 5 个二手车中心。除此之

图 10-7 宝马尊选二手车标志

外,BMW 二手车只有经过一系列的严格筛选之后才能跻身"BMW 尊选二手车"的行列。这些标准包括:车龄不超过 5 年,行驶里程不超过 12 万 km;通过 BMW 的 100 项专业技术检测;全部使用宝马原厂配件维修;所有车辆的详细信息,如车龄、行驶里程、维修等都有完整的历史记录。之所以设立这样的标准,是为了保证尊选二手车的品质和品牌,让客户购买得放心,使用得安心。同时,购买 BMW 尊选二手车的客户还享有宝马多项高品质和专业化的服务承诺,包括:12 个月或 2 万 km 保修,以及在保修期内的 BMW 道路救援服务。

4. 奥迪品荐二手车业务

"奥迪品荐"是奥迪二手车业务新战略的品牌名称(图 10-8),旨在通过专业、诚信、便捷的服务理念打造奥迪在二手车业务领域的卓越品牌。"奥迪品荐"品牌在中国市场与全球共享统一平台和规范,预示着奥迪二手车业务的全方位升级。

图 10-8 奥迪品荐二手车标志

第十章 二手车交易实务

5. 雪铁龙龙信二手车业务

2008年9月，东风雪铁龙在第十一届成都国际汽车展览会上正式发布了二手车业务品牌"龙信"（图10-9），并率先在北京、上海、武汉、成都和深圳5地全面启用，极大方便了广大二手车消费者，同时为信赖雪铁龙的消费者提供了更多的选择。"龙信"品牌二手车业务秉持诚信为本的原则，以东风雪铁龙为坚实后盾，运用二手车国际化的操作流程进行品牌化管理，为消费者提供"一站式的置换服务"。也就是说，"龙信"品牌二手车主要以置换为主，同时采用多品牌置换模式，即无论是东风雪铁龙本品牌，还是其他品牌的非营运轿车，都可以用来置换购买东风雪铁龙品牌新车。

图10-9 雪铁龙"龙信"二手车标志

"龙信"二手车业务品牌还制定了相应的售后服务政策。那些符合维修认证资格的并且使用年限在4年或行驶里程8万km以内的东风雪铁龙品牌二手车，可享受最长1年或2万km的质量保修。保修范围及条件在认证证书中约定。

6. 一汽大众二手车置换业务

一汽-大众"品牌认证二手车"是秉持德国大众全球易手车品牌Das WeltAuto的透明、保证、诚信、可靠的品牌宗旨，继承德国大众Das WeltAuto在全球30个国家为客户提供标准统一的二手车服务与认证理念，以新车销售和服务的标准在全国开展品牌二手车业务（图10-10），旨在满足潜在客户和车主对于购买二手车和置换一汽-大众品牌新车的需求，为客户提供增值服务。

图10-10 一汽大众品质认证二手车标志

坚持质量检查、质量保证、金融保险等7项服务承诺，让每一辆一汽-大众易手车都犹如新生，通过筑造透明安心的品质承诺，让每一辆品质二手车都与您坦诚相见。

7. 广州本田喜悦二手车置换业务

广州本田二手车的经营理念采用客观、公平、公正、透明的估价标准购进二手车，通过专业的翻新，提供健全的售后服务、纯正的零部件，使用户从购车到使用全过程都得到良好的服务,通过信心、省心、悦心的体验,产生高度的信赖和满意(图10-11)。专营店通过诚信经营,发挥专业技术优势,提供置换、认证及销售等服务,培养更多广州本田汽车的忠诚用户,树立广州本田的品牌形象。广州本田二手车的经营原则是经营广州本田的系列认证产品,由特约店具体运营,广州本田在置换、销售、翻新、维修、管理等方面给予培训与指导。本着责、权、利相统一的原则,特约店承担售后担保责任。特约店必须把二手车的真实车况(使用年限、行驶里程、技术状况、售价等)告知客户,保护用户的合法权益,保证合法的车辆来源,坚决杜绝非法车辆进入二手车市场。发挥专业技术特长,对于认证二手车,向客户提供1年或2万km的质量保证。

图10-11 广汽本田喜悦二手车标志

8. 起亚·至诚二手车业务

东风悦达起亚于2006年年初正式推出"起亚·至诚二手车"业务(图10-12),并在二手车市场崭露头角。起亚·至诚二手车品牌秉承"至诚至信"的经营理念,已创下辉煌战绩。起亚·至诚二手车经销商可收购任何品牌的二手车。置换东风悦达起亚(以下简称DYK)的新车,采用多品牌置换形式,即用户可以用DYK品牌旧车置换DYK品牌新车,也可用其他品牌车辆置换DYK品牌新车。对收购车辆进行36项专业技术检测,同时向客户提供公正、公平和透明的估价方式,让客户获得满意的二手车收购价格和一定的新车优惠。首次上牌日起4年内,行驶里程小于8万km(全车系),达到DYK二手车108项检测和质量标准,符合条件的车辆颁发DYK质量认证书及1万km/6个月原厂质量认证保证。

图10-12 东风起亚·至诚二手车标志

9. 现代首选二手车业务

现代首选二手车经营有限公司是由北京汽车投资有限公司、现代汽车(中国)投资有限公司、北京现代汽车有限公司共同出资建立的合资公司,注册资本金为1 000万美元,是中国二手车市场为数不多的具有大批量置换、收购、整备、翻新、过户、转籍、销售、租赁资质,同时具有新车销售功能的专业化二手车经营公司(图10-13)。

第十章 二手车交易实务

图 10-13　现代首选二手车标志

2009 年 4 月开展业务以来，积极开创二手车经营公司在中国二手车市场的消费新理念，开展集团大客户的二手车批量收购、销售等业务，并从 2010 年起，与北京现代汽车有限公司合作开展美、德、日、韩车系的"一站式"多品牌置换服务，旨在成为品牌二手车中的领航者，建立并保持行业领先地位。

10. 别克诚新二手车业务

诚新二手车（图 10-14），作为上海通用汽车推出的二手车服务品牌，以诚新认证体系为核心，依托原厂坚实保障，以诚信的品牌化管理，严苛的车辆检测标准和规范化业务流程，奉上可靠、专业和便捷的一站式全方位服务。"诚新"的发音与"诚心""诚信"相同，表达诚新二手车品牌秉承了上海通用汽车"诚信正直"的核心价值观，表示上海通用汽车的二手车值得信赖，讲究品质；同时"诚新"的"新"字又暗喻了每一辆交付给消费者的"诚新认证车"，都将经过严格的品质检测和专业维修整备，焕然一新。

图 10-14　上海通用诚新二手车标志

三、二手车置换流程

去品牌 4S 店办理二手车置换新车前，一定要先了解二手车置换的流程。首先，选定自己中意的车型品牌，去 4S 店看车。到了 4S 店后，销售顾问会先接待你，询问你来店的目的，是看车，还是维修。我们当然是去看车啦。这时可以跟销售顾问说有做置换的想法。销售顾问会找店内有资质的二手车鉴定评估师对你的二手车进行现场评估、检测，最后会给出一个大概的评估价格；同时，销售顾问会给你介绍新车，确定新车优惠价格。如果你对二手车鉴定评估的价格满意，可以进一步确定二手车的最终置换成交价格。对价格认可后，双方签署二手车买卖合同或二手车置换合同，然后交车。旧车抵了新车的部分价款之后，再结清余款就可以提新车了（图 10-15~图 10-29）。

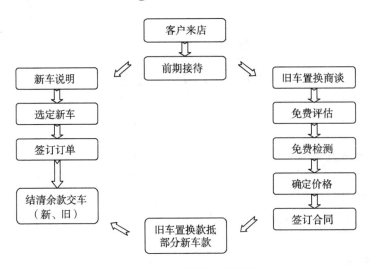

图 10-15　二手车置换业务流程（1）

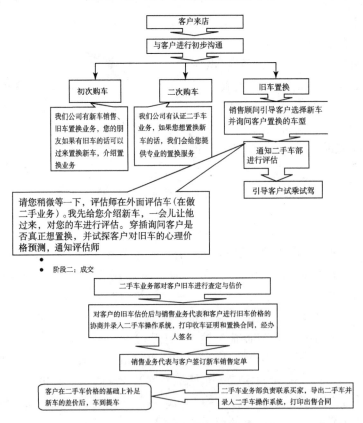

图 10-16　二手车置换业务流程（2）

第十章 二手车交易实务

图 10-17 选择置换业务的理由

➤ 二手车置换关系图

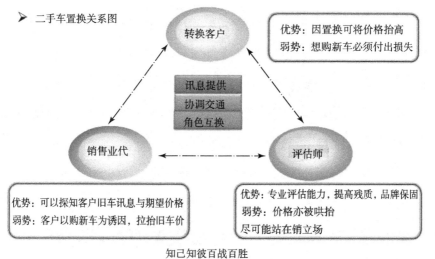

图 10-18 二手车置换关系

➤ 对的策略

图 10-19 二手车置换业务策略

汽车鉴定评估与交易实务教程

▶ 置换业务介绍话术

范例

首先您先挑选一部您喜爱的新车，同时我们的专业评估师会对你的二手车进行评估。

通过科学化的评估，会对您的爱车评估出合适的市场价格。若您接受我们的收购价格，二手车款将冲抵您所订的新车款。就是这么简单，让我们先挑一部您喜欢的车吧！

话术演练： 简单、 扼要

图 10-20　二手车置换业务介绍话术

▶ 销售顾问展厅接待标准流程

判断是否引进二手车评估师
- ✓二手车不在不引见
- ✓意向不强不引见
- ■符合引见条件时：
  - ✓尽早告诉评估师以便准备
  - ✓注意传递信息方式及技巧
- ■不符合引见条件时：
  - ✓注意信息收集，及时记录
  - ✓信息共享，制订跟踪计划

图 10-21　销售顾问接待流程（1）

▶ 销售顾问展厅接待标准流程

判断采购方式

客户进展厅对我们最重要的一件事：　　了解购车动机

- ▶ 新购——第一次买车
- ▶ 添购——以前用过车
- ▶ 换购——这次有车要换

图 10-22　销售顾问接待流程（2）

▶ 销售顾问展厅接待标准流程

提及置换业务

◆ 简单提及置换业务，不做重点介绍

◆ 将重点转移到新车
"很多顾客都非常关心这个问题，其实要看置换业务好不好，您只要从四个方面来衡量就可以了：一、交易安心；二、手续方便；三、价格合理；四、优质服务。当然，现在跟您说这些有点不合时宜，毕竟置换的前提是您先得选好新车。您看，您对我们哪款车感兴趣？"

图 10-23　销售顾问接待流程（3）

▶ 销售顾问展厅接待标准流程

引荐二手车评估师前，必须获得的基本信息

顾客对二手车的意向价格

判断顾客性格特征

顾客置换的意向级别

图 10-24　销售顾问接待流程（4）

▶ 销售顾问展厅接待标准流程

郑重引荐评估师

确立评估师的专业形象和权威性

● "这位就是我们店的高级评估师＊＊＊，我们店所有的置换车都是他亲自评估的。在这个圈里他可是查定的专家"

图 10-25　销售顾问接待流程（5）

▶ 销售顾问展厅接待标准流程

销售顾问提出帮忙请求

◆ 保持与顾客的同一立场
◆ 使客户获得心理满足

"专家"，＊先生可是我不错的朋友，一会儿您评估的时候还请多关照，我可就拜托您了！要是把＊先生谈跑了我可不答应啊"

图 10-26　销售顾问接待流程（6）

▶ 接待过程中的信息传递

传递信息的方法：

引见评估师时：在避开顾客的情况下传递信息
不符合引见条件时：顾客离开后，进行信息传递

传递信息应包括：

顾客对二手车的意向价格
顾客的性格特征
顾客的置换意向级别

图 10-27　销售顾问与评估师信息传递（1）

➢ 接待过程中的信息传递——客户信息分析

图 10-28　销售顾问与评估师信息传递（2）

➢ 接待过程中的信息传递——客户心理分析

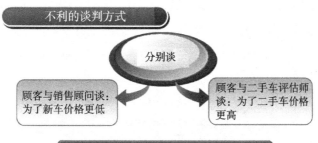

图 10-29　销售顾问与评估师信息传递（3）

第三节　二手车收购业务的开展

一、前期准备及接待工作

接待客户的工作人员应注意商务礼仪，使用文明用语，穿着工装，佩戴胸牌。给客户留下的第一印象很重要，所以注意衣着要整洁，服装要清洁。还要引导客户在停车区停车，接待客户进店，并记录客户的相关信息，便于回放存档。

二、同客户的商谈技巧

在与客户进行车辆收购或置换时，应询问几个主要的问题，便于分析客户对于本次交易的态度，如：您是不是车主，预计什么时候卖车或是置换提新车，您心里希望的售价是多少，有没有去过别的公司询价，别的公司给您开的价格是多少等这类问题。

三、标准评估流程

标准评估流程可分为4个部分（图10－30）。

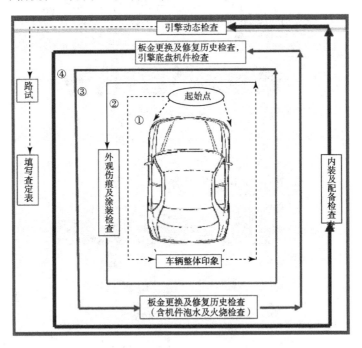

图10－30　标准评估流程

（1）外观涂装检查。
（2）钣金的修复更换历史及部件检查。
（3）车身骨架的修复与更换历史检查。
（4）发动机、底盘、行李箱及内装部件、路试检查。

四、查验车辆的手续和证件

在查验车辆的手续和证件时，要确认机动车行驶证显示的车主是不是客户。如果不是客户，需要询问客户是否有处置车辆的权利，并联系车主。如是公司的车籍，还要注意该公司是否能提供有效的证件，以完成过户。检查车辆的年检日期，查看是否有漏检。

检查车辆的《机动车登记证书》，查看该车过户的次数，是否为非营运车辆，是国产还是进口，车辆的原始颜色，是否有抵押等信息。

检查车辆的机动车购置税证明，查看是否完税。

检查车辆的保单，查看保险是否到期。

检查车辆的保养手册，查看是否有漏保。

检查车辆的钥匙及随车工具，查看是否有缺失。

五、收购车辆定价

计算收购价格：

（1）用重置成本法结合市场价格比较法计算收购价格。

要注意：用重置成本法计算被评估车辆的重置成本时，应以该款车的新车在市场的最低售价来计算。如该车已改款或增配，还应减去相应的功能性贬值。如该车已停产，应以同级车型的价格作为参照，还应考虑到因销售时间较长所带来的影响。

用市场价格比较法计算收购价格时，应注意所对比的参照物应该为近3个月内交易的真实数据，也可参照附近城市的二手车市场的交易数据、二手车网站的数据，以及拍卖公司的数据等。

（2）收购车辆维修整备费用的估算。

对于拟收购的车辆应该估算其维修整备费用，确认维修方案，如在哪维修。4S店和一般的修理厂的维修整备费用相差较大，还应确认维修程度，是精修还是粗修。还要估算维修整备的时间，库存的时间，以及资金周转的时间。

六、车辆维修整备的策略

对收购回来的车辆进行维修整备可以使车辆焕然一新，有利于销售，使车辆增值获得更多的利益，而且经过维修整备后的二手车的品质也能够得到保证，能够提升品牌的价值。当然也不是所有收购回来的二手车都需要维修整备，我们应该了解满足什么样的条件需要维修整备，而且还要了解维修整备的程度。

1. 制定维修整备策略的原则

保证安全性能原则：做到车辆的所有部件均为正常使用状态。

保证品质原则：做到客户购买后不用再维修整备。

保证利润原则：避免不必要的整备，如添置改装原件、音响、导航等。

2. 制定维修整备策略的参考因素

首先，要考虑车辆本身哪些方面需要机修，哪方面需要钣喷，哪方面需要翻新、清洗或装饰等。其次，还要了解同样车型的库存情况以及在二手车市场中同样车型的保有量和销售状况，是畅销车，还是滞销车。再次，确定车辆的整备渠道（是4S店，还是一般维修厂、美容装饰店）、工艺和价格。

3. 维修整备的忌讳

对于畅销车，在收购时本身价格普遍偏高，收购时应该以车况好、不用维修整备为优先考虑，即宁可高价收购车况良好的车，也不要以低价收购车况差的回来维修整备。当然，对于畅销车，若需要整备时，也要考虑整备的时效性，时间长了压资金，或者整备后达不到预期的效果，影响销售，从而导致无法获利。

对于滞销车，本身就不太好销售，如果不进行必要的整备以保证车辆的品相和质量，是很难让客户喜欢的，所以，通过维修整备后的良好品相来弥补滞销车的弱势，可使客户喜欢，促进成交。

4. 维修整备流程

维修整备流程依次是机修、钣金、喷漆、翻新、装饰、认证（图10-31）。

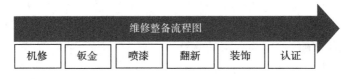

图10-31 维修整备流程

确认车辆是否需要机修，哪些部件需要维修，哪些需要更换，用原厂件还是副厂件，估算费用是多少。

确认车辆是否需要钣喷，喷漆的用料和工艺的选择，费用多少。

确认车辆是否需要翻新和装饰，外观是否需要抛光、镀膜，内饰是否需要翻新、清洗等事项。是否要对车辆进行必要的装饰，如配止脚垫、座套、随车工具等，估算费用是多少。

确认车辆维修整备后是否可以达到认证的标准或要求。达到的，给予认证或质保。估算可能产生的费用。

第四节　二手车销售业务介绍

一、二手车入库销售流程

二手车入库销售流程如图10-32所示。

第十章　二手车交易实务

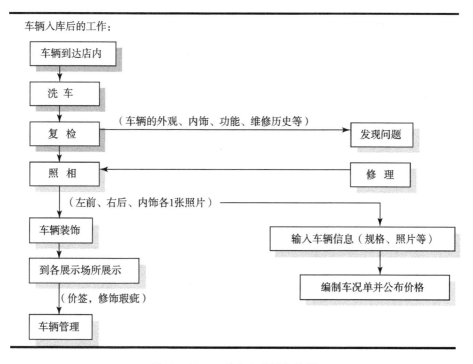

图 10 – 32　二手车入库销售流程

二、车辆形象整备

车辆形象整备如图 10 – 33 所示。

*洗车（最后的处理）

| 彻底清理➡特别注意车轮 |

| 平时不注意的地方也不要放过 |

| 看得见的地方自然不要说
看不见的地方也要认真对待 |

| 坐在驾驶席感觉一下，注意车窗的污染或起雾 |

| 关于展示的其他注意事项 |

- 车轮也擦得亮亮的
- 车轮周围也别忘记
- 水杯支架、杂物箱内部
  　音响盒、硬币架、烟灰缸
- 座面下，后备箱、门根、机器盖子内
  　杂物储藏盒，脚垫下面
- 将车窗擦拭干净
- 难以擦掉的污垢也要认真清洁
- 车窗内面起雾严重时，应使用防雾剂
- 清洁水垢、污渍
- 清除不必要的张贴物

图 10 – 33　车辆形象整备流程图

三、接待流程

客户来店后热心接待，递交名片，自我介绍，询问客户需求、购车预算、购车用途等，进行需求分析。针对客户需求进行车辆推介和讲解，邀请客户试乘试驾，留下客户电话进行日后跟踪回访，促成交易。

第十一章

二手车电子商务

http://www.bitpress.com.cn/video/2014071507c.php

第一节 二手车电子商务交易模式

电子商务是一种新的商务活动形式。它采用现代信息技术手段,以通信网络和计算机装置代替传统交易过程中的纸介质信息载体的储存、传递、统计、发布等环节,从而实现企业管理和服务交易管理等活动全过程在线交易。电子商务既不是单纯的技术概念,也不是单纯的商务概念,而是依靠互联网支撑的企业商务过程。随着二手车市场的发展,二手车电商及类电商模式也在不断创新和发展。这里我们优选比较成熟的几种模式作为参考。

一、网上竞价交易平台交易模式

网上竞价交易模式主要是以中介机构的角色出现,通过为买卖双方提供车况保障、支付保障等中介服务,保障二手车在线交易顺畅实现。其营利模式主要来自按车收取检测费、交易服务费等。该模式的根本特点是实现了在线交易,是真正的在线交易平台。其优点是交易双方能够不受时间和地点的约束完成交易,交易成本低,信息透明,效率高。其难点是信用体系的维护及持续优化。

(1) 模式代表:车易拍二手车电商服务平台(见图 11-1)。
(2) 核心服务理念:即到即检、即检即拍。一个小时,足不出户卖全国。

图 11-1　车易拍电子商务标志

(3) 模式的优势：突破时空限制，车源、车主可自主选择；缺点是看车、取车不方便。这就需要平台有过硬的检测技术和配套服务，做到信息透明，服务高效。在这些方面，车易拍的很多服务细节值得行业学习。

(4) 示例：工作人员使用标准化检测设备对车辆进行检测，实时将数据上传到中央数据库，并依照数据库的问题反馈进行勘查。30min 之后，一份完整的车辆检测报告便自动生成。工作人员将报告上传到二手车电商交易平台——车易拍，瞬间网上买家就可以看见这款车的真实信息，包括车架损伤、发动机状况等方面的客观描述，帮助人们在不看实车的情况下形成车辆价值判断。来自全国的专业买家开始对车辆进行报价，15min 之后，这辆车被二手车商拍下。之后的手续都由车易拍负责。第二天，车商便收到了这辆车。如此之速度，在过去是不敢想象的。

二、交易服务资讯平台交易模式

交易服务资讯平台模式也通过为买卖双方提供中介服务，如评估、经纪等获取佣金收入，而不以获取买卖差价为目的。该模式与在线竞拍平台的根本差异，是这样的平台只提供在线信息服务，并不真正实现在线交易。平台本身收取的，是加盟用户的信息服务年费。

(1) 模式代表：273 二手车交易网（见图 11-2）。

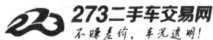

图 11-2　273 二手车交易网电子商务标志

(2) 核心服务理念：信息资讯、汽车评估服务。

(3) 模式的优点：只提供中介服务，经营风险较小。相对于更碎片的中介服务机构，其可信度相对较高。缺点是时间长，对评估师要求高，难以做到标准化。特别是平台本身并不提供统一的信用保障服务，对线下网点要求高，信用风险也因之不可控。

(4) 示例：273 二手车交易网采用此模式。273 二手车交易网对自己网站的称呼是"三网合一"，即"网络平台""线下连锁店网络"和"全国客户呼叫中心"形成的覆盖全国的服务体系。在获得信息的基础上，客户还需要就近实现看车、试车、价格谈判、交易过户,这样才能完成整个交易过程。这就需要企业提供更多的线下网点支撑。

三、简单收购交易模式

此种模式为直接买进卖出模式,即"收购"模式,利用网络平台对二手车进行收购,然后再利用平台或其他方式转卖给消费者,收取差价盈利。

(1) 模式代表:安美途二手车交易网(见图 11-3)。

图 11-3 安美途二手车电子商务标志

(2) 核心服务:收购转售。

(3) 模式的优点:是一种重资产模式,对资金的需求规模和周转性要求较高。强大的资金需求为该种模式构筑了资金壁垒;但缺点是风险较高,规模达到一定程度后,资本运作的风险较高。另外,如何实现交易的跨区域流动也是该种模式面临的挑战。

(4) 示例:传统二手车市场的经营模式以 C2B2C 为主,信息配对能力较弱,也造成了车辆库存周期较长的局面。安美途二手车交易网开展的新型经营模式以 C2B 为主,建立全国二手车成交信息库,广泛采集历史信息,建立定价中心。相比车易拍的竞拍与网上交易,虽然透明度提高了,但对资金、地理位置的要求也在增加。

所谓 C2B2C 电子商务模式,是指顾客通过企业电子商务平台,实现顾客与企业之间,顾客与顾客之间的信息交流。在这个平台上,顾客向企业提供信息,企业根据信息满足顾客需求,公司还对顾客进行顾客价值评估,吸引顾客参与企业服务来创造价值,使他们从学习型消费者转变为消费型学习者。所以说,C2B2C 模式是一套让主管单位和主管部门在线透明管理的在线商务诚信体系和科学规范的交易流程。C2B2C 的内涵是由一群有共同消费需求的顾客,通过互联网互相交流想法和感受,从而形成各种"主题式消费者群体"并反馈给企业,企业再根据这些群体的消费需求,销售令他们满意的产品。通俗的说法是:顾客通过企业的商务平台跟更多的顾客发生关系,从而获得健康和财富。

四、第三方信息服务平台交易模式

第三方服务平台模式,即中介服务平台模式,也可以被称为信息服务模式。

目前，我国绝大多数的网络平台都在消费者和二手车经营主体之间扮演传递信息的角色，为买卖双方提供信息发布平台，通过广告获取收益。该模式未来可以通过利用积累的信息资源，向二手车市场参与主体提供信息咨询服务。另外，还可以同经销商、保险公司以及拍卖、评估机构合作的方式，扩大利润渠道。

（1）模式代表：第一车网（见图11-4）。

图11-4　第一车网电子商务标志

（2）核心服务理念：信息发布、信息资讯、咨询服务、广告。

（3）模式的优点：是一种轻资产模式，对资金的需求量相对较低，但对信息服务的可信度要求较高。"第一车网"把重心切入了二手车交易的中介环节。有接近85%的国内二手车交易是通过交易商和交易市场完成的，而信任是交易中的关键因素。通过对车源信息的详尽审核和专业的汽车评估师过滤，在这样的基础上再做信息和中介服务，价值远远高于自发而未经审核的信息。在这个细分领域，第一车网已经获利颇丰。

五、寄售交易模式

类似于汽车超市，一般有线上平台和对应的线下体验店，线上提供信息，以线下为主。只做车辆交易平台，提供汽车检测和售后服务。

（1）模式代表：大搜车（见图11-5）。

图11-5　大搜车电子商务标志

（2）核心服务理念：车检、交易佣金和服务费。

（3）模式的优点：消费者体验比较好，直接联通了车主和消费者；缺点是人才素质要求高，线下体验店成本也较高。大搜车采取的是"线上网站大搜车以及线下体验店"。卖方将汽车放进大搜车线下体验馆，经过2名评估师约1.5h的车检后，车主可为汽车自主定价，并放在大搜车车馆寄卖。车辆信息被同时公布在大搜车网站和汽车车身上，消费者可以在线看车然后到现场试驾，也可以在馆内通过领用一台Pad，扫描自己感兴趣车型的二维码，查看车检报告。最终，合意双方完成交易，大搜车收取服务佣金。

第十一章 二手车电子商务

综上所述5种电子商务交易模式各有特色。从客户角度看，除了车易拍是坚持B2B的车源供应平台外，其他4家均为B2C的零售服务；从服务实质来看，第一车网和273服务的本质是信息，车易拍、安美途和大搜车真正在做交易，离电子商务的实质更近。

如今的互联网世界，用信息换收益的时代已经走到尽头，靠商品交易获大利的巅峰时代也已经过去，互联网变革传统服务业形态，即O2O离线商务（线上营销和线上购买，带动线下经营和线下消费）模式正大兴其道。由此来看，5种电子商务模式中的第一车网和273信息模式的前景比较令人担忧。在坚持交易模式的其他3种中，安美途模式最重，自收自售，进销存管理是其难点。其优势是收支平衡比较容易实现，财务风险相对可控。车易拍模式最轻，坚持平台策略，提供交易配套服务。其关键是效率、规模和信用。

第二节　国内二手车交易网站电商化发展

随着国内汽车市场的发展，传统的以信息发布为主的网站模式已经难以满足市场的需求，迫使一些传统网站探索着转型，同时也催生了一些类电商化的新型网站。有人说2014年是中国汽车市场电商化的元年。虽然这种说法还有待于时间的考验，但从中也可看出汽车市场未来发展方向的一些端倪。

相对传统的网络营销，电商模式获利高。旧车转出这块市场如采用电商模式运营，平均能够使4S店的投资人多赚取8%～10%的利润。在北京兴起的网上拍卖平台领域具一定规模的有优信拍、车易拍、即时拍3家（见图11-6）。

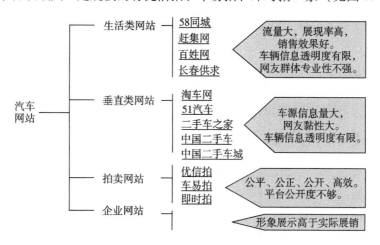

图11-6　汽车网站分类

一、电商模式先进流程

以势头颇猛的优信拍为例,其坐拥宝马、凯迪拉克、大众中国、上海通用等多个品牌的经销商供货资源,保证了货源充足。

该公司目前该平台每天竞拍次数在几百次,成交率达到65%。据该公司介绍该公司启动这个电商平台斥资上亿,目前用于检测旧车的一整套硬件设备均需自己独立研发,研发投入高达几千万元。

该公司采取的运作模式是从4S店接来需要转出的二手车,经过一体化的拍照评估流程把车辆具体信息上传至网络平台,再由成为优信拍公司会员的经纪公司叫价拍走。该公司先收取买、卖双方最低1万元的押金用于制约无故违约等行为,成交后买卖双方当面付款,优信拍分别收取买家1%和卖家5‰的佣金。

二、精准、稳定的电商模式利润空间

车易拍相比传统的有形拍卖,除了打破地域界限外,电商模式最大的吸引力在于可使4S店投资人在二手车交易环节中牟取最大化的利润。

旧车转出这块迅速膨胀的市场如采用电商模式运营的话,平均能够使4S店的投资人多赚取8%~10%的利润。大家算了一笔账,以每月50辆均价5万元的旧车交易为例,8%的利润能给一家4S店带来20万元的收入,至少可以抵消店内部分开销。

三、电商平台受汽车厂家青睐

厂家试图通过唯一的交易平台,全面准确地掌控经销商实际在店内进行旧车置换的客户量。

从2012年5月1日起,北京某品牌的31家店需置换的旧车统一交由优信拍操作。其中,一汽大众厂家由优信拍可准确获知每家店的实际置换交易台数,以此作为给予经销商置换补贴金额的凭据。

四、电商的二手车交易收费标准

(1) 车易拍:对卖家收300元检测费,而对买家收车价的2%。买卖双方网上成交后,买方需即刻付款至车易拍,车易拍再付给卖家。如出现买家提车时认为车辆有未知瑕疵需取消交易的情况,经车易拍验证情况属实的,由车易拍退款给买家,而这辆车所有权暂时归属车易拍,继续进行拍卖。

(2) 即时拍:对卖家收200元检测费;对买家成交额1万元内免费,1万元以上统一收费 500 元。买卖双方网上成交后，由即时拍的检测师再次跟买家当面确认车况与网上检测报告相符，买家确认没问题后再付款。与车易拍相同的是，买卖双方均只需同交易的网上平台对接即可。

（3）优信拍：对卖家收车价的 5‰，而对买家收车价的 1%。买卖双方网上成交后，通过优信拍（见图 11-7）做中介，见证买卖双方当面付款交易。如出现无故反悔，由优信拍的仲裁部门进行核实后，对违约方罚款（车价的 5‰）。

图 11-7　优信拍电子商务标志

五、智能手机二手车交易平台

智能手机是指"像个人电脑一样，具有独立的操作系统，可以由用户自行安装软件、游戏等第三方服务商提供的程序，通过此类程序来不断对手机的功能进行扩充，并可以通过移动通信网络来实现无线网络接入的这样一类手机的总称"。随着智能手机，以及 3G 和 4G 网络的不断发展，基于智能手机的平台开发应用也逐渐进入了手机用户市场。其中，最引人注目的是第五传媒平台——"手机传媒平台"。

随着中国手机用户数量的不断增多，手机带来的影响力也不断增大，相应地，信息传播形式也变得更加广泛。传播信息的方式已经从最初的简单通话和短信，向更丰富的媒体形式发展，包括多媒体信息、手机报纸、手机电视、手机媒体等应用形式。

手机作为媒体的一种载体形式，其传播能力正在得到广泛的应用，包括政府、企业和个人，都在利用手机进行各方面的信息传递与交流。

"掌上车市"的 12 个主项栏目（见图 11-8）、50 个分项栏目内容设置精，信息量大、全，且阅读实用性高。该系统具

图 11-8　手机"掌上车市"

备强大的汽车行业传播效果,是与以往传统媒体完全不同的全新传媒平台,有着巨大的客户应用效应及巨额的广告价值空间。

第三节　国内二手车网站信息发布方法

大多数二手车网站发布二手车出售信息,基本都会有相同的,诸如填写车辆详情的信息栏出现。按照信息栏的提示,需要填写的具体内容包括品牌、车型、型号,选择购买来源,是新车还是二手车,选择上牌的时间或年限,有无重大事故,外观的成色,内饰的状况,年检的日期,交强险和商业险的到期日期,证件是否齐全,车辆的行驶里程,车辆的照片,车辆的转让价格,是否包含过户费用,以及车辆的补充说明和联系人、电话等信息。

一、二手车交易网站车辆出售信息发布步骤

二手车交易网站车辆出售信息发布步骤如图11-9~图11-14所示。

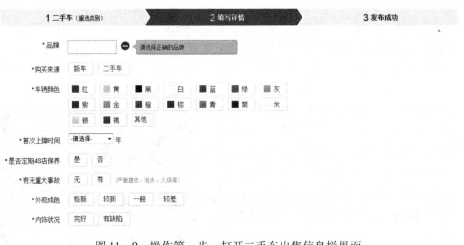

图11-9　操作第一步:打开二手车出售信息栏界面

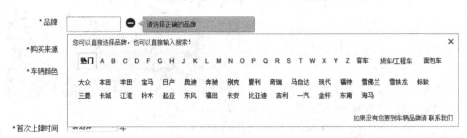

图11-10　操作第二步:选择品牌

第十一章　二手车电子商务

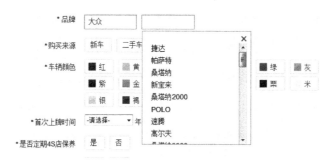

图 11 - 11　操作第三步：选择车型

图 11 - 12　操作第四步：选择车型配置

图 11 - 13　操作第五步：上传车型信息

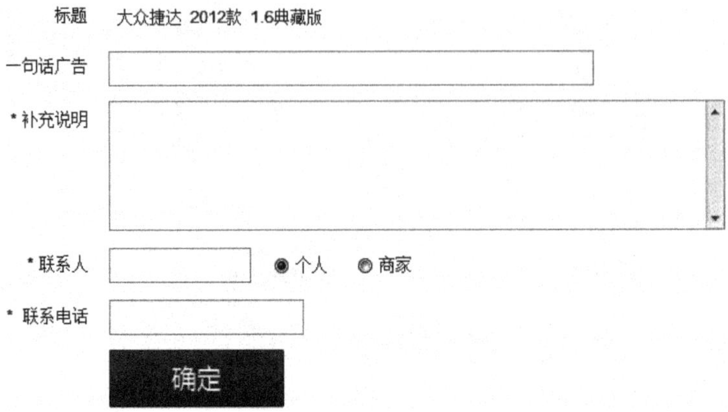

图 11-14 操作第六步：信息发布

二、会员注册、登录与信息发布管理

专业二手车网站需要通过注册成为会员，才能进行二手车买卖相关业务的操作。具体操作步骤如图 11-15 ~ 图 11-24 所示。

1. 新用户注册（图 11-15 ~ 图 11-17）

图 11-15 操作第一步：选择新用户注册类型

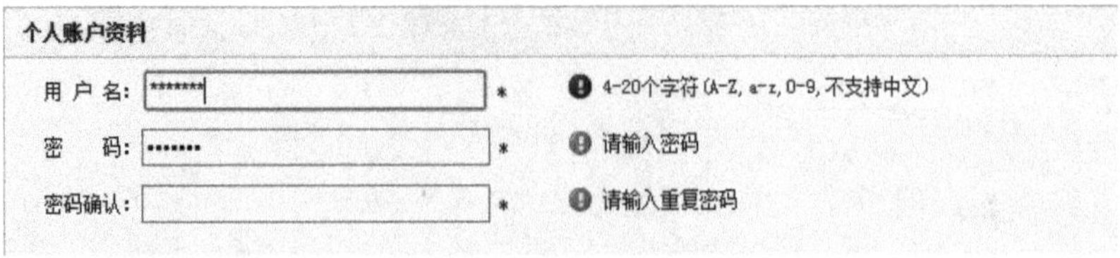

图 11-16 操作第二步：个人用户注册

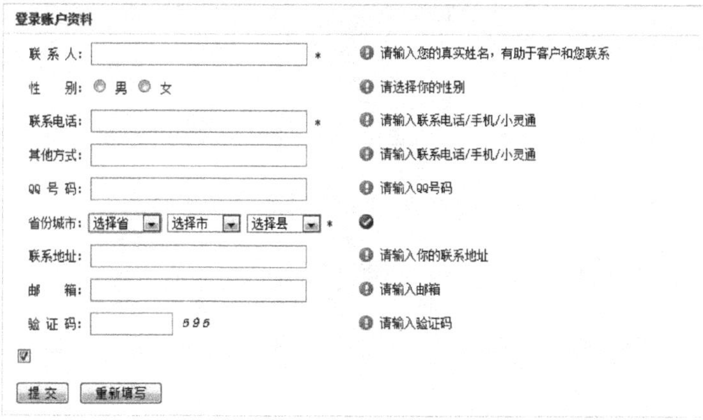

第十一章 二手车电子商务

图 11 – 17 操作第三步：填写并提交个人用户注册资料

2. 会员登录管理（图 11 – 18 ~ 图 11 – 20）

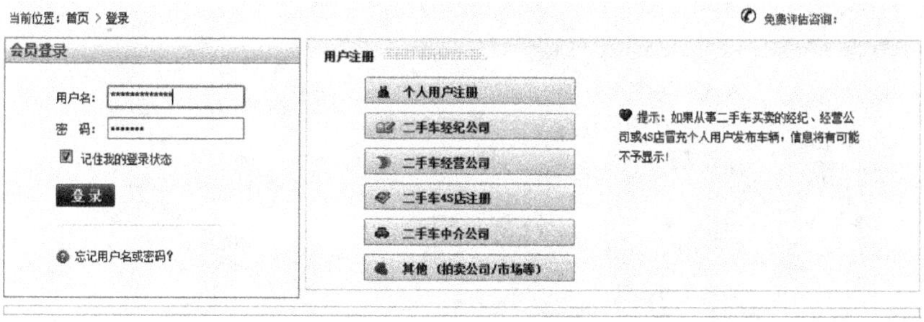

图 11 – 18 操作第一步：会员登录

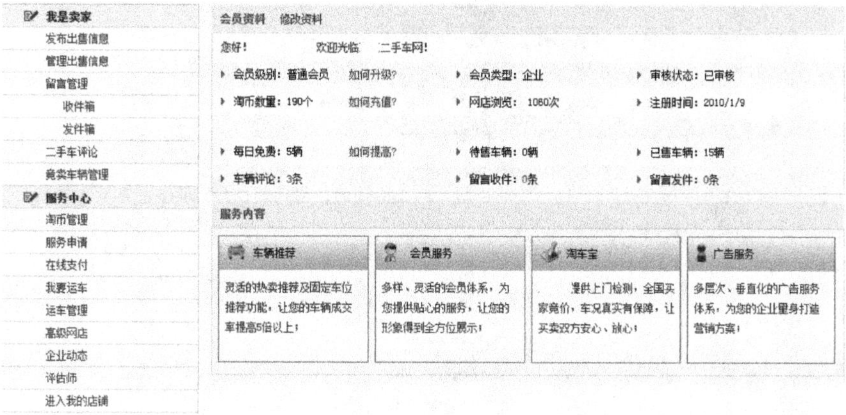

图 11 – 19 操作第二步：打开会员管理界面

图 11-20　操作第三步：选择会员管理功能界面

3. 发布车辆出售信息（图 11-21～图 11-22）

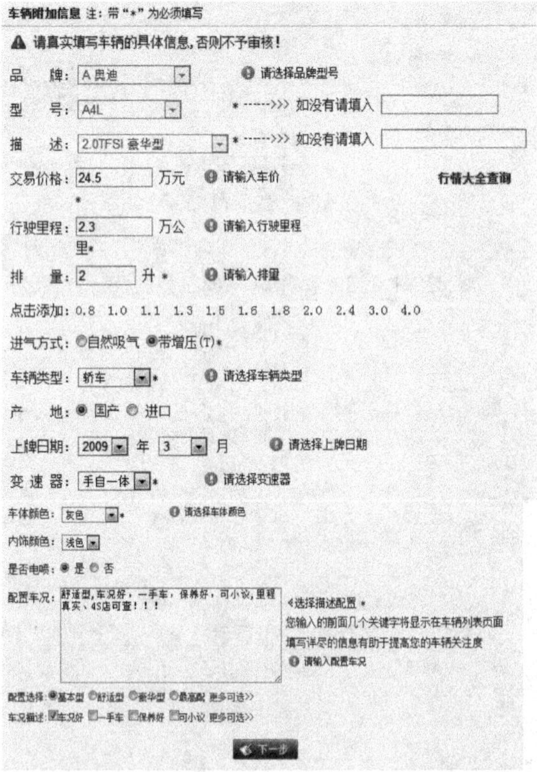

图 11-21　操作第一步：填写并上传车辆信息

第十一章 二手车电子商务

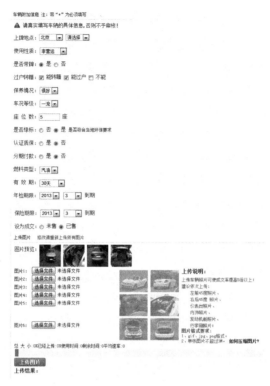

图 11-21　操作第一步：填写并上传车辆信息（续）

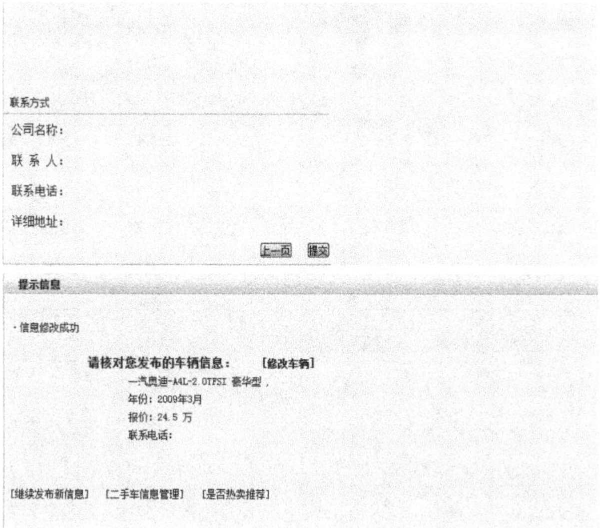

图 11-22　操作第二步：发布车辆信息

4. 管理出售信息（图 11－23 和图 11－24）

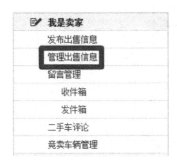

图 11－23　操作第一步：选择管理车辆信息选项

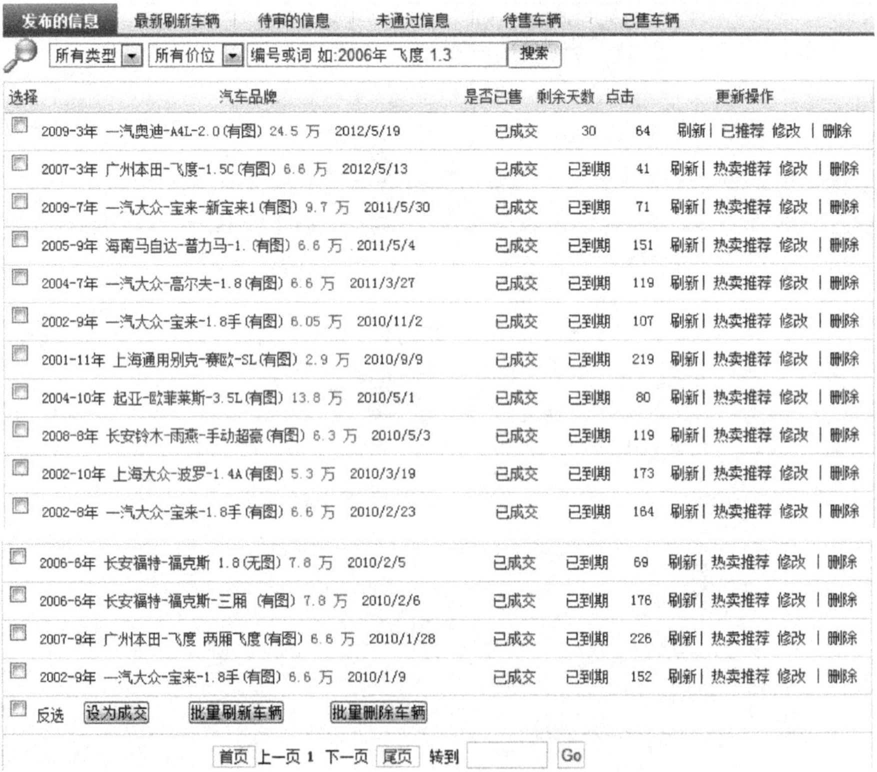

选择	汽车品牌	是否已售	剩余天数	点击	更新操作
	2009-3年 一汽奥迪-A4L-2.0(有图) 24.5 万 2012/5/19	已成交	30	64	刷新| 已推荐 修改 | 删除
	2007-3年 广州本田-飞度-1.5C(有图) 6.6 万 2012/5/13	已成交	已到期	41	刷新| 热卖推荐 修改 | 删除
	2009-7年 一汽大众-宝来-新宝来1(有图) 9.7 万 2011/5/30	已成交	已到期	71	刷新| 热卖推荐 修改 | 删除
	2005-9年 海南马自达-普力马-1.(有图) 6.6 万 2011/5/4	已成交	已到期	151	刷新| 热卖推荐 修改 | 删除
	2004-7年 一汽大众-高尔夫-1.8(有图) 6.6 万 2011/3/27	已成交	已到期	119	刷新| 热卖推荐 修改 | 删除
	2002-9年 一汽大众-宝来-1.8手(有图) 6.05 万 2010/11/2	已成交	已到期	107	刷新| 热卖推荐 修改 | 删除
	2001-11年 上海通用别克-赛欧-SL(有图) 2.9 万 2010/9/9	已成交	已到期	219	刷新| 热卖推荐 修改 | 删除
	2004-10年 起亚-欧菲莱斯-3.5L(有图) 13.8 万 2010/5/1	已成交	已到期	80	刷新| 热卖推荐 修改 | 删除
	2008-8年 长安铃木-雨燕-手动超豪(有图) 6.3 万 2010/5/3	已成交	已到期	119	刷新| 热卖推荐 修改 | 删除
	2002-10年 上海大众-波罗-1.4A(有图) 5.3 万 2010/3/19	已成交	已到期	173	刷新| 热卖推荐 修改 | 删除
	2002-8年 一汽大众-宝来-1.8手(有图) 6.6 万 2010/2/23	已成交	已到期	164	刷新| 热卖推荐 修改 | 删除
	2006-6年 长安福特-福克斯 1.8(无图) 7.8 万 2010/2/5	已成交	已到期	69	刷新| 热卖推荐 修改 | 删除
	2006-6年 长安福特-福克斯-三厢 (有图) 7.8 万 2010/2/6	已成交	已到期	176	刷新| 热卖推荐 修改 | 删除
	2007-9年 广州本田-飞度 两厢飞度(有图) 6.6 万 2010/1/28	已成交	已到期	226	刷新| 热卖推荐 修改 | 删除
	2002-9年 一汽大众-宝来-1.8手(有图) 6.6 万 2010/1/9	已成交	已到期	152	刷新| 热卖推荐 修改 | 删除

图 11－24　操作第二步：管理车辆信息

三、B2B 二手车拍卖平台

在专业的 B2B 电子商务交易网站，通过电子交易平台拍卖的方式进行二手车交易，也需要通过注册成为会员。

B2B（Business to Business），将企业内部网，通过 B2B 网站与客户紧密结合起来，通过网络的快速反应，为客户提供更好的服务，从而促进企业的业务发展（Business Development）。B2B 发展（B2B Development，Directindustry B2B）势头迅猛，趋于成熟（见图 11-25~图 11-29）。

图 11-25　B2B 二手车拍卖平台卖家发布拍卖车辆首页

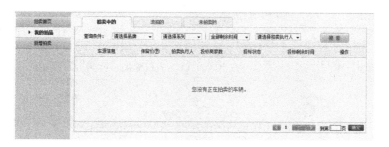

图 11-26　B2B 二手车拍卖平台卖家拍卖中的车辆管理

图 11-27　B2B 二手车拍卖平台卖家流拍的车辆管理

图 11-28　B2B 二手车拍卖平台卖家未拍卖的车辆管理

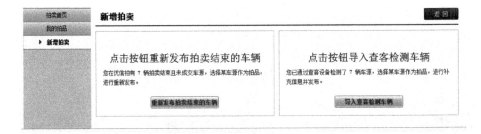

图 11-29　B2B 二手车拍卖平台卖家新增拍卖的车辆管理

第十二章

二手车鉴定评估经典案例分析

案例 1

某公司经理有一辆 2008 款本田雅阁 HG7241AB 型轿车,注册登记日期为 2008 年 6 月 2 日,手续齐全,行驶里程为 14 万 km。该车为本市个人一手车,车身颜色为黑色,年审有效期至 2013 年 6 月,交强险有效期至 2013 年 6 月 22 日。2013 年 5 月 29 日车主欲将此车拿到二手车市场交易,请评估该车价格。详见图 12 – 1 ~ 图 12 – 5 所示。

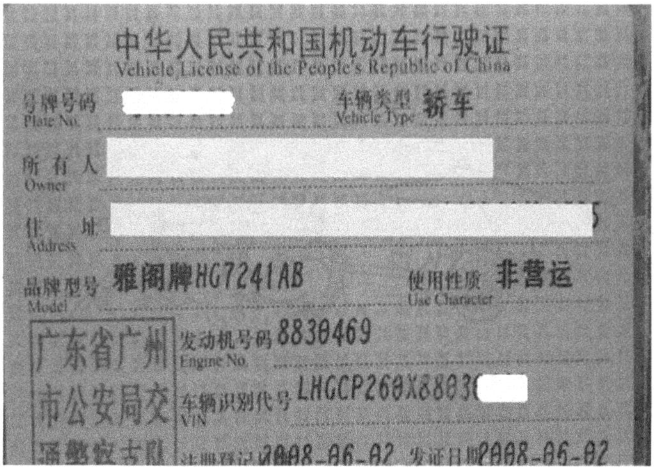

图 12 – 1 机动车行驶证

图 12-2 车辆外观

图 12-3 车辆驾驶舱

图 12-4 车辆发动舱

图 12-5 车辆后备厢

经检查：该车车身有多处损伤及漆面修复历史，详见图 12-6~图 12-12 所示。

图 12-6 左后侧围板划伤

 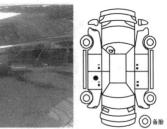

图 12-7 左后车门划伤

第十二章 二手车鉴定评估经典案例分析

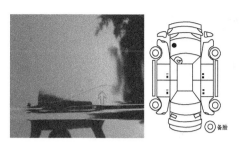

图 12-8　发动机舱盖划伤

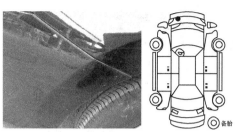

图 12-9　前保险杠划伤

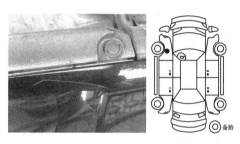

图 12-10　左前翼子板划伤

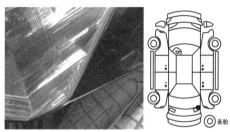

图 12-11　右后侧围板、后保险杠、
　　　　　　右后尾灯划伤

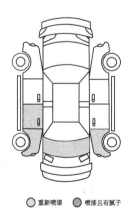

图 12-12　漆面喷漆修复历史

经检查：该车车尾有 4 处严重损伤，行李箱盖有拆卸更换痕迹，详见图 12-13～图 12-18 所示。

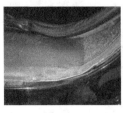  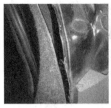 

图 12-13　后备板重要损伤　　　　图 12-14　右后翼子板重要损伤

   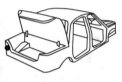

图 12-15　后围板左侧重要损伤　　图 12-16　左后翼子板重要损伤

图 12-17　行李箱盖右侧铰链拆卸痕迹　　图 12-18　行李箱盖左侧铰链拆卸痕迹

经动态检查，该车发动机轻微漏油，空调器制冷效果稍差；启动机、转向系统、变速器、制动器、底盘、避震器、车身灯具均未见异常。

解：采用市场价格比较法计算其评估价格。经二手车市场及某二手车交易网站实际调研，寻找并确定与被评估车辆相同型号、相同年限的参照物，并进行综合分析比较，确定差异调整因素，有关情况详见表 12-1。

表 12-1　被评估对象与参照物信息对比情况

项目	被评估对象	参照物 A	参照物 B	参照物 C
型号	HG7241AB	HG7241AB	HG7241AB	HG7241AB
颜色	黑色	黑色	黑色	黑色
配置	2.4G	2.4G	2.4G	2.4G
参照物来源		二手车市场	二手车市场	二手车交易网站

续表

项目	被评估对象	参照物 A	参照物 B	参照物 C
行驶里程/万 km	14	8.6	11	19
注册登记日期	2008 年 6 月	2008 年 9 月	2008 年 2 月	2008 年 6 月
新车指导价格/万元	21.98	21.98	21.98	21.98
损伤修复情况	未修复	已修复	已修复	已修复
严重事故损伤	有	无	无	无
所有权性质	私	私	私	私
交易日期		2013 年 4 月	2013 年 5 月	2013 年 5 月
交易价格/万元		13.2	12.8	12.3

从表 12-1 中可以看出，被评估对象与参照物的交易日期都非常接近，均没有超出 3 个月；其型号、颜色、配置、车龄及所有权性质相同。行驶里程、车辆事故情况不同。参照物车辆损伤已修复，而且没有严重事故损伤；而被评估对象有未修复损伤，还出现了严重事故损伤。

所选择的 3 个参照物的交易价格分别为 13.2 万元、12.8 万元和 12.3 万元。取 3 个参照物交易价格的平均值，作为参照物的市场交易价值。

$$P_0 = (132\,000 + 128\,000 + 123\,000) \div 3 = 127\,700 \text{（元）}$$

被评估对象修复车身损伤及更换部件的费用约为 4 000 元。其中，钣金喷漆费用为 3 000 元，更换右后尾灯费用为 500 元，工时费用为 500 元。

因被评估对象车尾部出现了严重事故损伤，影响到车辆的销售价值，计其贬值费用为 5 000 元。

被评估对象的价值为 $P = P_0 = 127\,700 - 4\,000 - 5\,000 = 118\,700$（元）。

案例 2

张某于 2011 年 9 月花 21.38 万元购置一辆 2010 款现代 IX35 SUV 作为家庭用车，初次登记日期为 2011 年 9 月 8 日，已行驶里程为 5.5 万 km，于 2013 年 7 月在本地二手车交易市场交易。根据市场调研，该车于 2012 年已经小改款，新车市场指导价格没变动，只是新车在本地现有 2 万元的优惠。请用综合分析法计算成新率，并评估该车的评估值。详见图 12-19 ~ 图 12-24 所示。

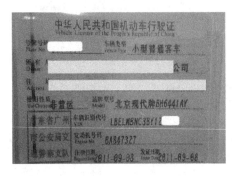
图 12-19　机动车行驶证

图 12-20　车辆外观

图 12-21　车辆驾驶舱

图 12-22　车辆发动机舱

图 12-23　车辆后备厢

图 12-24　车辆附件

经检查：该车车身有多处漆面修复历史，局部有划伤及拆卸迹象。详见图 12-25～图 12-29 所示。

第十二章 二手车鉴定评估经典案例分析

区域名称	修复类型
左前翼子板	无修复
左前门	无修复
左后翼子板	无修复
左后门	重新喷漆
右前翼子板	无修复
右前门	无修复
右后翼子板	无修复
右后门	无修复
发动机舱盖	重新喷漆
车顶	无修复
后备箱	无修复

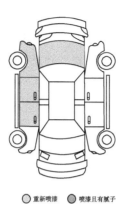

区域名称	修复类型
左A柱	无修复
左B柱	无修复
左C柱	无修复
右A柱	无修复
右B柱	无修复
右C柱	无修复
发动机舱	无修复
机盖内缘	无修复
后箱底板	无修复

● 重新喷漆　● 喷漆且有腻子

图 12-25　漆面喷漆修复历史

图 12-26　发动机舱盖损伤

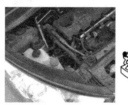

图 12-27　右前车灯拆卸痕迹

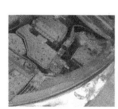

图 12-28　左前车灯拆卸痕迹

图 12-29　前保险杠损伤

解： 该车在发动机舱盖、左前翼子板和左前、后车门有喷漆修复历史，前保险杠有轻微划伤，前车灯有拆卸痕迹，发动机舱盖内侧还存在损伤痕迹；经过动态路试检查一切正常。

（1）采用重置成本法估算该车价格。

　　　　该车重置成本 = 新车裸车价格 – 新车优惠 + 落籍费

$$R = 213\,800 - 20\,000 + (213\,800 - 20\,000) \times 8.547\%$$
$$= 193\,800 + 16\,564$$

= 210 364（元）

（2）该车已行驶里程为 5.5 万 km，根据《机动车强制报废标准规定》，中、小、微型非营运载客汽车和大型非营运轿车行驶 60 万 km 引导其报废。

$$成新率 = 1 - （已行驶里程 ÷ 规定行驶里程）× 100\%$$
$$= 1 - （55\ 000 ÷ 600\ 000）× 100\%$$
$$= 0.91$$

（3）综合调整系数的计算：

该车技术状态一般，调整系数取值为 0.7，权重 30%。
该车维护保养情况一般，调整系数取值为 0.8，权重 25%。
该车制造质量属销量较高的合资品牌，调整系数取值为 0.9，权重 20%。
该车工作性质为私用，调整系数取值为 0.9，权重 15%。
该车工作条件较好，调整系数取值为 0.8，权重 10%。

综合调整系数：

$$= 0.7 × 30\% + 0.8 × 25\% + 0.9 × 20\% + 0.9 × 15\% + 0.8 × 10\%$$
$$= 0.21 + 0.2 + 0.18 + 0.14 + 0.08$$
$$= 0.81$$

评估值 $P = 210\ 364 × 0.91 × 0.81 = 155\ 059$（元）。

案例 3

法院委托某评估公司于 2013 年 6 月 18 日对一辆涉案的东南得利卡 DN6492 型中型普通客车进行鉴定评估。该车使用性质为非营运，注册登记日期为 2005 年 3 月 30 日，银色，累计行驶里程为 35 万 km。委托方要求对车辆的技术状况及现行市场价值给出公允的反映。详见图 12-30 ~ 图 12-33。

图 12-30　机动车行驶证

图 12-31　车辆外观

第十二章 二手车鉴定评估经典案例分析

图 12-32　车辆发动机舱

图 12-33　车辆后备厢

经检查：该车有整车重新喷漆修复历史，车身骨架曾经出现过重大损伤，详见图 12-34～图 12-46。

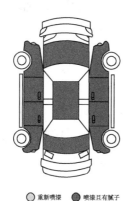

图 12-34　漆面喷漆修复历史

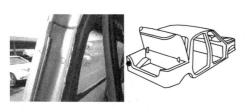

图 12-35　左后翼子板重要损伤（钣金痕迹、锈蚀与切割痕迹）

图 12-36　右后翼子板后重要损伤（钣金痕迹、锈蚀与切割痕迹）

图12-37 右后翼子板前重要损伤（钣金痕迹、锈蚀、变形未修理与切割痕迹）

图12-38 后备厢底板中重要损伤（钣金痕迹与切割痕迹）

图12-39 后备厢盖内缘左重要损伤（钣金痕迹、凹陷、锈蚀与切割痕迹）

图12-40 右C柱下重要损伤（钣金痕迹、锈蚀与切割痕迹）

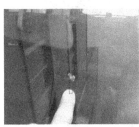 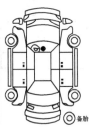
图12-41 前挡风玻璃重要损伤（裂痕）

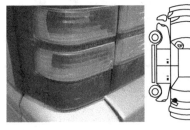
图12-42 左后尾灯重要损伤（灯座破裂）

 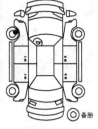
图12-43 左前轮重要损伤（磨损严重）

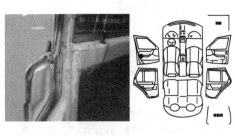
图12-44 左前门内边缘重要损伤（锈蚀、钣金痕迹与切割痕迹）

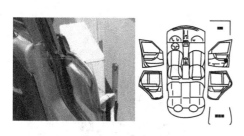  

图 12-45　右前门内边缘重要损伤（裂痕、锈蚀、钣金痕迹与变形未修理）　　图 12-46　左 B 柱中一般损伤（钣金痕迹、锈蚀与变形）

解：经现场勘查后，已能够断定该车为事故车无疑。该车后备箱底、右 C 柱、后围板、左后翼子板、后行李箱盖、右前门、右后门、右后翼子板为疑似非原车钣金件。左侧 B 柱碰撞修复，车尾部碰撞损伤严重，后行李箱盖曾经被更换，车尾部密封条内有切割痕迹，车内骨架有钣金修复痕迹，后底板大梁有焊接痕迹，右侧 C 柱有明显切割痕迹，4 个车门有拆装痕迹。该车有明显拉货痕迹。该车经整车重新喷漆修复，修复工艺非常差，有起泡开裂现象，且有划伤和凹陷，需处理。前挡风玻璃有开裂，影响驾驶视线，需更换。4 轮轮胎磨损严重，需更换。车顶有钣金修复痕迹。尾灯灯罩破损，需更换。左中门门锁损坏，左前门有焊接痕迹，右前门开裂未处理。内饰老化严重。

该车发动机曾被大修过，现有轻微渗油现象，怠速时有轻微抖动。转向机漏油，皮带老化，转向机防尘罩破损。空调已不能制冷。全车玻璃升降器有故障。左前门内门把手损坏。随车工具及备胎丢失。

鉴于该车历史事故情况以及现实的技术状况，考虑到再用成本，所以该车已无继续使用价值。其评估价格应按照报废汽车的残值来确定。

评估价格 = 报废残值 = 报废汽车回收现价（800 元/吨）

案例 4

一辆自用铃木吉姆尼 1.3AT 小型越野客车，手续齐全，初次登记日期为 2007 年 8 月 17 日，行驶里程为 108 900km，原始购车价格为 14 万元。经检查，该车多处车身件有被拆卸过的痕迹，左后围板有喷漆修复历史，右前轮毂有划伤。经过路试，该车变速器有轻微闯挡及抖动；其他部件，如发动机、转向机、底盘、电气设备均无异常。请用综合分析法评估出 2013 年 6 月该车的价值。详见图 12-47～图 12-61。

图12-47 机动车行驶证

图12-48 车辆外观

图12-49 车辆驾驶舱

图12-50 车辆发动机舱

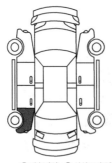

图12-51 车辆后备厢

区域名称	修复类型
左前翼子板	无修复
左前门	无修复
左后翼子板	重新喷漆
左后门	无修复
右前翼子板	无修复
右前门	无修复
右后翼子板	无修复
右后门	无修复
发动机盖	无修复
车顶	无修复
后备厢	无修复

区域名称	修复类型
左A柱	无修复
左B柱	无修复
左C柱	无修复
右A柱	无修复
右B柱	无修复
右C柱	无修复
发动机舱	无修复
机盖内缘	无修复
后厢底板	无修复

● 重新喷漆 ● 喷漆且有腻子

图12-52 漆面喷漆修复历史

第十二章 二手车鉴定评估经典案例分析

图 12-53 左前车灯拆卸痕迹

图 12-54 右前车灯拆卸痕迹

图 12-55 左侧车门拆卸痕迹

图 12-56 左后尾灯拆卸痕迹

图 12-57 后行李箱拆卸痕迹

图 12-58 后行李箱门锁机构拆卸痕迹

图 12-59 后保险杠拆卸痕迹

图 12-60 右侧车门拆卸痕迹

 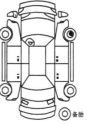

图 12-61 右前轮毂划伤痕迹

解：

（1）采用重置成本法估算该车价格。经过市场调研，该车 2007 款已经停售，现款为 2012 款，同 2007 款相比在底盘结构上变化很大。考虑到因车辆改款而带来的无形损耗，对该车的新车价值应折损 10% 作为无形损耗的折损。2012 款 1. 3JLX 新车市场指导价为 15. 18 万元，最高优惠 4 000 元。详见图 12 – 62。

车款信息	+ 对比 铃木 吉姆尼 2007款 1.3 自动四驱 3门	+ 对比 铃木 吉姆尼 2012款 1.3L 四驱 手动 JLX
– 底盘/车轮制动 收起		
驱动方式：	前置	前置四驱
前悬挂类型：	麦弗逊式独立悬挂	多连杆式独立悬挂
后悬挂类型：	拖曳臂式半独立悬挂	多连杆式独立悬挂
底盘结构：	承载式车身	非承载式车身
前轮胎规格：	-	205/70 R15
后轮胎规格：	-	205/70 R15
轮毂材料：	铝合金	铝合金
备胎规格：	-	全尺寸备胎
前制动器类型：	盘式	盘式
后制动器类型：	鼓式	鼓式
驻车制动类型：	手刹式制动	手刹式制动

图 12 – 62　车款信息对比情况

$$
\begin{aligned}
\text{该车重置成本} &= \text{新车裸车价格} - \text{新车优惠} - \text{无形损耗} + \text{落籍费} \\
&= 151\ 800 - 4\ 000 - (151\ 800 - 4\ 000 \times 10\%) + \\
&\quad (151\ 800 - 4\ 000) \times 8.547\% \\
&= 151\ 800 - 4000 - 14\ 780 + 12\ 632 \\
&= 145\ 652\ (\text{元})
\end{aligned}
$$

（2）该车已行驶里程为 108 900km，根据《机动车强制报废标准规定》，中、小、微型非营运载客汽车和大型非营运轿车行驶 60 万 km 引导其报废。

$$
\begin{aligned}
\text{成新率} &= 1 - (\text{已行驶里程} \div \text{规定行驶里程}) \times 100\% \\
&= 1 - (108\ 900 \div 600\ 000) \times 100\% \\
&= 0.82
\end{aligned}
$$

（3）综合调整系数的计算：

该车技术状态一般，调整系数取值为 0. 65，权重 30%。

该车维护保养情况一般,调整系数取值为 0.6,权重 25%。
该车制造质量为整车进口,调整系数取值为 0.8,权重 20%。
该车工作性质为私用,调整系数取值为 0.8,权重 15%。
该车工作条件一般,调整系数取值为 0.6,权重 10%。
综合调整系数:

$$= 0.65 \times 30\% + 0.6 \times 25\% + 0.8 \times 20\% + 0.8 \times 15\% + 0.6 \times 10\%$$
$$= 0.2 + 0.15 + 0.16 + 0.12 + 0.06$$
$$= 0.69$$

评估价值 = 145 652 × 0.82 × 0.69 = 82 409(元)。

案例 5

甲方现有宝马 535 一辆,灰色,排量为 3.0T,为 2011 年 3 月 14 日初次注册登记。因债务原因以 50 万元抵账给乙方。乙方由于不清楚车辆的具体信息及真实车况,所以委托某二手车鉴定评估公司于 2013 年 6 月 23 日对车辆进行现实技术状况鉴定。详见图 12 - 63 ~ 图 12 - 72。

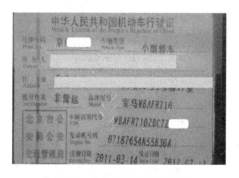

图 12 - 63　机动车行驶证

图 12 - 64　车辆识别代号

图 12 - 65　车辆外观(1)

图 12 - 66　车辆外观(2)

图 12-67　车辆驾驶舱（1）

图 12-68　车辆驾驶舱（2）

图 12-69　车辆仪表板

图 12-70　车辆发动舱

图 12-71　车辆后备厢（1）

图 12-72　车辆后备厢（2）

经检查：该车全车为原车漆，车身有部分轻微损伤。详见图 12-73 ~ 图 12-75。

第十二章 二手车鉴定评估经典案例分析

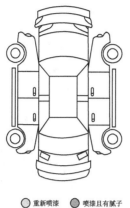

图 12-73 漆面修复历史

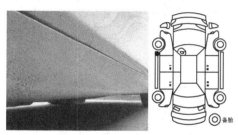

图 12-74 左底边轻微损伤

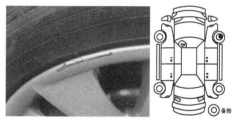

图 12-75 右前轮损伤

解：

该车为 2008 款宝马 5 系 535，排量为 3.0T，手自一体。车辆颜色为灰色，表显示里程为 12 000km，出厂日期为 2010 年 12 月 1 日。车辆的初次注册登记日期为 2011 年 3 月 14 日。根据机动车行驶证及《机动车登记证书》所示，该车使用性质为非营运。交强险及商业险到期日均为 2013 年 7 月 30 日。该车不是一手车，曾经过户 3 次。该车配置有座椅加热、氙气大灯、多功能方向盘、倒车雷达、电动车窗、无钥匙启动、转向助力、电动后备厢、车身稳定系统、换挡拨片、巡航定速、反光镜电动折叠、真皮座椅带电动记忆功能、双气囊、侧气帘、天窗、中控锁、恒温空调、电动反光镜、制动力分配系统，以及 GPS 导航和 ABS 等。

经静态检查，该车全车为原车漆，左侧下边框梁有轻微划伤，右前轮毂有擦伤，其他无异常。经动态检查，该车发动机有轻微异响，排气系统有黑烟排出，底盘、变速器、避震器、制动系统、电气系统等均无异常。

特别说明：该车随车工具及千斤顶丢失。

案例 6

小王最近开了家超市,由于进货需要,所以决定购买一台二手金杯面包车。走访了几家二手车市场,他看中了一台注册登记日期为 2008 年 4 月的金杯车,要价 3.5 万元。由于对二手车的车况及市场价格不了解,他特委托二手车鉴定评估师对该车在 2013 年 6 月 23 日进行鉴定评估。详见图 12 - 76 ~ 图 12 - 82。

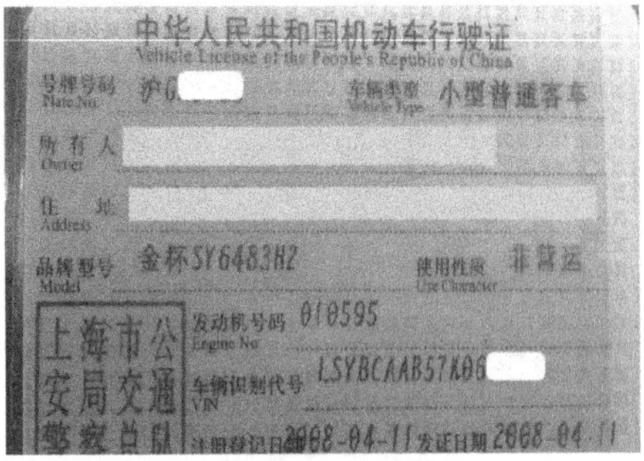

图 12 - 76　机动车行驶证

图 12 - 77　车辆外观

图 12 - 78　车辆驾驶舱

图 12 - 79　车辆发动机舱

图 12 - 80　车辆后备厢(1)

图 12 - 81　车辆乘用空间

第十二章 二手车鉴定评估经典案例分析

图 12-82 车辆后备厢（2）

经检查：该车为整车重新喷漆，并存在 3 处重要损伤，多处有待修复的损伤，详见图 12-83~图 12-97。

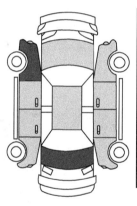
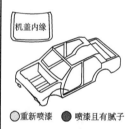

区域名称	修复类型
左前翼子板	喷漆且有腻子
左前门	重新喷漆
左后翼子板	重新喷漆
左后门	重新喷漆
右前翼子板	重新喷漆
右前门	重新喷漆
右后翼子板	重新喷漆
右后门	重新喷漆
发动机盖	重新喷漆
车顶	重新喷漆
后备厢	喷漆且有腻子

区域名称	修复类型
左A柱	无修复
左B柱	无修复
左C柱	无修复
右A柱	无修复
右B柱	无修复
右C柱	无修复
发动机舱	无修复
机盖内缘	无修复
后厢底板	无修复

图 12-83 漆面喷漆修复历史

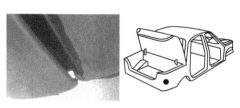

图 12-84 右后翼子板后重要损伤　　图 12-85 后围板中重要损伤
　　　　　　　　　　　　　　　　　　　　（钣金痕迹与锈蚀）

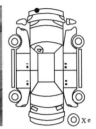

图 12-86　仪表台重要损伤（裂开破口与歪曲松垮）　　　图 12-87　前保险杠一般损伤（划伤）

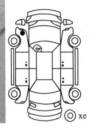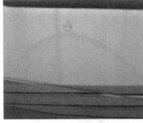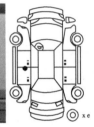

图 12-88　左前翼子板一般损伤（局部色差）　　　图 12-89　左后门一般损伤（局部色差）

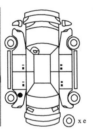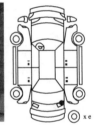

图 12-90　左后翼子板一般损伤（划伤及漆面凹坑）　　　图 12-91　后尾灯一般损伤（灯罩裂痕、灯座破裂进灰与松旷）

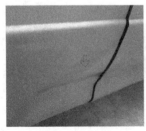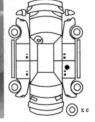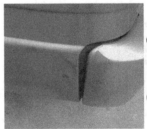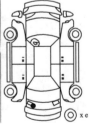

图 12-92　右后门一般损伤（划伤及漆面凹坑）　　　图 12-93　后保险杠一般损伤（碰伤及漆面凹坑）

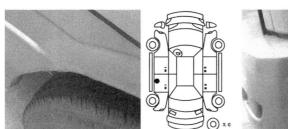
图 12-94　左后门一般损伤
（碰伤及漆面凹坑、生锈）

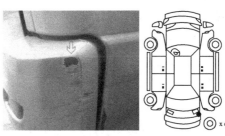
图 12-95　后保险杠一般损伤
（碰伤及漆面凹坑）

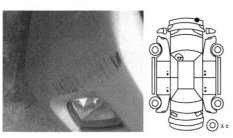
图 12-96　前保险杠一般损伤（划伤）

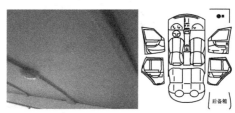
图 12-97　顶棚一般损伤（污损）

解：

经查验车辆有效凭证了解到，该车为 2006 款金杯锐驰 2.0L，汽油，9 座，手动白灰色面包车，累计行驶里程为 73 103km，出厂日期为 2007 年 12 月 1 日，注册登记日期为 2008 年 4 月 11 日，年审有效期至 2014 年 4 月，交强险和商业险均已到期。

静态检查：该车为整车重新喷漆，并存在 3 处重要损伤，多处有待修复的损伤。该车后部有严重碰撞，钣金修复痕迹明显，已生锈腐烂，但未伤及后纵梁。右前大灯被更换过，无上橡胶条。右后大灯损坏。全车外观划痕擦伤较多，需要整体修复。左前摇窗机把手掉落。仪表台松动。内饰整体需翻新修复。

动态检查：该车发动机故障灯常亮，且发动机严重漏油；转向系统、启动机、变速器、避震器、制动器等无异常。

使用现行市价法，经市场询价，同年限、同配置且车况良好的二手车的市场成交价格均在 3.5 万～4 万元。按照该车的现实状况，考虑到整备及保险等费用约为 6000 元，所以给出此款车的评估价格为 2.8 万元。

案例 7

张某由于工作调动，准备将现有的一辆 2010 款途观转让给外甥余某。

由于是亲属，双方都不好意思确定车辆的交易价格，于是委托某鉴定评估中心对其在 2013 年 6 月 26 日进行鉴定评估，给出一个符合市场的现实价格，并且张某还要求以一个二手车行能收购的价格来确定。详见图 12 - 98 ～ 图 12 - 106。

图 12 - 98　机动车行驶证

图 12 - 99　车辆外观

图 12 - 100　车辆驾驶舱

图 12 - 101　车辆仪表板

图 12 - 102　车辆发动机舱（1）

图 12 - 103　车辆发动机舱（2）

第十二章 二手车鉴定评估经典案例分析

图 12-104 车辆发动机舱（3）

图 12-105 车辆识别代号

图 12-106 车辆后备厢

经检查：该车发动机舱盖为重新喷漆，并有多处一般损伤。详见图 12-107～图 12-113。

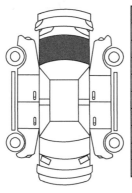

区域名称	修复类型
左前翼子板	无修复
左前门	无修复
左后翼子板	无修复
左后门	无修复
右前翼子板	无修复
右前门	无修复
右后翼子板	无修复
右后门	无修复
发动机盖	重新喷漆
车顶	无修复
后备厢	无修复

区域名称	修复类型
左A柱	无修复
左B柱	无修复
左C柱	无修复
右A柱	无修复
右B柱	无修复
右C柱	无修复
发动机舱	无修复
机盖内缘	无修复
后厢底板	无修复

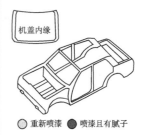

● 重新喷漆　● 喷漆且有腻子

图 12-107　漆面喷漆修复历史

图 12-108　右前机盖铰链一般损伤（拆卸痕迹）　　　　图 12-109　左前机盖铰链一般损伤（拆卸痕迹）

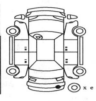 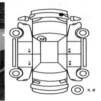

图 12-110　后保险杠右侧一般损伤（划伤）　　　　图 12-111　前保险杠一般损伤（划伤）

 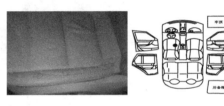

图 12-112　左侧后视镜一般损伤（划伤）　　　　图 12-113　座椅一般损伤（磨损）

解：

经检查车辆手续，该车手续齐全。该车为 2010 款大众途观 1.8T，两驱，手自一体车型，车身颜色为白色，汽油，累计行驶里程为 27 200km。2010 年新车市场指导价为 233 800 元。该车出厂日期为 2010 年 6 月 27 日，初次登记日期为 2010 年 7 月 22 日。该车已过保。年审有效期至 2014 年 7 月，交强险已经过期。

静态检查：该车发动机舱盖为重新喷漆，并且机盖铰链拆卸迹象明显。后保险杠、前保险杠及左侧后视镜均有刮伤。

动态检查：该车各项总成部件无异常。

特别说明：该车点烟器和灭火器丢失。

根据委托方的要求，该车的评估价格以二手车市场的收购价格作为评估结论。

经询查二手车市场、二手车专业网站及二手车收购价格指南杂志，采用直

第十二章 二手车鉴定评估经典案例分析

接比较法对该车进行评估价格的确定（见表12-2）。

表12-2 可类比二手车交易价格信息情况

询查机构	某二手车市场	某二手车交易网站	某二手车杂志
咨询人	王某	李某	吴某
联系电话	×××	×××	×××
询查时间	2013年6月28日	2013年6月28日	2013年6月28日
询查结果/万元	19.2	19	18.9

根据询查结果，得出评估价格在19万元左右。

附录一

高级二手车鉴定评估师试题与参考答案

一、单项选择题

1. 汽车型号 CA1091,其车辆类别代号 1 的含义是(   )。
   A. 货车　　　B. 轿车　　　C. 越野车　　　D. 自卸车

2. 车辆的 17 位 VIN 代号编码经过排列组合,结果使车型生产在(   )年之内不会发生重号现象。
   A. 40　　　B. 50　　　C. 20　　　D. 30

3. 下列各车型中,哪一种车不属于商用车(   )。
   A. 小于 9 座的客车　　　B. 大于 9 座的客车
   C. 大于 10 座的客车　　　D. 货车

4. 车辆识别代号由 3 部分组成。第一部分表示世界制造厂识别代号。第一部分的第一个字母代表生产地理地区代码,其中中国产汽车用(   )表示。
   A. L　　　B. M　　　C. N　　　D. Q

5. 一辆汽车由发动机、底盘、车身和(   )四大部分组成。
   A. 活塞　　　B. 连杆　　　C. 车架　　　D. 电气设备

6. 汽油机是通过(   )引起混合气着火燃烧。
   A. 火花塞点火　　B. 缸体内高压　　C. 缸体外点火　　D. 高温废气

7. 柴油机的压缩比通常是(   )。
   A. 8~11　　　B. 17~22　　　C. 4~7　　　D. 12~17

8. 捷达轿车装用 1.6 升发动机。它属于（　　）。
   A. 中级轿车　　B. 中高级轿车　　C. 微型轿车　　D. 普通级轿车
9. 乘用车是指在其设计和技术特性上主要用于载运乘客及其随身行李（或）临时物品的汽车，包括驾驶员座位在内最多不超过（　　）个。
   A. 7　　　　　B. 9　　　　　C. 5　　　　　D. 11
10. 在 GB 9417-88《汽车产品型号编制规则》中规定，车辆类别代号 1 表示（　　）。
    A. 货车　　　B. 越野车　　　C. 自卸车　　　D. 轿车
11. 车辆识别代号的第十位是（　　）代码。
    A. 年款　　　B. 车辆类别　　C. 生产序号　　D. 制造厂
12. 一辆汽车由发动机、底盘、车身和（　　）四大部分。
    A. 活塞　　　B. 连杆　　　　C. 悬架　　　　D. 电气设备
13. 柴油机是通过（　　）引起混合气着火燃烧。
    A. 火花塞点火　　　　　　　B. 缸体内高温、高压
    C. 缸体外点火　　　　　　　D. 高温废气
14. 柴油机的压缩比通常是（　　）。
    A. 8~11　　　B. 17~22　　　C. 5~7　　　　D. 12~17
15. 下列（　　）不影响气缸压力。
    A. 气门密封性能　　　　　　B. 活塞与气缸之间的间隙
    C. 活塞环端隙　　　　　　　D. 点火性能好坏
16. 汽油机活塞与气缸之间的间隙一般是（　　）mm。
    A. 30~50　　B. 0.3~0.5　　C. 0.03~0.05　　D. 0.003~0.005
17. 可变配气正式的内涵是（　　）。
    A. 改变配气相位　　　　　　B. 改变润滑方式
    C. 改变供油方式　　　　　　D. 改变点火方式
18. 在汽油机电控燃油喷射系统中，汽油泵通常被安装在（　　）。
    A. 发动机附近　B. 变速器附近　C. 汽油箱外　　D. 汽油箱内
19. 汽油机电控燃油喷射系统主要由燃油供给系统、空气供给系统、点火系统和（　　）四大部分组成。
    A. 控制系统　　B. 汽油滤清器　C. 爆震传感器　D. 流量传感器
20. 电控汽油喷射发动机空气流量计的作用是（　　）。
    A. 测量进气压力　　　　　　B. 测量进气量
    C. 测量进气温度　　　　　　D. 测量进气湿度
21. 电控汽油喷射发动机燃油压力调节器的作用是（　　）。

A. 保持气缸压力不变
B. 保持进气歧管压力不变
C. 使燃油压力得到缓冲
D. 保证分配管与进气歧管压差恒定不变

22. 在汽油机电控燃油喷射系统中，汽油泵通常安装在（　　）。
A. 发动机附近　　　　　　　B. 变速器附近
C. 车轮制动器附近　　　　　D. 汽油箱内

23. 汽油机电控燃油喷射系统主要由燃油供给系统、空气供给系统、点火系统和（　　）四大部分组成。
A. 控制系统　　　　　　　　B. 机油压力传感器
C. 压力传感器　　　　　　　D. 流量传感器

24. 下列（　　）不影响气缸压力。
A. 气门密封性能　　　　　　B. 活塞与气缸之间的间隙
C. 活塞环端隙　　　　　　　D. 汽油的牌号

25. 可变配气正式的内涵是（　　）。
A. 改变配气相位　　　　　　B. 改变润滑方式
C. 改变供油方式　　　　　　D. 改变排量

26. 汽油机活塞与气缸之间的间隙一般是（　　）mm。
A. 3～5　　　B. 0.3～0.5　　　C. 0.03～0.05　　　D. 0.003～0.005

27. 在侧滑实验台上测试汽车前轮侧滑量时，如滑动板向外侧滑动，是因为（　　）。
A. 前轮外倾　　B. 前束值过大　　C. 主销内倾　　D. 前束值过小

28. 同一发动机的两个机构中，曲轴与凸轮轴相比，曲轴的价格（　　）。
A. 与凸轮轴相等　　　　　　B. 无法比较
C. 比较低　　　　　　　　　D. 比较高

29. 汽油机电控燃油喷射系统主要由燃油供给系统、空气供给系统、点火系统和（　　）四大部分组成。
A. 控制系统　　B. 转速传感器　　C. 压力传感器　　D. 流量传感器

30. 可变配气正式的内涵是（　　）。
A. 改变配气相位　　　　　　B. 改变润滑方式
C. 改变供油方式　　　　　　D. 改变混合气形成方式

31. 在汽油机电控燃油喷射系统中，汽油泵通常安装在（　　）。
A. 发动机附近　B. 变速器附近　C. 制动主缸附近　D. 汽油箱内

32. 柴油机的压缩比通常是（　　）。

A. 8~17　　B. 17~22　　C. 22~30　　D. 30~40

33. 汽油机活塞与气缸之间的间隙一般是（　　）mm。
A. 2~6　　B. 0.3~0.5　　C. 0.03~0.05　　D. 0.003~0.005

34. 一辆汽车由发动机、底盘、车身和（　　）四大部分组成。
A. 活塞　　B. 连杆　　C. 转向系　　D. 电气设备

35. 车辆识别代码中，其年款代码由（　　）表示。
A. 26个字母加4个数字　　B. 20个字母加10个数字
C. 21个字母加9个数字　　D. 22个字母加8个数字

36. 共轨喷射柴油机是将柴油喷入（　　）引起混合气着火燃烧。
A. 进气门处　　B. 排气门处　　C. 气缸内　　D. 气缸外

37. 从车辆VIN中我们不可以识别出的信息是（　　）。
A. 发动机排量　　B. 车型年款　　C. 生产国家　　D. 车辆类别

38. 关于发动机增压的功用，以下描述不正确的是（　　）。
A. 提高空气密度，增加进气量
B. 燃油经济性会变差
C. 发动机功率得到改善
D. 进气量增加，可增加循环供油量，从而可增加发动机功率

39. 一辆轿车的VIN代码是JNKRA25D6YW1 13728，其年款代码表示的年份是（　　）。
A. 1999年　　B. 1997年　　C. 2000年　　D. 1998年

40. 电控汽油喷射发动机喷油器的喷油量由（　　）决定。
A. 喷油时间　　B. 点火时刻　　C. 凸轮轴位置　　D. 气门开度

41. 在汽油机电控燃油喷射系统中，汽油泵通常被安装在（　　）。
A. 发动机附近　　B. 变速器附近
C. 真空助力器附近　　D. 汽油箱内

42. 汽油机活塞与气缸之间的间隙一般是（　　）mm。
A. 1~3　　B. 0.3~0.5　　C. 0.03~0.05　　D. 0.003~0.005

43. 柴油机的压缩比通常是（　　）。
A. 3~5　　B. 17~22　　C. 4~7　　D. 12~17

44. 车辆识别代号由3部分组成。第一部分表示世界制造厂识别代号。第二部分为车辆特征代码，而第三部分是（　　）。
A. 车辆指示代码　　B. 生产年代代码
C. 车辆类型代码　　D. 使用年限代码

45. 一辆汽车由发动机、底盘、车身和（　　）四大部分组成。

A. 活塞　　　　B. 连杆　　　　C. 行驶系　　　　D. 电气设备

46. 共轨喷射柴油机是通过（　　）引起混合气着火燃烧。
A. 火花塞点火　　　　　　B. 缸体内高温、高压
C. 缸体外点火　　　　　　D. 高温废气

47. 一辆汽车由发动机、底盘、车身和（　　）四大部分组成。
A. 活塞　　　　B. 连杆　　　　C. 制动系　　　　D. 电气设备

48. 电控汽油喷射汽油机是通过（　　）引起混合气着火燃烧。
A. 火花塞点火　　　　　　B. 缸体内高温、高压
C. 缸体外点火　　　　　　D. 高温废气

49. 柴油机的压缩比通常是（　　）。
A. 8～11　　　B. 17～22　　　C. 4～7　　　D. 20～30

50. 汽油机活塞与气缸之间的间隙一般是（　　）mm。
A. 4～5　　　B. 0.3～0.5　　　C. 0.03～0.05　　　D. 0.003～0.005

51. 发动机四冲程中产生动力的冲程是（　　）冲程。
A. 做功　　　　B. 进气　　　　C. 压缩　　　　D. 排气

52. 汽油机电控燃油喷射系统（缸外多点喷射式）中喷油器是将燃油喷在（　　）。
A. 节气门上方　　B. 进气歧管内　　C. 气缸内　　　　D. 进气总管内

53. 下列（　　）不影响气缸压力。
A. 气门密封性能　　　　　B. 活塞与气缸之间的间隙
C. 活塞环端隙　　　　　　D. 爆震传感器性能

54. 可变配气正时的内涵是（　　）。
A. 改变配气相位　　　　　B. 改变润滑方式
C. 改变供油方式　　　　　D. 改变冷却方式

55. 在汽油机电控燃油喷射系统中，汽油泵通常被安装在（　　）。
A. 发动机附近　　B. 变速器附近　　C. 主减速器附近　　D. 汽油箱内

56. 汽油机电控燃油喷射系统主要由燃油供给系统、空气供给系统、点火系统和（　　）四大部分组成。
A. 控制系统　　B. 汽油滤清器　　C. 压力传感器　　D. 流量传感器

57. 发动机的动力性指标主要是指（　　）。
A. 调速率　　　　　　　　B. 发动机排量
C. 有效功率与有效转矩　　D. 转速

58. 轿车通常采用（　　）悬架。
A. 独立　　　　B. 非独立　　　　C. 平衡　　　　D. 非平衡

59. 按规定量加好机油，经过使用后，机油油面增高，这说明（　　）。
   A. 空气进入曲轴箱　　　　　　B. 水混入曲轴箱
   C. 油底壳沙砾金属沫沉淀太多　D. 曲轴箱通风不够，压力太大

60. 发动机启动时，向启动机、点火系及其他用电设备供电的是（　　）。
   A. 发电机　　　　　　　　　　B. 蓄电池
   C. 蓄电池和发电机　　　　　　D. 发动机

61. 汽油机 EFI 系统中的基本喷油量由（　　）确定。
   A. 进气温度　　　　　　　　　B. 发动机转速与进气量
   C. 发动机工作温度　　　　　　D. 爆震信号

62. 下列属于汽车被动安全装置的是（　　）。
   A. 驱动防滑系统（ASR）　　　B. 轮胎压力监测报警装置
   C. 动力转向系统　　　　　　　D. 安全气囊

63. ABS 的含义是（　　）。
   A. 驱动防滑系统　　　　　　　B. 防抱死系统
   C. 安全气囊　　　　　　　　　D. 电控电动转向

64. 汽车电源由（　　）组成。
   A. 蓄电池和启动系　　　　　　B. 蓄电池、交流发电机及调节器
   C. 蓄电池和点火装置　　　　　D. 交流发电机和启动机

65. 座位数小于等于9的载客汽车，制动初速度为50km/h，制动稳定性要求：车辆任何部位不得超过的试车道宽度是（　　）。
   A. 3m　　　B. 2m　　　C. 2.5m　　　D. 4m

66. 轿车空载时的制动距离要求为：初速度为 50km/h 时的制动距离（　　）。
   A. ≤22 米　　B. ≤24 米　　C. ≤19 米　　D. ≤20 米

67. 汽车的经济性能指标是（　　）。
   A. 燃油消耗率 g/(kW·h)　　　B. 百公里油耗 L/100km
   C. 耗油量 kg/h　　　　　　　　D. 百公里油耗 g/100km

68. 发动机常用（　　）功率作为额定功率。
   A. 12h 功率　　B. 15min 功率　　C. 持续功率　　D. 1h 功率

69. GB7258-2004《机动车运行安全技术条件》规定：车速表的允许误差范围为（　　）。
   A. +20%～-5%　　　　　　　B. 没有规定
   C. +5%～-20%　　　　　　　D. +50%～-50%

70. 发动机前置，前轮驱动的轿车特点是（　　）。

A. 传动轴较长，需要通过车身中部，使车厢地板中部有凸起的形状

B. 前、后轴荷分配合理

C. 发动机和传动系紧连成一体，省去了传动轴

D. 发动机散热不好

71. ASR 的含义是（　　）。

　　A. 驱动防滑系统　　　　　　B. 防抱死系统

　　C. 安全气囊　　　　　　　　D. 电控电动转向

72. 发动机怠速且离合器处于接合状态时，变速器的输入轴（　　）。

　　A. 转动　　　　　　　　　　B. 不转

　　C. 挂空挡时不转　　　　　　D. 挂倒挡时不转

73. 汽车的装配基体是（　　）。

　　A. 发动机　　B. 变速器　　C. 制动系　　D. 车架

74. 鼓式车轮制动器的工作表面是（　　）。

　　A. 内圆柱面　　B. 外圆柱面　　C. 内端面　　D. 外端面

75. 救护车的车身颜色应为（　　）色，左、右侧及车后正中应喷符合规定的图案。

　　A. 大红　　　B. 绿　　　C. 蓝　　　D. 白

76. 按规定，前照灯水平光束的位置，左灯向左偏斜不允许超过170mm，向右偏斜不得超过（　　）mm。

　　A. 322　　　B. 333　　　C. 340　　　D. 350

77. 机动车前照灯应装有远光、近光变换装置。当由远光改为近光时，要求远光灯（　　）。

　　A. 同时点亮　　B. 同时熄灭　　C. 左侧灯点亮　　D. 右侧灯点亮

78. 采用气压制动的汽车，当制动系统的气压低于起步气压时，（　　）。

　　A. 报警装置应能连续向驾驶员发出容易听到或看到的报警信号

　　B. 汽车应自行制动停车

　　C. 发动机应自行停止转动

　　D. 变速器应自行挂入空挡

79. 检测气缸压力时，如果两次检查结果均表明相邻两缸压力都很低，则最大的可能性为（　　）。

　　A. 这两缸的相邻处气缸垫烧损　　B. 这两缸的进排气门封闭不严

　　C. 这两缸的压缩比偏小　　　　　D. 这两缸的活塞环磨损严重

80. 轿车空载时的制动距离要求为：初速度为50km/h 时的制动距离（　　）。

A. ≤25 米　　B. ≤24 米　　C. ≤19 米　　D. ≤20 米

81. 根据无负荷测功原理，下面说法正确的是（　　）。
   A. 角速度越大，功率越大　　B. 加速时间越长，功率越大
   C. 转速越高，功率越大　　　D. 角加速度越大，功率越大

82. 汽车向左转向和向右转向的转弯直径一般（　　）。
   A. 不相等　　B. 高速时相等　　C. 相等　　D. 低速时相等

83. 4×2 型汽车的驱动轮数为（　　）。
   A. 6　　　B. 2　　　C. 8　　　D. 4

84. GB7258-2004《机动车运行安全技术条件》规定：驻车制动力不小于整车重量的（　　）。
   A. 10%　　B. 20%　　C. 50%　　D. 60%

85. 汽车紧急制动情况下，当车轮的滑移率在（　　）时，制动性能最佳。
   A. 1% 左右　　B. 20% 左右　　C. 50% 左右　　D. 70% 左右

86. 下列不属于乘用车范畴的是（　　）。
   A. 旅行车　　B. 敞篷车　　C. 10 座越野客车　　D. 救护车

87. 对公路车辆的外廓尺寸的界限，根据我国国标 GB 1589-2004 规定：汽车总高度不大于（　　）。
   A. 3m　　B. 5m　　C. 2m　　D. 4m

88. GB 9417-88《汽车产品型号编制规则》规定，车辆类别代号 2 表示（　　）。
   A. 货车　　B. 越野车　　C. 自卸车　　D. 轿车

89. 在车辆允许使用年限内，每一辆车都有（　　）个识别码。
   A. 1　　　B. 2　　　C. 3　　　D. 4

90. SRS 的含义是（　　）。
   A. 驱动防滑系统　　　B. 防抱死系统
   C. 安全气囊　　　　　D. 电控电动转向

91. 变速器自锁装置的作用是（　　）。
   A. 防止自行脱挡　　　B. 防止同时挂上两个挡
   C. 防止误挂倒挡　　　D. 较少噪声

92. 按规定，前照灯水平光束的位置，右灯向左偏斜不允许超过 350mm，向右偏斜不得超过（　　）mm。
   A. 322　　B. 333　　C. 340　　D. 350

93. 机动车前照灯近光灯与远光灯上下并列设置时，（　　）。

A. 近光灯在上，远光灯在下　　B. 近光灯在下，远光灯在上
C. 没有要求，随意设置　　　　D. 应能同时点亮

94. 安装有制动防抱死的汽车，当制动防抱死装置失效时，（　　）。
A. 报警装置应能连续向驾驶员发出容易听到或看到的报警信号
B. 汽车应自行制动停车
C. 发动机应自行停止转动
D. 变速器应自行挂入空挡

95. 汽车装上差速器后，在汽车转弯时，两侧车轮可以以不同的速度沿地面（　　）。
A. 转动　　　B. 滑转　　　C. 滑拖　　　D. 滑动

96. 真空助力器在不助力时（　　）。
A. 真空阀开，空气阀关　　　B. 真空阀关，空气阀开
C. 真空阀关，空气阀关　　　D. 真空阀开，空气阀开

97. 工程救险车车身颜色应符合 GB/T 3181 的要求，使用规定的 Y03 中（　　）色。
A. 大红　　　B. 绿　　　C. 蓝　　　D. 黄

98. 体现发动机的经济性能指标的是（　　）。
A. 燃油消耗率 g/(kW·h)　　B. 百公里油耗 L/100km
C. 耗油量 kg/h　　　　　　D. 每加仑油行驶的里程数

99. 轿车汽油机的压缩比一般在（　　）范围内。
A. 8~11　　B. 17~22　　C. 4~7　　D. 12~17

100. 轿车空载时的制动距离要求为：初速度为 50km/h 时的制动距离（　　）。
A. ≤29 米　　B. ≤24 米　　C. ≤19 米　　D. ≤20 米

101. 可变配气正式的内涵是（　　）。
A. 改变配气相位　　　　B. 改变润滑方式
C. 改变供油方式　　　　D. 改变启动方式

102. 汽油机电控燃油喷射系统主要由燃油供给系统、空气供给系统、点火系统和（　　）四大部分组成。
A. 控制系统　　　　　　B. 冷却液温度传感器
C. 压力传感器　　　　　D. 流量传感器

103. ESP 的含义是（　　）。
A. 驱动防滑系统　　　　B. 防抱死系统
C. 安全气囊　　　　　　D. 车身电子稳定系统

104. 载重汽车通常采用（　　）变速器。
A. 一轴　　　B. 二轴　　　C. 三轴　　　D. 四轴

105. 独立悬架的车桥是断开式的，通常使用（　　）。
A. 钢板弹簧悬架　　　　　B. 螺旋弹簧悬架
C. 离合器　　　　　　　　D. 分动器

106. 蓄电池的电解液是由（　　）与蒸馏水按一定的配比勾兑而成。
A. 硫酸　　　B. 活性炭　　C. 纯碱　　　D. 氮气

107. 乘用车应设置（　　）保险杠。
A. 前　　　　B. 后　　　　C. 前、后　　D. 侧

108. 对汽车做动态检测时，不属于路试检测的项目是（　　）。
A. 轮胎磨损程度　　　　　B. 滑行情况
C. 加速性能　　　　　　　D. 制动性能

109. 铝合金车轮最主要的优点是（　　）。
A. 散热性好　B. 价格低　　C. 刚度大　　D. 耐磨损

110. 柴油机在大负荷运转或突然加速时，最常见的排烟颜色为（　　）。
A. 白色　　　B. 无色　　　C. 蓝色　　　D. 黑色或深灰色

111. 汽油机装用三元催化器的目的是（　　）。
A. 降低燃油消耗　　　　　B. 降低 CO，HC，NO_x 的排放
C. 提高发动机的动力性　　D. 提高燃料的燃烧性

112. 安全气囊属于（　　）装置。
A. 制动系统　B. 转向系统　C. 主动安全　D. 被动安全

113. 下列指标中，不属于汽车制动性的指标为（　　）。
A. 制动效能　　　　　　　B. 制动时的方向稳定性
C. 加速时间　　　　　　　D. 制动抗热衰退性

114. GB 9417-88《汽车产品型号编制规则》规定，车辆类别代号 7 表示（　　）。
A. 货车　　　B. 越野车　　C. 自卸车　　D. 轿车

115. 下列（　　）不影响气缸压力。
A. 气门密封性能　　　　　B. 活塞与气缸之间的间隙
C. 活塞环端隙　　　　　　D. 散热器的好坏

116. AT 的含义是（　　）。
A. 防滑驱动　　　　　　　B. 防抱死系统
C. 安全气囊　　　　　　　D. 自动变速器

117. 按规定量加好机油，经过使用后，机油油面增高。这说明（　　）。

A. 空气进入曲轴箱　　　　　　B. 水混入曲轴箱
C. 油底壳沙砾金属沫沉淀太多　D. 曲轴箱通风不够，压力太大

118. 我国规定检测柴油机烟度的烟度计采用（　　）。
　　A. 重量式　　　　　　　　　B. 不分光红外线检测
　　C. 透光式　　　　　　　　　D. 滤纸式

119. 车辆上装置 ASR 系统的主要目的是（　　）。
　　A. 提高制动稳定性　　　　　B. 提高车辆经济性
　　C. 提高制动效能　　　　　　D. 提高车辆行驶的稳定性

120. 越野汽车可按驱动轴数分为双轴、三轴和四轴驱动，则 6×6 为（　　）。
　　A. 四轴　　B. 五轴　　C. 双轴　　D. 三轴

121. 下列参数中，影响汽车通过性的尺寸参数主要有（　　）。
　　A. 轮距　　B. 汽车自重　　C. 轴距　　D. 最小距地间隙

122. GB 9417-88《汽车产品型号编制规则》规定，车辆类别代号 6 表示（　　）。
　　A. 货车　　B. 越野车　　C. 客车　　D. 轿车

123. 下列（　　）不影响气缸压力。
　　A. 气门密封性能　　　　　　B. 活塞与气缸之间的间隙
　　C. 活塞环端隙　　　　　　　D. 节温器好坏

124. 在用 2 灯制乘用车前照灯远光光束发光强度应大于（　　）坎德拉。
　　A. 13 000　　B. 14 000　　C. 15 000　　D. 16 000

125. 机动车前照灯近光灯与远光灯左右并列设置时，近光灯应位于（　　）。
　　A. 外侧　　　　　　　　　　B. 内侧
　　C. 没有要求，随意设置　　　D. 应能同时点亮

126. 安装有制动防抱死的汽车，当制动防抱死装置失效时，（　　）。
　　A. 报警装置应能连续向驾驶员发出容易听到或看到的报警信号
　　B. 汽车应自行制动停车
　　C. 发动机应自行停止转动
　　D. 变速器应自行挂入空挡

127. 维修费用随车辆行驶里程的增加而增加。其变化关系基本上是（　　）。
　　A. 线性关系　　B. 指数关系　　C. 没有规律　　D. 先大后小

128. 汽油机排气污染物的主要成分是（　　）。

A. H_2O B. HC C. O_2 D. CO_2

129. 乘用车喇叭的声级为（　　）。
A. 70dB（A）~80 dB（A） B. 90dB（A）~115 dB（A）
C. 116dB（A）~117 dB（A） D. 118dB（A）~120 dB（A）

130. 最高设计时速不小于100km/h的汽车，方向盘最大自由转动量不大于（　　）。
A. 20° B. 30° C. 40° D. 50°

131. 轿车空载时的制动距离要求为：初速度为50km/h时的制动距离（　　）。
A. ≤21米 B. ≤24米 C. ≤19米 D. ≤20米

132. 汽车行驶系中，最容易磨损的总成部件是（　　）。
A. 车架 B. 悬架 C. 轮胎 D. 车桥

133. 柴油机在大负荷运转或突然加速时，最常见的排烟颜色为（　　）。
A. 白色 B. 无色 C. 蓝色 D. 黑色或深灰色

134. 汽车自动变速器控制系统目前多采用（　　）。
A. 液力控制 B. 电子控制 C. 机械控制 D. 气、液控制

135. 发动机前置前驱汽车通常采用（　　）变速器。
A. 一轴 B. 二轴 C. 三轴 D. 四轴

136. 汽车通常设有（　　）和驻车制动装置。
A. 行车制动装置 B. 气压制动传动装置
C. 液压制动传动装置 D. 真空助力装置

137. 发动机高速运转时，发电机向（　　）充电。
A. 蓄电池 B. 氧传感器 C. 启动机 D. 调节器

138. 货车应设置（　　）保险杠。
A. 前 B. 后 C. 前、后 D. 不必设

139. 在用4灯制乘用车前照灯远光光束发光强度应大于（　　）坎德拉。
A. 12 000 B. 13 000 C. 14 000 D. 15 000

二、判断对错

1. 汽车的损耗有两种形式，即有形损耗和无形损耗。（　　）

2. 汽车的有形损耗是指汽车存放和使用过程中，由于物理和化学原因而导致车辆实体发生的价值损耗。（　　）

3. 存放闲置的汽车，由于自然力作用，产生的腐蚀、老化，或由于管护不善，丧失工作能力而形成的损耗是汽车的无形损耗。（　　）

4. 汽车在使用过程中，由于零、部件摩擦、震动、腐蚀而产生的损耗，

是汽车的有形损耗。（   ）

5. 汽车的无形损耗是由于科学技术的进步和发展，从而导致车辆的损耗与贬值。（   ）

6. 汽车的有形损耗和无形损耗都是由于科技的进步和发展，使原有的车辆发生价值损耗。（   ）

7. 汽车的使用寿命是指汽车从投入使用到淘汰、报废的整个时间过程。（   ）

8. 汽车的自然使用寿命是指在正常使用条件下，从投入使用到由于物理与化学原因而损耗报废的时间。（   ）

9. 汽车的使用寿命是指汽车从生产制造开始到报废的整个时间过程。（   ）

10. 汽车的正常使用是指汽车按照汽车制造厂家提供的使用手册所规定的技术规范使用。（   ）

11. 汽车的正常使用就是指汽车使用中没用发生过碰撞、淹水、起火等意外。（   ）

12. 一般来说，汽车的自然使用寿命主要受有形损耗的影响。（   ）

13. 汽车的技术使用寿命是指汽车从投入使用，到由于技术落后而被淘汰所经历的时间。（   ）

14. 一般来说，汽车的技术使用寿命主要是受无形损耗影响。（   ）

15. 汽车的经济使用寿命是指汽车从投入使用，到因维持继续使用的投入过高而不经济，成本较高而退出使用所经历的时间。（   ）

16. 二手车上路行驶的手续是指：机动车上路行驶，按照国家有关规定必须办理的相关证件和必须缴纳的税、费。机动车凭这些有效证件及所缴纳税、费的凭证上路行驶。（   ）

17. 二手车的价值包括车辆实体本身的有形价值及各项手续构成的无形价值。（   ）

18. 国家税务机关监制的全国统一的二手车交易专用发票是唯一有效的二手车来历凭证。（   ）

19. 人民法院出具的发生法律效力的判决书、裁定书和调解书可以作为二手车来历凭证。（   ）

20. 二手车购买人取得二手车交易发票、机动车行驶证和《机动车登记证书》，就完成了车辆的所有权转移。（   ）

21. 机动车行驶证是由公安车辆管理机关依法对机动车辆注册登记核发的证件，是机动车取得合法行驶资格的法定证件。（   ）

22. 二手车交易评估完全采取自愿原则，但属于国有资产的车辆，应当按照国家有关规定进行鉴定评估。（ ）

23. 任何二手车交易评估都完全采取自愿原则。（ ）

24. 根据我国相关法规，所有在道路上行驶的车辆都必须缴纳机动车交通事故责任强制保险。（ ）

25. 按照相关法规，机动车交通事故责任强制保险实行全国统一保险保单条款、全国统一基础保险费率、全国统一责任限额。（ ）

26. 按照相关法规，机动车交通事故责任强制保险属机动车车主自行选择投保的险种。（ ）

27. 按照相关法规，没有办理机动车交通事故责任强制险的二手车也可以交易。（ ）

28. 汽车只要未达到报废时限，就可以进入二手车交易市场。（ ）

29. 处在延期报废时间的车辆，如通过安全排放检测合格，可以进入二手车市场交易。（ ）

30. 处在抵押登记期内的车辆可以进入二手车市场交易。（ ）

31. 机动车以某一初速度行驶做滑行试验时，滑行距离越长，说明该车传动系的传动功率越高。（ ）

32. 某车发动机用气缸压力表测得结果如果超过原厂规定值，说明其气缸密封性越来越好。（ ）

33. 进气管真空度可以用来诊断汽油机气缸的密封性。（ ）

34. 进气管真空度可以用来诊断柴油机气缸的密封性。（ ）

35. 汽油机汽车排气颜色为黑色，说明混合气过浓或是点火时刻过迟，造成燃烧不完全。（ ）

36. 汽油机汽车排气颜色为白色，说明混合气过浓或是点火时刻过迟，造成燃烧不完全。（ ）

37. 汽油机汽车排气颜色为蓝色，说明有机油窜入气缸燃烧室内参与燃烧。（ ）

38. 汽油机汽车排气颜色为白色，说明有机油窜入气缸燃烧室内参与燃烧。（ ）

39. 在用发动机功率不得低于额定功率的75%。（ ）

40. 在用发动机功率不得低于额定功率的90%。（ ）

41. 大修后发动机功率不得低于额定功率的90%。（ ）

42. 大修后发动机功率不得低于额定功率的75%。（ ）

43. 利用底盘测功可以获得驱动轮的输出功率与发动机功率进行比较，并

求出传动效率。（ ）

44. 利用底盘测功可以获得发动机功率与驱动轮的输出功率进行比较，并求出传动效率。（ ）

45. 气缸密封性是表征气缸组件技术状况的重要参数之一。（ ）

46. 气缸密封性仅用于表征汽油机气缸组件的技术状况。（ ）

47. 有关标准规定，在用车发动机的气缸压力不得低于原设计额定压力的75%。（ ）

48. 有关标准规定，在用车发动机的气缸压力不得低于原设计额定压力的80%（ ）

49. 有关标准规定，在用车发动机的气缸压力不得低于原设计额定压力的85%（ ）。

50. 有关标准规定，在用车发动机的气缸压力不得低于原设计额定压力的90%。（ ）

51. 有关标准规定，在用车发动机的气缸压力不得低于原设计额定压力的95%。（ ）

52. 气缸压力检测结果，各缸压力差，汽油机应不超过各缸平均压力的8%。（ ）

53. 气缸压力检测结果，各缸压力差，汽油机应不超过各缸平均压力的10%。（ ）

54. 气缸压力检测结果，各缸压力差，汽油机应不超过最高压力的8%。（ ）

55. 气缸压力检测结果，各缸压力差，汽油机应不超过最低压力的8%。（ ）

56. 气缸压力检测结果，各缸压力差，柴油机应不超过各缸平均压力的10%。（ ）

57. 汽车鉴定的标准有国家标准、制造厂推荐标准和企业标准3种。（ ）

58. 汽车鉴定检测的基本内容包括两方面：一是安全方面的检测；二是综合性能检测。（ ）

59. 在二手车技术鉴定时，要分清主次。凡对二手车价值构成影响的缺陷，都应认真检查和评判；但对评估价值不构成影响的细微瑕疵，就不要去斤斤计较。（ ）

60. 发动机功率与海拔有密切关系。海拔越高，发动机功率下降越多。（ ）

61. 发动机功率与海拔无关。（ ）

62. 气缸压力检测结果若高于规定值，有可能是气缸垫过薄或燃料室积碳过多。（ ）

63. 气缸压力检测结果若高于规定值，有可能是缸体与缸盖结合平面修理加工过度，燃烧室容积变小。（ ）

64. 检测鉴定汽车的常用诊断参数包括工作过程参数、伴随过程参数和集合尺寸参数。（ ）

65. 车身检测首要目的是看"伤"，即看车主的二手车有没有严重碰撞的痕迹。（ ）

66. 气缸压力检测结果若高于规定值，有可能是蓄电池电压过高。（ ）

67. 气缸压力检测结果若高于规定值，有可能是气门封闭不严。（ ）

68. 外观检测一般是通过目测来进行，而目测检查通常只能做定性分析。（ ）

69. 气缸压力检测结果若低于规定值，有可能是缸体和缸盖结合平面修理加工过度，燃烧室容积变小。（ ）

70. 检测发动机有效功率的方法常分为无负荷测功和有负荷测功两种。（ ）

71. 气缸压力检测结果若低于规定值，有可能是气缸套与活塞环等磨损过度。（ ）

72. 气缸压力检测结果若低于规定值，有可能是气门封闭不严。（ ）

73. 气缸压力检测结果若低于规定值，有可能是气缸垫密封不严。（ ）

74. 曲轴箱窜气量的检测应该在发动机加载处于最大转矩转速的状态下进行。（ ）

75. 曲轴箱窜气量的检测应该在发动机怠速的状态下进行。（ ）

76. 《机动车运行安全条件》规定，车体应周正，左右对称部位高度差不得大于40mm。（ ）

77. 评价制动性能的指标主要有制动距离、制动减速度和制动力。（ ）

78. 驻车制动力的总和应该不小于该车在测试状态下整车质量的20%。（ ）

79. 驻车制动力的总和应该不小于该车在测试状态下整车质量的60%。（ ）

80. 二手车鉴定评估师还有一个重要任务就是要鉴定、识别走私车、盗抢车、拼装车、报废车和手续不全的车，严禁这些车辆在二手车市场上交易。（ ）

81. 《机动车运行安全条件》规定，车体应周正，左右对称部位高度差不得大于60mm。（　　）

82. 汽车怠速时，由于节气门开度小，发动机转速很低，残余废弃量相对增加，燃烧温度偏低，且混合气较浓，使得CO和HC排放明显增多。（　　）

83. 不分光红外线CO和HC气体分析仪是利用汽车尾气中的CO和HC分别具有能吸收一定波长范围红外线的性质，而且红外线被吸收的程度与废气浓度之间成正比的关系进行分析。（　　）

84. 柴油汽车自由加速烟度的检测，一般采用滤纸式烟度计来检测。（　　）

85. 柴油车排除的烟色一般分为黑烟、蓝烟和白烟三种。（　　）

86. 柴油汽车废气中的黑烟发暗的程度用排气烟度表示，用烟度计进行检测。（　　）

87. 碰撞或撞击后，车架大梁弯曲变形、断裂后修复的属于事故车。（　　）

88. 水箱及水箱支架被撞伤后修复或更换后不属于事故车。（　　）

89. 车身后翼子板碰撞后被切割或更换后不属于事故车。（　　）

90. 车辆涉水深度超过车轮半径行驶过后就属于泡水车。（　　）

91. 泡水车也叫灭顶车，是指整个车辆全部没入水中才叫灭顶车。（　　）

92. 只要在发动机舱或乘员舱发生过火烧现象的，不管着火大小统统称为过火车辆。（　　）

93. 二手车继续使用价值是指二手车作为整车能继续使用而存在的价值。（　　）

94. 二手车交换价值是二手车在公平市场条件下能够实现的交易价值。（　　）

95. 二手车鉴定评估的理论依据是资产评估学。（　　）

96. 二手车鉴定评估的业务类型分为两类，即交易类和咨询类。（　　）

97. 报废价值是指机动车报废后，某些零、部件的回收价值。（　　）

98. 残余价值是指机动车报废后，可回收金属的价值。（　　）

99. 二手车的报废价值就是其残余价值。（　　）

100. 二手车鉴定评估的依据政策法规主要有《国有资产评估管理办法》《国有资产评估管理办法施行细则》《汽车报废标准》《二手车流通管理办法》《汽车贸易政策》等。（　　）

101. 根据不同的评估目的，二手车的价值类型可分为：继续使用价值、交换价值、清算价值、重置成本价值、报废价值和残余价值等多种类

型。（　　）

102. 二手车继续使用价值特点是二手车以完整的车辆而存在，能够以整车的形式继续使用而存在的价值。（　　）

103. 二手车清算价值是二手车在强制条件下的变现价值。（　　）

104. 二手车鉴定评估中，对于同一辆车，继续使用价值和清算价值的价值量不相等。（　　）

105. 车辆的账面原值就是二手车鉴定评估的全部取价依据。（　　）

106. 我国政府有关部门颁布的《汽车报废标准》的两个规定指标是：汽车累计行驶的总里程数和汽车规定的使用年限。汽车达到其中一个规定指标，就应该做报废处理。（　　）

107. 我国政府有关部门颁布的《汽车报废标准》的两个规定指标是：汽车累计行驶的总里程数和汽车规定的使用年限。汽车只达到累计行驶的总里程数可以不做报废处理。（　　）

108. 重置成本是在现时条件下，重新购置与被评估车辆相同或相近的全新车辆所需的成本。（　　）

109. 重置成本是评估基准日，重新购置与被评估车辆完全相同的全新车辆所需成本。（　　）

110. 在实际评估中，一般均适用更新重置成本作为重置成本全价，即被认为已考虑了其一次性功能性贬值和经济性贬值。（　　）

111. 实体性贬值是由于科学技术的进步而导致的车辆实体性的价值损耗。（　　）

112. 购车时，按国家规定缴纳的购置附加税属于汽车的无形损耗。（　　）

113. 一般来说待评估车辆的重置成本是其评估价格的最大可能值。（　　）

114. 重置成本是全新车辆的最低价值。（　　）

115. 泡水车一般是指全泡车，也叫灭顶车。全泡车是指泡水时，水线超过发动机盖，水线达到挡风玻璃下沿。（　　）

116. 无论是自燃，还是外燃，只要发动机舱或乘员舱发生严重火烧，燃烧面积较大，机件损坏严重，就应被列为事故车。（　　）

117. 二手车的各种陈旧性贬值一般包括实体性贬值、功能性贬值和经济性贬值。（　　）

118. 在用重置成本法评估时，其评估值应从重置成本中扣减在使用过程中的各种陈旧性贬值。（　　）

119. 二手车的功能性贬值是由于有形损耗,而最终导致车辆价值贬值。(   )

120. 二手车的实体性贬值是由于科学技术的进步造成车辆的功能和使用性能相对落后,而引起车辆价值下降。(   )

121. 经济性贬值是由于外部经济环境发生变化,使车辆本身的使用性能落后,从而造成车辆的贬值。(   )

122. 无论是国产车,还是进口车,一律采用国内现行的二手车市场内二手车的市场价作为被评估车辆的重置成本全价。(   )

123. 一般来说,凡是属于所有权转让的交易类评估业务,可只按被评估车辆新车的现行市场成交价作为被评估车辆的重置成本全价,其他间接成本就略去不计。(   )

124. 属于企业产权变动的咨询类评估业务,其重置成本全价也应把间接成本忽略不计。(   )

125. 用综合分析法求成新率是在使用年限法的基础上考虑了多种影响因素,来进行调整,从而确定成新率的一种方法。(   )

126. 用综合分析法求成新率时,一般调整系数的取值均可大于1.0。(   )

127. 已使用年限的计算,常取从购买新车之日起至评估基准日为止的年数。(   )

128. 实际评估时,对于重置成本价值不高的老旧车辆,可采用使用年限法估算其成新率。(   )

129. 实际评估时,对于重置成本很高的车辆,最好采用使用年限法求成新率。(   )

130. 被评估车辆若已被淘汰或是进口车辆查询不到现实市场价格时,用物价指数来确定重置成本,是一种好方法。(   )

131. 从理论上来说,成新率这一系数已酌情将营运性功能贬值和经济性贬值考虑进去。(   )

132. 凡是经过大修的车辆,无疑是增加了车辆的使用寿命,对成新率的估算值应当增加。(   )

133. 报废价值是指机动车报废后,可回收的金属价值。(   )

134. 实际性贬值是由于物理和化学原因导致的车辆实体发生的价值损耗。(   )

135. 机动车的规定使用年限,不是指现行国家财务制度对固定资产折旧的折旧年限。(   )

附录一　高级二手车鉴定评估师试题与参考答案

136. 二手车的账面原值是二手车鉴定评估中最重要、最直接的评估参数。（　　）

137. 应用市场价格比较法来评估二手车价格时，该市场必须是公平和有效的市场。（　　）

138. 拍卖市场上的二手车价格也是公平市价。（　　）

139. 市场价格比较法对于市场上只有唯一一辆参照的车辆也是适用的。（　　）

140. 所谓有效的市场就是市场提供的所有信息都是真实可靠的，与交易活跃不活跃无关。（　　）

141. 有效市场的前提条件是提供的信息都是真实可信且参照物在市场上交易是活跃的。（　　）

142. 一般来说，只要参照车辆与被评估车辆的类别相同，主要参数相同，结构性能相同，只是生产序号不同，只做过局部改进的车辆，则可认为是完全相同。（　　）

143. 所谓近期是指参照物的交易时间与被评估车辆评估基准日相近，一般在半年之内。（　　）

144. 在用市场价格比较法评估二手车时，参照物的价格可以是报价和预测的价格。（　　）

145. 二手车交易中，子、母公司之间的关联而产生的交易价格，可以作为参照物的价格。（　　）

146. 市场价格比较法中车辆实际技术状况这一比较因素是评估时的重要依据之一。（　　）

147. 市场价格比较法中的直接比较法用的参照物的价格就是新车的市场价格。（　　）

148. 成本比率估价法，只适用于正常使用的车辆，对长期闲置或过度使用的车辆都不适用。（　　）

149. 应用成本比率估价法评估的车辆应为同类型的车辆，但使用年限可以不同。（　　）

150. 市场价格比较法在将参照物与被评估对象进行比较调整时，调整是针对参照物的价格进行的。（　　）

151. 收益现值法适用于各种使用性质的车辆的评估。（　　）

152. 收益现值法的计算，实际上就是对被评估车辆未来预期收益进行折现的过程。（　　）

153. 所谓折现，就是将未来的收益，按一定的折现率折算到评估基准日

的现值。（ ）

154. 将未来收益进行时间价值的计算，并换算成评估基准日这一时点价值过程为折现，所使用的换算比率被称为折现率。（ ）

155. 用收益现值法评估二手车的价值时，被评估车辆的评估值等于其剩余寿命期内收益的现值之和。（ ）

156. 年金现值系数可用（$P/A, i, n$）来表示。（ ）

157. 在二手车鉴定评估时，通常采用税前的利润为其收益额。（ ）

158. 预期收益是指车辆使用中带来的当前收益的期望值。（ ）

159. 确定折现率时，最后选择的折现率应该低于银行存款的利率。（ ）

160. 在二手车的鉴定评估中，收益现值法最不适用于投资运营的车辆。（ ）

161. 在二手车的鉴定评估中，折现率、收益率、回报率和报酬率都是说明二手车在营运中取得收益的收益率水平。（ ）

162. 折现率或收益率越高，那么二手车鉴定评估值就越高。（ ）

163. 折现率与银行存款利率是完全一样的。（ ）

164. 利率是资金的报酬，而折现率则是管理的报酬。（ ）

165. 折现率应高于无风险利率。（ ）

166. 目前我国的资产评估通常以银行 5 年期定期存款利率为无风险的安全利率。（ ）

167. 折现率应体现投资回报率。（ ）

168. 在二手车鉴定评估中，收益现值法适用于投资营运的车辆。（ ）

169. 二手车的剩余使用寿命是指从评估基准日起到报废的年限。（ ）

170. 预期收益不是现实收益，所以投资就没有风险。（ ）

171. 一定数额的收益发生在不同的时间，具有相同的价值。（ ）

172. 用收益现值法评估二手车时，最后选定的折现率应起码不低于国家债券或银行存款的利率。（ ）

173. 折现率包含无风险利率、风险报酬率和通货膨胀率。（ ）

174. 用收益现值法评估二手车后，在交易中，人们购买该二手车的目的是车辆获利的能力。（ ）

175. 折现率应该低于安全率。（ ）

176. 折现率不能体现投资的回报率。（ ）

177. 预期收益不是现实收益，所以投资就有风险（ ）

178. 年金现值系数可用（$A/P, I, n$）来表示。（ ）

附录一　高级二手车鉴定评估师试题与参考答案

179. 鉴定评估报告是鉴定评估师在完成鉴定评估工作以后，向委托方提供鉴定评估工作的总结。（　　）

180. 鉴定评估报告是鉴定评估师向委托方传达评估调查、分析工作及评估结论的重要文件。（　　）

181. 鉴定评估报告中不必对为什么要评估做出说明。（　　）

182. 评估基准日是鉴定评估报告中一个不重要的参数。（　　）

183. 评估基准日是鉴定评估师在鉴定评估车辆和选取市场价格标准所依据的基准时间。（　　）

184. 鉴定评估报告也无须写明评估工作过程中应遵循的各项原则。（　　）

185. 机动车的产权依据应是机动车的驾驶证。（　　）

186. 鉴定评估师不得在评估报告中写上采用了一种以上的评估方法。（　　）

187. 鉴定评估过程的描述在鉴定评估报告中是一项不重要的内容。（　　）

188. 若是涉及企、事业单位等国有资产的鉴定评估，则一定要有协议书、作业表，并需撰写出鉴定评估报告。（　　）

189. 二手车鉴定评估作业表，也是存档备查的重要文件。（　　）

190. 鉴定评估报告的内容必须正确无误，鉴定评估师必须对报告的正确性负责。（　　）

191. "二手车买卖合同"是保护二手车交易双方合法权益的重要文件。（　　）

192. 车辆状况说明书，即车辆信息表在二手车鉴定评估报告中可以不用填写。（　　）

193. 客车按照车辆总长度来分类。（　　）

194. 客车按照车辆总质量来分类。（　　）

195. 轿车按照发动机排量来分类。（　　）

196. 轿车按照车辆长度来分类。（　　）

197. 货车按照车辆总质量来分类。（　　）

198. 货车按照车辆长度来分类。（　　）

199. 客车按照车辆长度来分类。（　　）

200. 拍卖市场与公平市场是两个完全相同的市场。（　　）

201. 越野汽车按照车辆总质量来分类。（　　）

202. 越野汽车按照发动机排量来分类。（　　）

203. 依据国际 GB/T 37300.1－2001 的统一规定,将汽车分为汽车、挂车和汽车列车三大类。(　　)

204. "车辆识别代号(VIN)编码"由一组字母和阿拉伯数字组成,共18 位。它是识别汽车不可缺少的工具。(　　)

205. 汽车的自身质量,即空载质量,包括所有的机件、备胎、随车工具、备品配件,但不加油和水的质量。(　　)

206. 汽车自身质量利用系数是指汽车装载质量与自身质量之比。(　　)

207. 一般来讲,汽车的最小离地间隙越小,汽车的通过性越好。(　　)

208. 一般来讲,汽车的转弯半径越小,则汽车转弯时所需要场地就越小。(　　)

209. 按 GB 9417－88《汽车产品型号编制规则》规定,国产汽车产品分为轿车、客车、货车、越野汽车、自卸汽车、牵引汽车、专用汽车等 7 类。(　　)

210. 载货汽车的等级是按它的最大装载质量划分的,可分为微型、轻型、中型和重型 4 个等级。(　　)

211. 汽车的整备质量包括所有的机件、备胎、随车工具、备品配件并加满油、水的质量。(　　)

212. 解放 CA1092 型汽车其载质量为 9 吨。(　　)

213. 所有的轿车均采用前置前驱形式。(　　)

214. 载货汽车通常采用发动机前置、后轮驱动的形式。(　　)

215. 挂车可分为牵引杆挂车、半挂车、中置轴挂车 3 类。(　　)

216. 所谓识伪检查主要是指通过对走私或非官方正规渠道进口的汽车和配件,进行识别和判断。(　　)

217. 货车的总体布置已基本定型化,通常采用发动机前置后轮驱动形式,且多为 4×2 的驱动形式。(　　)

218. 车辆识别代码中,每个地区和国家使用的字母和数字代号必须经国际标准化组织认可批准方可使用。(　　)

219. 车辆识别代码应尽量被置于汽车前半部分、易于观察到并且能够防止磨损或更换的部位。(　　)

220. 车辆识别代号的字码应字迹清楚,且须坚固耐久和不易替换。字码高度应大于等于 7mm,特种情况可小于 4mm。(　　)

221. 我国规定,整个 17 位代码的最后 6 位代码为车辆的生产顺序号,与汽车底盘或车架号相同。故行驶证上的车架号签注的也是 17 为代码。(　　)

222. 车辆识别代号(VIN)编码主要是为了加强机动车的管理。(　　)

223. 利用 VIN 数据规定可以鉴别出拼装车和走私车，因为拼装的进口走私车一般是不按 VIN 规定进行装配的。（   ）

224. 汽车的轮距越大，则横向稳定性就差。（   ）

225. 我国的汽车标牌均固定在发动机舱某个醒目的位置。（   ）

226. 按国家汽车产品型号编制规则，TJ7130UA 表示为天津汽车工业总公司生产的排量为 1.3 升的三厢式电喷普通级轿车。（   ）

227. 汽车的前悬越长，则汽车的接近角就越小，通过性就越差。（   ）

228. 汽车的爬坡能力是指汽车满载时，在良好路面上以最高前进挡所能爬上的最大坡度。（   ）

229. 汽车转向轮定位参数包括主销内倾、主销后倾、转向轮外倾和转向轮前束。（   ）

230. 某前置前驱轿车的后轮定位参数包括主销内倾、主销后倾、转向轮外倾和转向轮前束。（   ）

231. 按照我国的传统划分，汽车由底盘、车身、发动机和电气设备 4 部分组成。（   ）

232. 发动机前置前轮驱动的轿车，用 FF 表示。（   ）

233. 发动机前置后轮驱动的轿车，用 FR 表示。（   ）

234. 发动机后置后轮驱动的轿车，用 FR 表示。（   ）

235. 发动机后置前轮驱动的轿车，用 RR 表示。（   ）

236. 汽车前轮定位参数包括主销内倾、主销后倾、转向轮外倾和转向轮前束。轮后定位参数也是这 4 项。（   ）

237. 发动机排量为 1.6~2.5L 的轿车都属于普通级轿车。（   ）

238. 发动机排量为 1.1L 的奇瑞 QQ 轿车属于微型轿车。（   ）

239. 汽油发动机均包括启动系、燃料供给系、点火系、润滑系、冷却系五大系统。（   ）

240. 汽车制动采用的 ABS 系统属于主动安全装置。（   ）

241. 差速器的作用是保障汽车的正常转向，属于转向系。（   ）

242. 汽油机排放气体的主要成分为一氧化碳、碳氢和氮氧化物。（   ）

243. 汽油机排放气体的主要成分为一氧化碳、碳烟和氮氧化物。（   ）

244. 汽油机排放气体的主要成分为一氧化碳、碳氢和硫化物。（   ）

245. 汽车传动系由离合器、变速器、传动轴、主减速器、差速器、半轴和车轮组成。（   ）

246. 汽车传动系由离合器、变速器、传动轴、主减速器、差速器和半轴组成。（   ）

247. 汽车四轮定位的参数，前轮（转向轮）是 4 项，后轮是 2 项。（   ）

248. 汽车四轮定位的参数，前轮（转向轮）是 4 项，后轮也是 4 项。（   ）

249. 汽车上三轴式变速器多用于 FR 型的传动系中。（   ）

250. 汽车上二轴式变速器多用于 FF 型的传动系中。（   ）

251. 汽车上广泛应用的固定轴式齿轮变速器有三轴式、两轴式和组合式变速器 3 种。（   ）

252. 差速器的作用是根据汽车转弯需要使左、右半轴差速转动从而防止汽车转弯时车轮产生滑拖。（   ）

253. 润滑系的作用除利用润滑油膜减少零件磨损之外，还存在一定的冷却作用。（   ）

254. 按照我国传统划分，汽车由底盘、车身、发动机和内饰 4 部分组成。（   ）

255. 现代汽车上的电器系统具有四大特点，就是双电源、低压直流、并联单线和负极搭铁。（   ）

256. 汽车行驶系由变速器、车架、车桥、车轮和悬架组成。（   ）

257. 汽车行驶系由车架、车桥、车轮和悬架组成。（   ）

258. 汽车上 D 型电控燃油喷射系统比 L 型燃油喷射系统控制精度要好。（   ）

259. 汽车制动采用 ABS 系统，紧急制动时，车轮与地面的运动关系是边滚动边滑动。（   ）

260. 汽车制动采用 ABS 系统，紧急制动时和一般制动时都起作用。（   ）

261. 目前国内汽油车电气系统的电压等级均采用 12V。（   ）

262. 目前国内汽车电气系统的电压等级均采用 12V。（   ）

263. 目前国内汽车电气系统的电压等级均采用 12V 或 24V。（   ）

264. 目前国内汽车电气系统的电压等级均采用 24V。（   ）

265. 现代汽车电气系统均采用负极搭铁。（   ）

266. 现代汽车电气系统均采用正极搭铁。（   ）

267. 现代汽车上的 L 型燃油喷射系统，是以进气流为主要控制参数，计量准确，所以控制精度较高。（   ）

268. FF 汽车传动系由离合器、变速器、传动轴、主减速器、差速器、半轴等组成。（   ）

269. 车辆识别代码（VIN）编码的第十位表示的是检验代码。（　）
270. 车辆识别代码（VIN）编码的第十位表示的是年份代码。（　）
271. 在评价汽车经济使用寿命指标中，年限就是指使用年限。（　）
272. 机动车的收益现值是该车辆投入使用后预期收益的总和。（　）
273. 四缸内燃发动机有一种常用的发火顺序1-2-3-4。（　）
274. 汽车的动力性可用汽车的最高车速、加速能力、耗油量3个指标评定。（　）
275. 目前汽车上所用的摩擦式制动器可分为鼓式和盘式两大类。（　）
276. 日常的汽车养护可以使汽车处于良好的行驶状态，可以延长汽车使用寿命。（　）
277. 汽车经济使用寿命的量标有：规定使用年限、行驶里程、使用年限和大修次数。（　）
278. 路试检测的主要检测项目是汽车的制动性能、转向性能和行驶轨迹等。（　）
279. 静态检查包括对汽车的识伪检查和外观检查。（　）
280. 检查车身锈蚀的情况，主要检查水槽、水箱、窗框、玻璃等。（　）
281. 《机动车运行安全技术条件》规定，车辆横向和径向摆动量，小型汽车不大于5mm。（　）
282. 《机动车运行安全技术条件》规定，车辆横向和径向摆动量，小型汽车不大于10mm。（　）
283. 路试后，正常的机油温度为95℃，正常的水温为60℃~80℃。（　）
284. 路试后，正常的机油温度为95℃，正常的水温为80℃~90℃。（　）
285. 检查漏油的情况，应在汽车连续行驶距离不少于10公里，停车5min后观察。（　）
286. 检查漏油的情况，不应在汽车行驶后检查，至少要在车辆停驶1h后检查。（　）
287. 无负荷测功是指发动机在节气门开度和转速均为变动的状况下，测定其功率的一种方法。（　）
288. 有负荷测功要对发动机施加外部负荷，也叫有外载测功。（　）
289. 有负荷测功要对发动机施加外部负荷，也叫动态测功。（　）
290. 事故车是指发生严重碰撞、泡水、过火后，虽经修复并在使用，但

仍存在安全隐患的车辆。（　　）

291. 同一辆二手车，在同一时间段内，任何地区的评估价值都应是相同的。（　　）

292. 用综合分析法求二手车成新率时，汽车技术状况的权重为30%。（　　）

293. 用综合分析法求二手车成新率时，汽车制造质量的权重为30%。（　　）

294. 所谓公平市场就是指这个市场应该具备公平交易的条件。（　　）

295. 成本比率估价法是用二手车的交易价格与重置成本之比来反映二手车的保值程度。（　　）

296. 把车辆拆零出售零部件所得收益就是二手车的评估价值。（　　）

297. 车辆的复原重置成本是指购置或构建一辆与被评估车辆完全一样的新车所需成本。（　　）

298. 车辆的更新重置成本是指在功能和效用上与被评估车辆相同或最接近的类似新车的购置或构建成本。（　　）

299. 车辆的更新重置成本是指购置或构建一辆与被评估车辆完全一样的新车所需成本。（　　）

300. 漆面光洁度有差别，反光不一样，甚至出现凹凸不平，或有明显的橘皮状。这说明该处车身有过补灰做漆。（　　）

参考答案

一、选择题

1. A	2. D	3. A	4. A	5. D	6. A	7. B	8. D	9. B	10. A
11. A	12. D	13. B	14. B	15. D	16. C	17. A	18. D	19. B	20. B
21. D	22. A	23. A	24. D	25. A	26. C	27. B	28. D	29. A	30. A
31. D	32. B	33. C	34. D	35. C	36. C	37. A	38. B	39. C	40. A
41. D	42. C	43. D	44. A	45. D	46. B	47. D	48. A	49. B	50. C
51. A	52. B	53. D	54. A	55. D	56. A	57. C	58. A	59. B	60. B
61. B	62. D	63. B	64. D	65. C	66. A	67. B	68. B	69. A	70. C
71. A	72. A	73. D	74. A	75. D	76. D	77. B	78. A	79. B	80. C
81. D	82. A	83. B	84. D	85. D	86. D	87. D	88. B	89. A	90. D
91. A	92. D	93. A	94. B	95. A	96. A	97. D	98. A	99. A	100. C
101. A	102. A	103. D	104. C	105. B	106. A	107. C	108. A	109. A	110. D

附录一 高级二手车鉴定评估师试题与参考答案

111. B 112. D 113. C 114. D 115. D 116. D 117. B 118. D 119. D 120. D
121. D 122. C 123. D 124. C 125. A 126. A 127. A 128. B 129. B 130. A
131. C 132. C 133. D 134. B 135. B 136. A 137. A 138. A 139. A

二、判断对错

1. 对 2. 对 3. 错 4. 对 5. 对 6. 错 7. 错 8. 对 9. 错 10. 对
11. 错 12. 对 13. 对 14. 对 15. 对 16. 对 17. 对 18. 对 19. 对
20. 错 21. 对 22. 对 23. 错 24. 对 25. 对 26. 对 27. 对 28. 错
29. 错 30. 错 31. 对 32. 对 33. 对 34. 错 35. 对 36. 对 37. 对
38. 错 39. 对 40. 错 41. 对 42. 错 43. 对 44. 错 45. 对 46. 错
47. 对 48. 错 49. 错 50. 对 51. 错 52. 对 53. 错 54. 对 55. 错
56. 对 57. 对 58. 对 59. 对 60. 对 61. 错 62. 对 63. 对 64. 对
65. 对 66. 错 67. 对 68. 对 69. 错 70. 对 71. 对 72. 对 73. 对
74. 对 75. 错 76. 对 77. 对 78. 对 79. 错 80. 对 81. 错 82. 对
83. 对 84. 对 85. 对 86. 对 87. 对 88. 错 89. 错 90. 对 91. 错
92. 错 93. 对 94. 对 95. 对 96. 对 97. 错 98. 错 99. 错 100. 对
101. 对 102. 对 103. 对 104. 对 105. 错 106. 对 107. 对 108. 对
109. 对 110. 错 111. 错 112. 错 113. 对 114. 对 115. 对 116. 对
117. 对 118. 对 119. 错 120. 错 121. 错 122. 对 123. 对 124. 错
125. 对 126. 错 127. 错 128. 错 129. 对 130. 对 131. 对 132. 错
133. 对 134. 对 135. 对 136. 错 137. 对 138. 错 139. 错 140. 错
141. 对 142. 对 143. 错 144. 错 145. 错 146. 对 147. 错 148. 对
149. 错 150. 对 151. 对 152. 对 153. 对 154. 对 155. 对 156. 对
157. 错 158. 错 159. 错 160. 对 161. 对 162. 错 163. 对 164. 对
165. 对 166. 对 167. 对 168. 对 169. 对 170. 对 171. 对 172. 对
173. 对 174. 对 175. 错 176. 对 177. 对 178. 对 179. 对 180. 对
181. 错 182. 对 183. 对 184. 错 185. 错 186. 对 187. 错 188. 错
189. 对 190. 对 191. 对 192. 对 193. 对 194. 错 195. 对 196. 错
197. 对 198. 错 199. 对 200. 错 201. 错 202. 对 203. 对 204. 错
205. 错 206. 对 207. 错 208. 对 209. 对 210. 错 211. 对 212. 对
213. 错 214. 对 215. 对 216. 对 217. 对 218. 对 219. 对 220. 对
221. 对 222. 对 223. 对 224. 对 225. 对 226. 对 227. 对 228. 对
229. 对 230. 对 231. 对 232. 对 233. 对 234. 对 235. 对 236. 错
237. 错 238. 错 239. 错 240. 对 241. 错 242. 对 243. 错 244. 错
245. 错 246. 对 247. 对 248. 错 249. 对 250. 对 251. 对 252. 对

253. 对　254. 错　255. 对　256. 错　257. 对　258. 错　259. 对　260. 错
261. 对　262. 错　263. 对　264. 错　265. 对　266. 错　267. 对　268. 错
269. 错　270. 对　271. 错　272. 对　273. 错　274. 错　275. 对　276. 对
277. 对　278. 对　279. 对　280. 错　281. 对　282. 错　283. 错　284. 对
285. 对　286. 错　287. 对　288. 对　289. 错　290. 对　291. 错　292. 对
293. 错　294. 对　295. 对　296. 错　297. 对　298. 对　299. 对　300. 对

附录二

高级二手车鉴定评估师论文撰写规范

一、论文的目的与任务

通过专业论文的编写，要把学员培养成适应社会主义市场经济建设需要的，获得二手车鉴定评估与交易专业技能的基本训练，具有解决实际问题的基本能力的专门管理人才。学员要去二手车营销企业或二手车交易市场从事营销和售后服务管理。为实现这一人才培养目标，学员除专业基础知识外，还应具有从事管理工作所必需的调查、分析、研究、表达、写作，获得信息和应用计算机的基本技能，有较强的自学能力。有适应工作环境，进行规划与组织控制，解决一般管理问题的能力，有从事营销管理工作所具备的市场观念、竞争意识、经营意识、开拓创新精神。毕业论文正是培养学生以上各种能力的重要环节。

1. 论文目的

培养学生综合运用所学的专业理论、知识和方法，独立解决分析二手车营销企业的营销管理的能力；学生通过独立解决企业二手车鉴定评估中某一方面的问题，以巩固、扩大和深化所学专业理论和知识；进一步培养学生的调查、分析、研究二手车营销企业实际问题的独立工作技能，初步学会解决二手车营销企业管理和售后技术服务课题的方法和步骤；检查学生对所学的专业理论知识的理解和运用能力。其毕业论文的成果是决定是否授予高级二手车鉴定评估师职业资格的主要根据之一。

2. 论文任务

学生根据下达的毕业论文的题目范围，到二手车营销企业进行调查研究、分析整理有关资料，写出调研论文课题提纲，为企业解决问题；对论文题目中要解决的主要问题，进行分析论证，提出自己的独立见解。毕业设计中必须有售后技术服务内容，完成所规定的论文工作量，最终完成一份论文（0.8 万 ~ 1 万字）。

二、毕业论文质量要求

（1）毕业论文必须理论联系实际，为企业解决实际问题，防止空洞的理论论述或写成调查报告。

（2）毕业论文要求概念正确，观点明确，资料充实，内容翔实，论证科学。

（3）毕业论文中引用的参考文献要注明出处、作者和时间。

（4）论文的装订顺序为：封面，论文摘要，章节目录，论文标题，正文，结语，附录，参考文献。

（5）论文题目要精练，摘要突出论文的中心内容（300~500字）。

论文目录是论文的提纲，便于审查者了解论文的整体结构及对某些部分进行阅读。

（6）论文正文说明所选题目的现状和存在的问题，突出题目的理论价值及现实意义。

（7）论文论证切忌空泛，要在分析现状的基础上，提出解决问题的具体措施。

（8）论文论证的方法要以科学的态度实事求是地进行论证。

（9）论文结束语应客观地评价论文的优、缺点。

三、论文参考题目

（具体见高级二手车鉴定评估教材相关内容）

附录三

高级二手车鉴定评估师论文编排标准

一、毕业论文排版格式：

（1）纸张 B5（JIS）。

（2）版面：上边：2.5cm。下边：2.0cm。左边：1.5cm。右边：1.5cm。页眉：1.0cm。页脚：1.0cm。装订：1.0cm。

（3）目录：自动生成。

（4）文字、图表、公式等全部打印。

（5）封面和摘要单面打印，其余双面打印。

（6）编排顺序：

封面（单独一张），摘要（单独一张），目录，正文，参考文献，结束语（含致谢）。

（7）章节编号采用3级标题排序：

第一级标题为绪论、第一章、第二章、……结束语，参考文献（3号加黑宋体，居中）。

第二级标题为1.1，1.2，…（小3号加黑宋体，顶格）。

第三级标题为1.1.1，1.1.2，…（4号加黑宋体，顶格）。

（8）正文：小4号宋体。

（9）页眉：5号宋体加黑。

正文中每页加页眉，内容与章目内容一致，居中。

(10) 页码：摘要不加页码。

目录用罗马数字加页码（Ⅰ，Ⅱ，Ⅲ，…（居中））。

正文用阿拉伯数字加页码（1，2，3，…（居中））。

(11) 参考文献常用格式如下：

书名，作者，出版社，出版年月，起止页码。

二、内容要求：

(1) 题目：字数一般不超过20个汉字。

(2) 摘要：是一篇完整的短文，即正文的缩写，字数在300~500。要突出论文中心内容，具有独立性和自含性。

(3) 关键词，3~5个，针对标题提炼关键词，附在摘要后面。

(4) 绪论：主要介绍论文的选题背景和意义。说明为什么要论述这个问题，问题出现的环境和条件，解决该问题后能起什么作用。另外，拟采用什么方法来研究这个问题。

(5) 正文：8 000~10 000字，要在阅读大量文献和调研材料的基础上，运用辩证逻辑思维方法，对所立主题进行全面、具体、本质而科学的论证，做到主题突出，结构合理，层次分明，语言流畅，论据充分，论证有力。

(6) 结语：在正文之后（单占一页）。其内容之一：自我评价论文。内容之二：向任课教师及其相关人致谢。

(7) 文中的物理量和计量单位必须符合国家标准和国际标准。

(8) 文中图（表）且随文出现。图（表）应附有图号（表号）、图题（表题）和图注（表注）。

(9) 总体要求：内容符合专业要求，结构合理，图表清晰，层次清晰，文字流畅，论据充分，结论科学准确。

参 考 文 献

[1] 姜正根. 二手车鉴定评估与交易 [M]. 北京：中国劳动社会保障出版社，2011.

[2] 中国就业培训技术指导中心. 二手车鉴定评估师 [M]. 北京：中国劳动社会保障出版社，2008.

[3] 姜正根. 二手车鉴定评估实用技术 [M]. 北京：中国劳动社会保障出版社，2007.

[4] 金加龙. 二手车鉴定评估与交易 [M]. 杭州：浙江大学出版社，2011.